应用型高等院校财经类专业教学改革系列教材
应用型高等院校"书证融通"系列教材
国家级一流本科专业——会计学专业建设教材

基础会计

主　编　侯克兴　王玉红
副主编　徐言琨　付广敏　马　丹
参　编　刘玲玲　窦　蕾　邱明健

机械工业出版社

本书是"1+X"书证融通创新教材,以《企业会计准则》为依据,以公司制企业为背景,以制造业企业主要经济业务的核算为中心内容,以夯实会计理论基础为目标,将理论知识与实务案例结合,阐述会计学的基础理论、基本知识和基本方法。本书按照会计基础理论、会计凭证、会计账簿和会计报表这一顺序,依次介绍会计要素、会计等式、记账方法、会计凭证编制、会计账簿登记、财产清查和财务会计报表编制等基本会计技能和方法,内容由浅入深。通过学习本书,学生能完整理解会计基本工作的全过程,具备较为扎实的会计理论基础,掌握科学的工作方法,为后续课程的学习打下坚实的基础,同时也为在校期间考取初级会计职称证书提供帮助。

本书可作为高等院校财经类专业的教材,也可作为会计学专业自学考试的教材或企业财务工作者系统掌握会计理论及实务的参考用书。

图书在版编目（CIP）数据

基础会计 / 侯克兴,王玉红主编. —北京:机械工业出版社,2021.8（2024.6 重印）
应用型高等院校财经类专业教学改革系列教材　应用型高等院校"书证融通"系列教材　国家级一流本科专业．会计学专业建设教材
ISBN 978-7-111-68648-4

Ⅰ.①基⋯　Ⅱ.①侯⋯②王⋯　Ⅲ.①会计学－高等学校－教材　Ⅳ.① F230

中国版本图书馆 CIP 数据核字（2021）第 134470 号

机械工业出版社（北京市百万庄大街22号　邮政编码 100037）
策划编辑：曹俊玲　　责任编辑：曹俊玲　刘　静
责任校对：张　力　　封面设计：张　静
责任印制：郜　敏
中煤（北京）印务有限公司印刷
2024年6月第1版第4次印刷
184mm×260mm・17.25印张・435千字
标准书号：ISBN 978-7-111-68648-4
定价：53.80元

电话服务　　　　　　　　网络服务
客服电话：010-88361066　　机　工　官　网：www.cmpbook.com
　　　　　010-88379833　　机　工　官　博：weibo.com/cmp1952
　　　　　010-68326294　　金　书　网：www.golden-book.com
封底无防伪标均为盗版　机工教育服务网：www.cmpedu.com

前　言

2017年,《国家教育事业发展"十三五"规划》提出,将推动具备条件的普通本科高校向应用型转变作为高等教育结构调整的重要内容之一;2019年,《国家职业教育改革实施方案》进一步提出"一大批普通本科高等学校向应用型转变"的发展目标,并指出在应用型高等院校启动"学历证书+若干职业技能等级证书"(1+X证书)制度试点工作,鼓励学生在获得学历证书的同时,积极取得多类职业技能等级证书。

本书编者将应用型高等院校财经类专业核心主干课程之一的会计学基础与初级会计职称考试大纲相结合,精准研发针对应用型高等院校财经类专业的"1+X"书证融通的《基础会计》教材,以推进教材改革与创新,助力"一流专业"和"一流课程"建设,深化教学改革,加速普通本科高等院校从实质上向应用型转变。

本书以《企业会计准则》为依据,将理论知识与实务案例结合,阐述会计学的基础理论、基本知识和基本方法。本书是高等院校会计学专业的教材,也是学生参加初级会计职称考试的必备基础书籍之一,还适合其他经济管理类专业的学生使用。本书的主要特点如下:

1) 体例新——针对目标群体研发,难度适中,与实际工作相联系,增加"学习导读""知识拓展""知识小结""学习提示""实务案例""思维导图"等模块。

2) 内容新——结合我国最新财税政策编写,为师生提供最前沿的解读。

3) 无忧考证——集学历教育与职业技能教育于一体,既体现学历教育的体系完整性,为学生在毕业后胜任工作奠定坚实基础,又能突显初级会计职称考试的考纲与考点,力图使学生在学习专业课程的同时提高考证通过率。

本书由侯克兴教授、王玉红副教授担任主编,徐言琨副教授、付广敏副教授、马丹讲师担任副主编,刘玲玲、窦蕾、邱明健等教师参与编写。本书在编写过程中得到了北京东奥会计在线的大力支持,在此表示衷心的感谢!

由于本书是书证融通创新型教材,加之编者水平和经验有限,书中难免存在疏漏之处,敬请广大读者批评指正。

编　者

2021年8月

目 录

前 言

第一章 总论 ··· 1
本章导读 ·· 1
第一节 会计的产生与发展 ··· 1
第二节 会计的概念、职能与目标 ··· 6
第三节 会计核算基础与会计信息质量要求 ·· 10
第四节 会计要素与会计等式 ·· 17
第五节 会计的作用与方法 ··· 30
本章导读分析 ·· 33
实务案例 ··· 33
思维导图 ··· 34
复习思考题 ··· 36

第二章 账户与复式记账 ·· 40
本章导读 ··· 40
第一节 会计科目 ··· 40
第二节 账户 ·· 45
第三节 复式记账法 ··· 52
第四节 借贷记账法 ··· 55
本章导读分析 ·· 64
实务案例 ··· 64
思维导图 ··· 65
复习思考题 ··· 66

第三章 制造业企业主要经济业务的核算 ··· 72
本章导读 ··· 72
第一节 企业主要经济业务概述 ·· 72
第二节 资金筹集过程中的业务 ·· 74
第三节 供应过程中的业务 ··· 84
第四节 生产过程中的业务 ··· 94
第五节 销售过程中的业务 ··· 103

第六节　利润的形成与分配过程中的业务 …………………………………… 118
　　本章导读分析 ………………………………………………………………… 128
　　实务案例 ……………………………………………………………………… 128
　　思维导图 ……………………………………………………………………… 129
　　复习思考题 …………………………………………………………………… 131

第四章　会计凭证 ……………………………………………………………… 136
　　本章导读 ……………………………………………………………………… 136
　　第一节　会计凭证概述 ……………………………………………………… 136
　　第二节　原始凭证 …………………………………………………………… 137
　　第三节　记账凭证 …………………………………………………………… 145
　　第四节　会计凭证的传递与保管 …………………………………………… 152
　　本章导读分析 ………………………………………………………………… 154
　　实务案例 ……………………………………………………………………… 154
　　思维导图 ……………………………………………………………………… 155
　　复习思考题 …………………………………………………………………… 156

第五章　会计账簿 ……………………………………………………………… 158
　　本章导读 ……………………………………………………………………… 158
　　第一节　会计账簿概述 ……………………………………………………… 158
　　第二节　会计账簿的启用与登记要求 ……………………………………… 165
　　第三节　会计账簿的格式与登记方法 ……………………………………… 167
　　第四节　对账与结账 ………………………………………………………… 180
　　第五节　错账更正的方法 …………………………………………………… 184
　　第六节　会计账簿的更换与保管 …………………………………………… 188
　　本章导读分析 ………………………………………………………………… 190
　　实务案例 ……………………………………………………………………… 190
　　思维导图 ……………………………………………………………………… 191
　　复习思考题 …………………………………………………………………… 192

第六章　财产清查 ……………………………………………………………… 195
　　本章导读 ……………………………………………………………………… 195
　　第一节　财产清查概述 ……………………………………………………… 195
　　第二节　财产清查的方法 …………………………………………………… 199
　　第三节　财产清查结果的处理 ……………………………………………… 205
　　本章导读分析 ………………………………………………………………… 210
　　实务案例 ……………………………………………………………………… 210
　　思维导图 ……………………………………………………………………… 211
　　复习思考题 …………………………………………………………………… 211

第七章　账务处理程序 ………………………………………………………… 215
　　本章导读 ……………………………………………………………………… 215
　　第一节　账务处理程序概述 ………………………………………………… 215

第二节　记账凭证账务处理程序 ………………………………………………… 217
　　第三节　汇总记账凭证账务处理程序 …………………………………………… 219
　　第四节　科目汇总表账务处理程序 ……………………………………………… 222
　　本章导读分析 ……………………………………………………………………… 230
　　实务案例 …………………………………………………………………………… 230
　　思维导图 …………………………………………………………………………… 231
　　复习思考题 ………………………………………………………………………… 232

第八章　财务报告 …………………………………………………………………… 234
　　本章导读 …………………………………………………………………………… 234
　　第一节　财务报告概述 …………………………………………………………… 234
　　第二节　资产负债表 ……………………………………………………………… 238
　　第三节　利润表 …………………………………………………………………… 247
　　第四节　现金流量表 ……………………………………………………………… 252
　　第五节　所有者权益变动表 ……………………………………………………… 257
　　第六节　附注 ……………………………………………………………………… 261
　　本章导读分析 ……………………………………………………………………… 262
　　实务案例 …………………………………………………………………………… 263
　　思维导图 …………………………………………………………………………… 264
　　复习思考题 ………………………………………………………………………… 265

参考文献 ………………………………………………………………………………… 268

第一章

总论

> **本章导读**
>
> 江月微是会计学专业的一名新生,她对成为一名会计师充满了向往,梦想有一天自己能成为像姐姐一样优秀的注册会计师。作为新生,她心中有几个疑惑:会计的前世今生是什么样子?会计是什么,有什么职能,它的最终工作目标是什么?相关部门对会计工作质量有什么统一的要求?会计的构成要素有哪些?要素之间有什么关系?带着这些问题,我们一起跟江月微同学走进会计殿堂吧。

第一节 会计的产生与发展

> **学习导读**
>
> 作为会计初学者,我们有必要了解会计的"前世今生"。在漫长的人类文明发展历程中,会计的历史源远流长,它为国民经济的发展做出了不可磨灭的贡献。会计是如何诞生的?它经历了怎样的历史变迁才慢慢演变成现代会计?本节将带我们翻开历史画卷,去体会在历史长河中,会计奏响的华美乐章。

一、会计的产生

(一)会计是为了适应生产活动发展的需要而产生的

生产活动是人类赖以生存和发展的最基本的实践活动。生产活动的过程,既能创造出一定的物质财富,取得一定的劳动成果,同时也是消费的过程,也必然会发生物质资源的消耗,其中包括人力、物力和财力的消耗。为了科学、合理地安排生产活动,提高经济效益,在生产活动过程中便产生了原始的计量、计算和记录的行为。会计在其产生的初期是生产职能的一个组成部分,当时会计还不是一项独立的工作,随着社会的发展、生产规模的扩大,为了满足生产发展的需要,适应对**劳动成果**和**劳动耗费**进行**管理**的要求,会计逐渐从生产职能中分离出来,成为一种专门的具有独立职能的活动。因此,会计是为了适应生产活动发展的需要而产生的。

(二)会计是经济发展到一定阶段的产物

虽然生产活动的发生是会计产生的前提,但这并不意味着生产活动一经发生就会产生会计思想和会计行为,只有当**经济发展到一定阶段**,人们才会开始关心劳动成果和劳动耗费的比较,才需要对其进行**计量、计算和记录**。经济越发展,对生产过程和分配过程的管理要求就越高,经济的发展推动了会计的发展。随着社会经济的不断发展,会计经历了一个由简单到复杂、由低级到高级不断完善和发展的过程。它从简单地计算和记录财务收支,逐渐发展到利用货币计量综合地核算和监督经济活动的过程。会计的方法和技术通过长期实践,也逐渐完善起来。同时,会计人员将会计信息反馈给有关方面,更好地为经济服务,推动社会进一步发展。客观实践证明,**经济越发展,会计越重要**;生产越现代化,规模越扩大化,越是需要利用会计信息。因此,会计是经济发展到一定阶段的产物。

二、会计的发展

会计是随着人类社会生产的发展和经济管理的需要而产生和发展起来的。会计的发展可被划分为**古代会计**、**近代会计**和**现代会计**三个阶段,如图 1-1 所示。

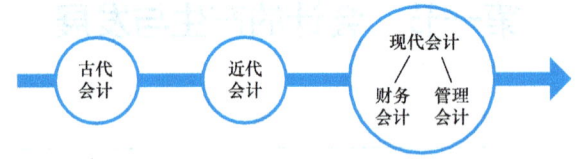

图 1-1 会计的发展

(一)古代会计

人类原始计量、记录行为的发生是以人类生产行为的发生和发展作为根本前提的,它是社会发展到一定阶段的产物。

文明古国如中国、古巴比伦、古埃及、古印度很早就留下了对会计活动的记载。早在公元前 3 600 年就已经有了反映经济情况的记录。古巴比伦人精于组织管理,设置了"专门记录官",记录和管理财物。古埃及首先出现了"内部控制思想"。古印度使用铸币,并将其使用情况记录在账簿中。

在古希腊和古罗马很早就已经出现了某些会计观念。例如,在公元 1 世纪—2 世纪,一位古罗马建筑师就曾经提出对围墙的计价不仅应计算围墙的价值,还要每年扣减其价值的 1/80。后来,欧洲庄园的管家需要就其管理成效向庄园主汇报。

我国的会计历史,最早可以追溯到伏羲时代。当时,随着剩余物品的出现、私有财产制度的产生、数学的萌芽及社会生产的发展,出现了"结绳记事"和"刻契计数"。而"会计"这一称号起源于西周,是指通过日积月累的零星核算和年终的总核算,达到正确考核王朝财政经济收支的目的。据《周礼》记载,西周王朝设立司会一职对财务收支活动进行"**月计岁会**",又设司书、职内、职岁和职币四职分理会计业务，其中司书掌管会计账簿，职内掌管财务收入类账户，职岁掌管财务支出类账户，职币掌管财务结余，并建立了定期会计报表制度、专仓出纳制度、财物稽核制度等。这表明在西周前后，我国已初步形成了会计工作组织系统，并已形成文字叙述式的"单式记账法"。

春秋到秦汉时期，会计原则、法律、方法均有所发展。唐朝时期，我国会计理论与方法进一步推进，创立了"**四柱结算法**"。所谓"四柱"，是指旧管（上期结存）、新收（本期收入）、开除（本期支出）和实在（本期结存）四个栏目。这种结算法把一定时期内财物收付的记录，通过"旧管＋新收＝开除＋实在"这一平衡公式加以总结，既可检查日常记录的正确性，又可分类汇总日常会计记录，使之起到系统、全面和综合反映的作用。可以说，"四柱结算法"的发明把我国的记账法（簿记）发展提高到一个较为科学的高度。"四柱结算法"中的四柱平衡关系形成了会计上的方程式，这不仅成为我国传统的中式记账法（中式簿记）的一个特色，而且在世界范围内也一直被沿用下来。宋代建立了我国会计史上第一个独立的政府会计组织——"三司会计司"，总核天下财赋收入，提高了会计机构的地位。同时，随着人们对账簿的进一步认识，宋代已产生并流行了一些有关账簿的专门用语。"簿记"一词作为我国最早的文字记载亦见于宋代的文献中。宋代的会计凭证可分为收入与支出两类，皆有正副两联，凭证和账簿都作为重要档案一起由专吏负责长期保存。当然，早期簿记的主要目的并不是计量，而是进行控制，从一定程度上讲，内部控制是所有古代簿记制度的主要特征。

（二）近代会计

一般认为，**从单式记账法过渡到复式记账法**，是近代会计形成的标志。复式记账法最早出现在意大利，随后传至荷兰、西班牙、葡萄牙，又传入德国、英国、法国等国家。工业革命后，会计理论和方法出现了明显的发展，从而完成了由簿记到会计的转化。近代会计的核心理论贡献主要如下：

1. 折旧的思想

在工业革命以前，耐用的长期资产往往比较少，商人们一般都是将耐用的长期资产在报废时一次性冲销，或者当作存货（未销售的商品），继而在年终通过盘存估价增减业主权益。但是随着长期资产的日益增多及其在生产经营过程中的重要性日益凸显，人们逐渐意识到传统的做法已经无法正确地确定盈亏了。因此，长期资产应该在其经济寿命期内采取一定的方式进行分摊，"折旧"的概念便应运而生了。

2. 划分资本与收益

企业规模日益扩大，所有者与经营者日益分离并更加关心投入资本的收益，因此，必须将业主的投资与投资收益进行严格的区分。这也使得会计人员必须严格区分收益性支出与资本性支出，同时也要求进行收入与成本、费用的恰当配比，使损益表成为对外披露的重要报表之一。

📢 **学习提示**：收益性支出与资本性支出都是支出，但是有区别，如表1-1所示。

表 1-1　收益性支出与资本性支出的区别

项目	收益性支出	资本性支出
受益期	不超过 1 年或 1 个营业周期的支出	超过 1 年或 1 个营业周期的支出
列示报表	列于利润表中，反映当期经营成果	列于资产负债表中，反映财务状况
相关的收益期限	即期	远期、长期
会计处理	费用化，作为当期费用	资本化，作为资产成本

3．重视成本会计

重工业的发展与生产规模的扩大使企业的制造费用激增，制造费用成为产品成本一个不容忽视的组成部分。同时，伴随着企业生产的日益复杂，制造程序与费用的归集和分配也相应变得复杂。这些变化都为成本会计制度的出现提供了契机。最终，以存货的计价作为突破口，以历史成本为基础的成本会计核算方法形成了。

4．财务报表审计制度

随着企业所有者与经营者的分离日益明显，作为不参与企业日常经营管理的所有者，必然关心投入资本的保值、增值情况，因此要求经营者定期提供反映企业财务状况和经营成果的财务报表。但是由于经营者与所有者之间微妙的利益对立关系，同时也由于两者之间的信息不对称，所有者（可能并不具备会计专业知识）对经营者提供的财务报表不可能完全信任，于是希望能够由客观、中立的会计师对财务报表进行验证，以增加财务报表的可信程度。这就形成了财务报表审计制度。

（三）现代会计

现代会计是商品经济的产物。14 世纪、15 世纪，欧洲资本主义商品经济的迅速发展，促进了会计的发展，形成了现代会计的基本特征和发展基石。其主要标志是**利用货币计量进行价值核算**及**广泛采用复式记账法**。20 世纪以来，特别是第二次世界大战结束后，资本主义的生产社会化程度得到了空前的发展，现代科学技术与经济管理科学的发展突飞猛进，受社会政治、经济和技术环境的影响，传统的财务会计不断充实和完善，财务会计核算工作更加标准化、通用化和规范化。

对会计发展产生直接影响的是股份公司的诞生和对人类文明产生重大影响的工业革命。在这种经济环境下，现代会计中的诸多概念缓慢地发展起来了。

1949 年新中国成立后，我国实行的是计划经济体制，引进了与此相适应的苏联会计模式，在财政部设立了会计制度司，主管全国的会计工作，形成了我国继引入借贷记账法之后的"第二次会计变革"。1976 年后，会计工作逐渐制度化和法制化。1980 年 12 月财政部发布了《关于成立会计顾问处的暂行规定》，我国恢复了注册会计师制度；1985 年新中国第一部《中华人民共和国会计法》由第六届全国人民代表大会常务委员会第九次会议审议通过并实施，此后，相关的财务通则和会计准则、会计制度等陆续发布并不断修订。随着国际经济一体化进程的加快，财政部在 2000 年 12 月 29 日发布了破除行业和所有制界限的统一的《企业会计制度》，并于 2001 年 1 月 1 日在股份公司中率先实施，2005 年已经在所有大中型企业中实施。2004 年，财政部发布了《小企业会计制度》，并于 2005 年 1 月 1 日起在小企业范围内执行。

2006年2月，财政部又颁布了新的《企业会计准则》①，并于2007年1月1日起实施。其与国际准则趋同，进一步提升了我国会计的规范性。2011年10月，财政部颁布了《小企业会计准则》，并规定自2013年1月1日起在全国小企业范围内实施。2012年，欧盟认可我国《企业会计准则》与《国际财务报告准则》等效。

现代会计按服务对象的不同，主要分为**财务会计**和**管理会计**②。

1. 财务会计

财务会计是以货币为主要量度，对企业已发生的交易或事项，运用专门的方法进行确认、计量，并以财务会计报告为主要形式，定期向各经济利益相关者提供会计信息的对外报告会计。财务会计是现代企业的一项重要的基础性工作，通过一系列会计程序，提供有用的决策信息，并积极参与经营管理决策，提高企业经济效益，促进了市场经济的健康有序发展。

财务会计侧重于服务企业外部的使用者，包括投资者、债权人、政府及其有关部门、社会公众等。这些外部使用者需要根据会计信息做出投资及信贷决策等。

2. 管理会计

管理会计又称"内部报告会计"，是指为了提高企业经济效益，通过一系列专门方法，利用财务会计提供的资料及其他资料进行加工、整理和报告，使企业各级管理者能据此对日常发生的各项经济活动进行规划与控制，并帮助决策者做出各种专门决策的一个会计分支。

管理会计侧重于服务企业内部的使用者，包括企业内部各层次的管理者。这些管理者都需要使用会计信息拟定企业发展战略、确定经营方针、做出财务和经营决策、管理控制日常经营活动、做出绩效评价等。

【例题1-1】（判断题）财务会计是对外报告会计，而管理会计是对内报告会计。（　　）

【答案】　正确。

【解析】　财务会计是对外会计，要严格遵守《企业会计准则》及《小企业会计准则》。管理会计是对内会计，不受准则的严格约束，所运用的方法和手段灵活多变。

本节学习导读分析：会计是为了适应生产活动发展的需要而产生的，是经济发展到一定阶段的产物。会计的发展经历古代会计、近代会计、现代会计三个阶段。我国"会计"称号起源于西周，当时已形成文字叙述式的"单式记账法"。从单式记账法过渡到复式记账法，标志着近代会计的形成，完成了由簿记到会计的转化。随着股份公司的诞生和工业革命的兴起，现代会计的概念发展起来。因此，会计的产生及发展经历了漫长的过程。

知识拓展

① 2006年财政部颁布的《企业会计准则》包括1个基本准则和38个具体准则以及应用指南。随着客观经济环境的变化，财政部在2014年、2017年、2018年、2019年和2020年对2006版《企业会计准则》的基本准则和部分准则进行了修订，同时增加了一些新的具体准则。现行《企业会计准则》包括1个基本准则、42个具体准则和应用指南以及14个准则解释。

② 财务会计是对外会计，要严格遵守《企业会计准则》及《小企业会计准则》。管理会计是对内会计，不受《企业会计准则》的严格约束，所运用的方法和手段灵活多变。

第二节　会计的概念、职能与目标

> /学习导读/
>
> 企业发生的纷繁复杂的经济业务，是否需要用可衡量、可比较和易监督的语言呈现给相关信息使用者？如果需要，由谁来担任信息呈现者的角色？答案当然是会计。那么，究竟什么是会计？会计具有怎样的职能？会计的最终目标又是什么？带着这些疑问，让我们一起开展本节内容的学习。

一、会计的概念

（一）会计的含义

会计是以**货币**为主要计量单位，采用专门的方法和程序，对企业和行政、事业单位的经济活动进行完整、连续、系统的核算和监督，以提供经济信息和反映受托责任履行情况为主要目的的经济管理活动。未特别说明时，本书均以企业会计为对象进行介绍。

（二）会计的基本特征

通过对会计概念的分析，可以从以下五个方面把握会计的基本特征。

1. 会计是一种经济管理活动

会计的本质是一种管理活动，它属于管理范畴。会计的基本职能是对企业的经济活动进行核算和监督，它为企业经济管理提供各种数据资料，通过办理业务，对外报送会计报表，通过各种方式参与事前经营预测及决策，对经济活动进行事中控制及监督，开展事后分析和检查。会计无论是在过去、现在还是将来，都是人们对经济业务进行管理的活动。

2. 会计是一个经济信息系统

会计是财务收支的总关口，掌握大量日常经济活动的第一手资料，本身具有一种对经济活动最迅速、精确的控制机制，对了解经济活动的动态和结果具有其他工作无可替代的作用。企业经营过程是否通畅，有无资金积压，有无生产浪费，部门和日常经济活动的各个环节如何协调、衔接等，都包含在会计这一经济信息系统中，都要依靠这一经济信息系统提供的信息进行评价和提出建议。

3. 会计以货币作为主要计量单位

经济活动中通常使用劳动计量单位（如工时）、实物计量单位（如台、件、吨）和货币计量单位这三种计量单位。

> 学习提示：会计把货币作为主要计量单位，但不是唯一计量单位。会计对经济业务进行记录时，往往同时采用货币和其他计量单位。如购买 1 000kg 大米，5 元/kg，其中的"kg"，即是实物计量单位。

4．会计具有核算和监督的基本职能

会计的职能是指会计在经济管理活动中所具有的功能。会计的职能分为基本职能和拓展职能。会计的基本职能是对经济活动进行核算和监督。

（1）会计核算

会计核算是会计工作的基础，是指通过确认、计量、记录和报告[③]，从数量上反映各单位已经发生或完成的经济活动，为经营管理提供会计信息。

（2）会计监督

会计监督是会计工作质量的保证，是指按照一定的目的和要求，利用提供的会计信息，对各单位的经济活动进行控制，使之达到预期目标。

5．会计采用一系列专门的方法

为了反映和监督会计对象，会计工作需要一系列用于确认、计量、记录和报告的专门方法，会计方法一般包括会计核算方法、会计分析方法和会计检查方法等。

二、会计的职能

会计的职能是指会计在经济管理过程中所具有的功能。作为"过程的控制和观念总结"，会计具有**会计核算和会计监督**两项基本职能和预测经济前景、参与经济决策、评价经营业绩等拓展职能。

（一）基本职能

1．会计核算职能

会计核算职能是指会计以货币为主要计量单位，对特定主体的经济活动进行确认、计量、

> **知识拓展**
> ③ 确认、计量、记录和报告是会计核算的四个环节，现以"向银行借入50万元短期借款"这个经济业务为例来简单解释这四个环节。
> 确认是指对经济业务定性，回答"是否属于会计要处理的经济业务"这一问题。借款业务自然属于会计要处理的经济业务，应当进入会计系统，纳入会计核算的范围。
> 计量是指对经济业务定量，对"用什么方法来确定金额"以及"具体金额是多少"这两个问题的回答便是计量。针对向银行借入50万元的借款业务，用历史成本来确定金额，金额是50万元。
> 记录是指将经过会计确认、会计计量的经济业务，采用一定方法记录下来，如把借款50万元用记账凭证记录下来，并用会计账簿登记。
> 报告是指以日常核算资料为主要依据，总体反映企业在一定时期内的经济活动情况和经营成果的报告文件。如发生短期借款50万元，期末则在资产负债表的"货币资金"和"短期借款"项目分别列示50万元。

记录和报告的职能。会计核算贯穿于经济活动的全过程，是会计最基本的职能。

会计核算的基本特点如下：

1）以货币为主要计量单位，以实物度量和劳动度量为辅助度量单位，从数量上综合反映各单位的经济活动状况。

2）具有**完整性**、**连续性**和**系统性**特点。会计核算的内容是应当进行会计核算的经济业务事项。根据《中华人民共和国会计法》规定，会计核算的具体内容主要包括：①款项和有价证券的收付；②财物的收发、增减和使用；③债权、债务的发生和结算；④资本、基金的增减；⑤收入、支出、费用、成本的计算；⑥财务成果的计算和处理；⑦需要办理会计手续、进行会计核算的其他事项。

2．会计监督职能

会计监督职能是指对特定主体的经济活动和相关会计核算的**真实性**、**合法性**和**合理性**进行审查。

1）真实性审查是指检查各项会计核算是否根据实际发生的经济业务进行，是否如实反映经济业务或事项的真实状况。

2）合法性审查是指检查各项经济业务及其会计核算是否符合国家有关法律法规的规定，是否遵守财经纪律，是否贯彻执行国家各项方针政策，从而杜绝违法乱纪行为。

3）合理性审查是指检查各项财务收支是否符合客观经济规律及经营管理方面的要求，保证各项财务收支符合特定的财务收支计划，进而实现预算目标。

会计核算与会计监督是相辅相成、辩证统一的。会计核算是会计监督的基础，没有核算提供的各种信息，监督就失去了依据；会计监督又是会计核算质量的保障，如果只有核算没有监督，就难以保证核算提供信息的质量。

> **学习提示**：会计监督是对全过程的监督，包括事前监督、事中监督及事后监督。

（二）拓展职能

会计的拓展职能主要体现在以下与管理会计有关的方面：

1．预测经济前景

预测经济前景是指根据财务报告等提供的信息，定量或者定性地判断和推测经济活动的发展变化规律，以指导和调节经济活动，提高经济效益。

2．参与经济决策

参与经济决策是指根据财务报告等提供的信息，运用定量分析和定性分析的方法，对备选方案进行经济可行性分析，为企业经营管理等提供与决策相关的信息。

3．评价经营业绩

评价经营业绩是指利用财务报告等提供的信息，采用适当的方法，对照相应的评价标准，对企业一定经营期间的资产运营、经济效益等经营成果进行定量及定性的对比分析，做出真实、客观、公正的综合评价。会计职能的内容如图 1-2 所示。

第一章 总论

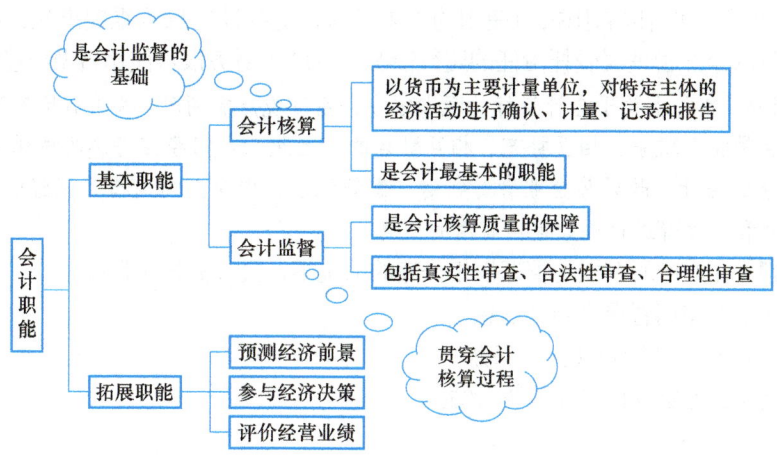

图 1-2 会计职能的内容

【例题 1-2】下列各项正确描述会计核算和会计监督职能关系的有（　　）。
A．会计监督职能是会计最基本的职能
B．会计核算与会计监督两大基本职能关系密切、相辅相成、辩证统一
C．会计监督职能在经济业务发生之后发挥作用
D．会计监督是会计核算的质量保障
【答案】B、D
【解析】会计核算职能是会计最基本的职能，选项 A 错误；会计监督职能在事前、事中和事后都发挥作用，选项 C 错误。

三、会计的目标

会计的目标是要求会计工作完成的任务或达到的标准，即向财务报告使用者提供与企业财务状况、经营成果和现金流量等有关的会计信息，反映企业管理层受托责任的履行情况，有助于财务会计报告使用者做出经济决策。科学的会计目标，使得会计发展的趋势更好把握，促使会计工作实现规范化、标准化和系统化。

由于会计是整个经济管理的重要组成部分，会计目标当然从属于经济管理的总目标，即提高经济效益，或者说会计目标是这一总目标下的子目标。在将提高经济效益作为会计最终目标的前提下，我们还需要研究会计核算的目标，即向谁提供信息、为何提供信息和提供何种信息。

（一）决策有用论，向财务报告使用者提供会计信息

向财务报告使用者提供与企业财务状况、经营成果和现金流量等有关的会计信息。财务报告的外部使用者主要包括投资者、债权人、政府及其有关部门和社会公众等。

（二）受托责任论，反映企业管理层受托责任的履行情况

在现代公司制下，企业所有权和经营权相分离，企业管理层受委托人之托经营管理企业及其各项资产，负有受托责任。只有通过会计信息，才可以准确判断投资者的投资是否被科学、

合理而有效地使用，才可以看出投资使用的效果，这也是会计信息的重要意义。因此会计具体目标的根本是反映企业管理层受托责任的履行情况，有助于财务报告使用者做出经济决策。

学习提示：实际上关于会计目标的观点很多，主流观点有两种：决策有用论和受托责任论。这两种主流观点是相互联系、相互补充、相互融合的，因此，人们经常将这两种观点结合在一起。也就是说，当今的会计，既要替企业管好钱财、做好记录，向企业所有者汇报经营状况，同时还要为企业所有者和经营者进行决策提供有用的信息。

【例题1-3】 在财产所有权与管理权相分离的情况下，会计的根本目标是（　　）。
A．向财务报告使用者提供会计信息
B．核算和监督特定主体的经济活动
C．反映企业管理层受托责任的履行情况
D．提高经济效益
【答案】 C
【解析】 在现代公司制下，企业所有权和经营权相分离，企业管理层受委托人之托经营管理企业及其各项资产，负有受托责任。只有通过会计信息，才可以准确判断投资者的投资是否被科学、合理而有效地使用，才可以看出投资使用的效果，这也是会计信息的重要意义。

本节学习导读分析：每个企事业单位都离不开会计。会计的本质是一项管理活动，属于管理范畴，并为利益相关方提供决策有用的信息。会计目标的实现，需要有效发挥会计的职能。会计的职能分为基本职能和拓展职能。

第三节　会计核算基础与会计信息质量要求

/学习导读/

很多学科都有自己的假设，如经济学的"理性经济人"假设等。会计作为一门应用性很强的学科，也有相应的假设，而且这些假设是会计核算的必要前提。那么，会计核算遵循怎样的规则？会计信息作为一种商业信息，有哪些质量要求？让我们开始本节内容的学习吧。

一、会计基本假设

会计基本假设是对会计核算时间和空间范围等所做的合理假定，是企业会计确认、计量、记录和报告的前提。会计基本假设包括**会计主体假设**、**持续经营假设**、**会计分期假设**和**货币计量假设**。

学习提示：会计基本假设又称会计核算的基本前提，确切地说是财务会计的基本假设。管理会计的基本假设则是多层主体假设、理性行为假设、合理预期假设、充分占有信息假设等。

（一）会计主体假设

会计主体是指会计工作服务的特定对象，是企业会计确认、计量、记录和报告的空间范围。为了向财务报告使用者反映企业的财务状况、经营成果和现金流量，提供对其决策有用的信息，会计核算和财务报告的编制应当集中反映特定对象的经济活动，并将其与其他经济实体区别开来。在会计主体假设下，企业应当对其本身发生的交易或事项进行会计确认、计量、记录和报告，反映企业本身所从事的各项生产经营活动和其他相关活动。

会计主体确定了会计核算所处的立场。会计核算必须站在本企业角度观察所发生的经济业务，不能与其他会计主体相混淆。例如，企业股东的个人经济交易属于该股东个人主体的经济事项，不应纳入企业的会计核算范围，但是企业股东投入企业的资本或企业向股东发放的股利，则属于企业会计主体的经济事项，应纳入企业的会计核算范围。

会计主体不同于法律主体，一般而言，法律主体必然是一个会计主体，但是会计主体不一定是法律主体。作为会计主体，必须能够控制经济资源并进行独立核算。会计主体既可以是一个企业，也可以是若干企业组织起来的集团，甚至还可以是一个企业的分部。会计主体既可以是法人，如股份有限公司或有限责任公司，也可以是不具备法人资格的实体，如独资企业或合伙企业、企业集团、事业部、分公司、工厂的分部等。

📣 **学习提示**：总公司与分公司、母公司与子公司关于法律主体和会计主体的辨析如图 1-3 所示。

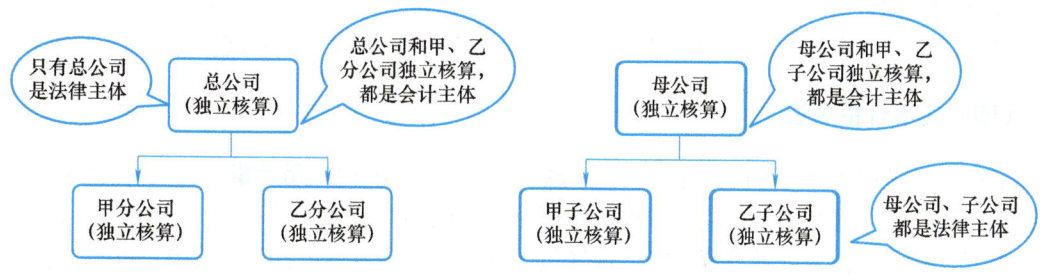

图 1-3 法律主体和会计主体的辨析

【**例题 1-4**】下列关于会计主体的说法中，正确的有（　　）。
A．会计主体一定是法律主体
B．会计主体可以是独立法人，也可以是非法人
C．会计主体可以是一个企业，也可以是企业中的一个特定组成部分
D．会计主体有可能是单一企业，也可能是几个企业组成的企业集团

【**答案**】 B、C、D

【**解析**】 会计主体与法律主体（或法人）并不是同一概念，一般来说，法律主体必然是会计主体，但会计主体并不都是法律主体，所以选项 A 错误。会计主体可以是独立的法人，也可以是非法人；可以是一个企业，也可以是企业内部的某一单位或企业中的一个特定组成部分，也可以是单一企业或由几个企业组成的企业集团。

（二）持续经营假设

持续经营是指在可以预见的将来，企业将会按当前的规模和状态继续经营下去，**不会停业**，也不会大规模<u>削减业务</u>。在持续经营假设下，会计确认、计量、记录和报告应当以企业持续、正常的生产经营活动为前提。

持续经营假设为会计核算的开展提供了正常的业务背景。企业在持续经营假设下，可以假

定固定资产会在持续经营过程中发挥作用，可以根据历史成本进行记录，并按历史成本分摊到各会计期间。

企业是否持续经营，在会计原则和会计方法上会有较大差异。只有假定企业在可预期的未来不会破产清算，会计核算才能正常进行，否则将依据破产清算时的特殊规定进行处理。而当有确凿证据（如发布破产公告）证明企业已经不能再持续经营下去时，该假设会自动失效，此时企业将由清算小组接管，会计核算方法随即改为破产清算所规定的方法。

（三）会计分期假设

会计分期是指将一个企业**持续经营**的生产经营活动划分为一个个连续的、长短相同的期间，以便分期结算账目和编制财务会计报告。

会计分期的目的在于通过会计期间的划分，将持续经营的生产经营活动划分成连续、相等的期间，据以结算盈亏，按期编制财务会计报告，从而及时向财务会计报告使用者提供有关企业财务状况、经营成果和现金流量的信息。

会计期间分为**会计年度**和**会计中期**。我国规定以日历年作为企业的会计年度，即以公历1月1日至12月31日为一个会计年度。会计中期是指短于一个完整的会计年度的报告期间，分为半年度、季度和月度。年度、半年度、季度和月度均按公历起讫日期确定。

（四）货币计量假设

货币计量是指会计主体在会计确认、计量、记录和报告时以**货币计量**[④]，反映会计主体的生产经营活动。货币是商品的一般等价物，是衡量一般商品价值的共同尺度，具有价值尺度、流通手段、贮藏手段和支付手段等职能。选择货币这一共同尺度进行计量，具有全面、综合地反映企业的生产经营情况的作用。

二、会计核算基础

会计核算基础是指会计确认、计量、记录和报告的基础，具体包括**权责发生制**和**收付实现制**。

（一）权责发生制

权责发生制是指以取得收取款项的权利或负有支付款项的义务为标志来确定本期收入和费用的会计核算基础。在实务中，企业交易或者事项的发生时间与相关货币收支时间有时并不完全一致。权责发生制的核心是根据权、责关系实际发生的期间来确认收入和费用，要求凡是当期已经实现的收入、已经发生或应当负担的费用，不论款项是否收付，都应当作为当期的收入

知识拓展

④ 货币计量还需要注意两点：货币是主要计量单位（不是唯一计量单位）和假定币值稳定（没有通货膨胀）。在币值稳定的情况下，不同期间的会计信息才更具可比性。

我国的会计核算以人民币为记账本位币。业务收支以外币为主的企业，也可以选择某种外币作为记账本位币，但编制财务会计报告时应当折算为人民币；在境外设立的我国企业向国内报送财务会计报告，应当折算为人民币。

和费用，计入利润表；凡是不属于当期的收入和费用，即使款项已经在当期收付，也不应当作为当期的收入和费用。

例如：长财星有限责任公司（以下简称长财星公司）成立于 20 世纪 90 年代初，是一家服装厂。该公司 2021 年 6 月预收货款 50 000 元，但当月并没有发货，到 7 月才发出商品。根据权责发生制的原则，尽管收款时间在 6 月，但 6 月并没有实现销售，因此不能将其确认为收入，只能将其确认为预收账款。只有在 7 月发出商品、实现销售以后，才能将其确认为收入。

1．采用权责发生制的优点

1）可以正确反映各个会计期间所实现的收入和为实现收入所负担的费用。
2）可以把各个会计期间的收入与其相关的费用、成本相配比，加以比较。
3）正确确定各个会计期间的财务成果。

2．采用权责发生制的缺点

1）思考过程比较复杂。
2）实务处理比较烦琐。

（二）收付实现制

收付实现制是指以款项的实际收付为标志来确定本期收入和支出的会计核算基础。采用收付实现制，以实际款项的收付为标准，来记录收入的实现或费用的发生。收付实现制要求：凡属本期实际收到款项的收入和支付款项的费用，不管其是否应归属于本期，都应作为本期的收入和费用入账；反之，凡本期未实际收到款项的收入和未支付款项的费用，都不应作为本期的收入和费用入账。

目前，在我国，政府会计由预算会计和财务会计构成。其中，预算会计采用收付实现制，国务院另有规定的，依照其规定；财务会计采用权责发生制。

1．采用收付实现制的优点

1）会计记录直观，便于根据账簿记录量入为出。
2）会计处理简便，不需要对账簿记录进行期末账项调整。

2．采用收付实现制的缺点

1）本期的收入和费用缺乏合理的配比，所计算的财务成果不够完整、准确。
2）收付实现制下提供的财务信息有限且相关性较差。

【例题 1-5】 长财星公司本月销售了 100 万元的商品，但是只收到了 80 万元货款，剩余 20 万元货款约定于 2 个月后收回。长财星公司本月的销售收入是多少？

小王和小丁对此有不同的看法。

小王：公司本月的销售收入应该是 100 万元，因为商品已经全部出售，即使现在 20 万元尚未收到，但以后也会收到。

小丁：公司本月的销售收入应该是 80 万元，因为本月只收到 80 万元现金，剩余 20 万元待真正收到时再确认收入。

请问小王和小丁的处理办法分别应用了哪种会计核算基础？

【解析】 小王的处理方法是以权责发生制为基础的。权责发生制是以取得收取款项的权利或负有支付款项的义务为标志来确定本期收入和费用的会计核算基础的。而小丁的处理方法是以收付实现制为基础的。收付实现制是以款项的实际收付作为标志来确定本期收入和支出的会计核算基础的。

三、会计信息的质量要求

会计信息的质量要求是对企业财务报告所提供的会计信息质量的基本要求，是使财务报告所提供的会计信息对投资者等信息使用者的决策有用应具备的基本特征，主要包括**可靠性**、**相关性**、**可理解性**、**可比性**、**实质重于形式**、**重要性**、**谨慎性**和**及时性**等。

（一）可靠性

可靠性要求企业应当以实际发生的交易或者事项为依据进行确认、计量、记录和报告，如实反映符合确认和计量要求的各项会计要素及其他相关信息，保证会计信息**真实可靠**、**内容完整**。

为了贯彻可靠性要求，企业应当做到：

1. 以实际发生的交易或者事项为依据进行确认、计量、记录和报告

将符合会计要素定义及其确认条件的资产、负债、所有者权益、收入、费用和利润等如实反映在财务报表中，不得根据虚构的、没有发生的或者尚未发生的交易或者事项进行确认、计量、记录和报告。

2. 在符合重要性和成本效益原则的前提下，保证会计信息的完整性

包括所编报的报表及其附注内容等应当保持完整，不能随意遗漏或者减少应予以披露的信息，与使用者决策相关的有用信息都应当充分披露。

3. 包括在财务报告中的会计信息应当是客观中立的、无偏向性的

如果企业在财务报告中为了达到事先设定的结果或效果，通过选择列示或不列示有关会计信息以影响决策和判断，这样的财务报告中的会计信息就不是中立的。

可靠性是对会计信息质量最基本的要求，是高质量会计信息的重要基础和关键所在。企业以虚假的交易或者事项进行确认、计量、记录和报告属于违法行为，不仅会严重损害会计信息质量，而且会误导投资者，干扰资本市场，导致会计秩序、财经秩序混乱。

> 📢 *学习提示*：可靠性可以理解为真实性，即不能造假和无中生有。

（二）相关性

相关性要求企业提供的会计信息应当与投资者等财务报告使用者的经济决策需要相关，有助于投资者等财务报告使用者对企业过去、现在或未来的情况做出评价或者预测。信息的相关性包含两个要素，即**反馈价值**和**预测价值**。

1. 反馈价值

会计信息是否有用，是否具有价值，关键看其与使用者的决策需要是否相关，是否有助于使用者做出决策或者提高其决策水平。相关的会计信息能够有助于使用者评价企业过去的决策，证实或者修正过去的有关预测，因而具有反馈价值。

2．预测价值

相关的会计信息还应当具有预测价值，从而有助于使用者根据财务报告所提供的会计信息预测企业未来的财务状况、经营成果和现金流量。

📢 **学习提示**：相关性可以理解为有用，即会计信息对使用者做决策是有用的。相关性是以可靠性为基础的，两者并不矛盾，不应将两者对立起来。

（三）可理解性

可理解性要求企业提供的会计信息应当<u>清晰明了</u>，便于投资者等财务报告使用者理解和使用。

企业编制财务报告、提供会计信息的目的在于使用，要想让使用者有效使用会计信息，就应当让其了解会计信息的内涵，弄懂会计信息的内容，这就要求财务报告所提供的会计信息清晰明了，易于理解。只有这样，才能提高会计信息的有用性，实现财务报告的目的，满足向投资者等财务报告使用者的决策提供有用信息的要求。

会计信息是一种专业性较强的信息产品，在强调会计信息的可理解性要求的同时，还应假定使用者具有一定的有关企业经营活动和会计方面的知识，并且愿意付出努力去研究这些信息。对于某些复杂的信息，如交易本身较为复杂或者会计处理较为复杂，若其与使用者的经济决策相关，企业就应当在财务报告中予以充分披露。

（四）可比性

1．同一企业不同时期可比（纵向可比）

为了便于投资者等财务报告使用者了解企业的财务状况、经营成果和现金流量的变化趋势，比较企业在不同时期的财务报告信息，全面、客观地评价过去、预测未来从而做出决策，会计信息应具有纵向可比性，即同一企业不同时期发生的相同或相似的交易或者事项，应当采用一致的会计政策，不得随意变更。但是，满足会计信息可比性要求，并非表明企业不得变更会计政策，如果按照规定或者在会计政策变更后可以提供更可靠、更相关的会计信息，企业就可以变更会计政策。有关会计政策变更的情况，应当在附注中予以说明。

2．不同企业相同会计期间可比（横向可比）

为了便于投资者等财务报告使用者评价不同企业的财务状况、经营成果和现金流量及其变动情况，会计信息也应具有横向可比性，即不同企业同一会计期间发生的相同或相似的交易或者事项，应当采用规定的会计政策，以使不同企业按照一致的确认、计量、记录和报告要求提供有关的会计信息，确保会计信息口径一致、相互可比。

📢 **学习提示**：可比性要求企业采用的会计政策不得随意变更，而不是不得变更。会计政策变更前要履行合法程序，变更后要及时合理披露。

（五）实质重于形式

实质重于形式要求企业应当按照<u>交易或者事项的经济实质</u>进行会计确认、计量、记录和报告，而不应仅以交易或者事项的法律形式为依据。

在实际工作中，交易或事项的法律形式并不总能完全真实地反映其实质内容。因此，会计信息要想正确反映交易或事项，就必须根据交易或事项的经济实质和经济现实，而不是仅仅依据它们的法律形式判断。

企业发生的交易或事项在多数情况下，其经济实质和法律形式是一致的。但在有些情况下两者会出现不一致。例如，企业租入的资产（短期租赁和低值资产租赁除外），虽然从法律形式来讲企业并不拥有该资产的所有权，但是由于租赁合同规定的租赁期相当长，往往接近于该资产的使用寿命，租赁期结束时承租企业有优先购买该资产的选择权，在租赁期内承租企业有权支配该资产并从中受益等，从其经济实质来看，企业能够控制该资产所创造的未来经济利益。因此，在会计确认、计量、记录和报告时就应当将该资产视为企业的资产，在企业的资产负债表中进行反映。

（六）重要性

重要性要求企业提供的会计信息应当反映与企业财务状况、经营成果和现金流量有关的所有重要交易或者事项。

在实务中，如果会计信息的省略或者错报会影响投资者等财务报告使用者据此做出决策，该信息就具有重要性，反之，则不具有重要性。例如，某企业 1 月份订全年报刊一份，金额为 120 元。该项业务若按照权责发生制处理，每月应计费用 10 元，且每月均需对该项业务进行处理；若按收付实现制处理，支付报刊费当月，即可将 120 元全部计入费用，其他月份不再需要对该项业务进行处理。由于费用金额小，采用收付实现制对企业盈亏没有实质性影响，而且会计处理简单，节约了核算成本，所以可以选择使用收付实现制。

总之，企业发生的某些支出金额较小的，从支出受益期来看，可能需要在若干会计期间内进行分摊，但根据重要性原则，可以一次性计入当期损益。例如一次性购入笔、纸篓等办公用品等。

📢 **学习提示**：重要性的应用需要依赖职业判断，企业应当根据其所处环境和实际情况，从项目的性质和金额大小两方面加以判断。

（七）谨慎性

谨慎性要求企业对交易或者事项进行会计确认、计量、记录和报告时保持应有的谨慎，**不应高估资产或者收益，不应低估负债或者费用**。

在市场经济环境下，企业的生产经营活动面临着许多风险和不确定性，如应收款项的可回性、固定资产的使用寿命、无形资产的使用寿命、售出存货可能发生的退货或者返修等。会计信息质量的谨慎性，要求企业在面临不确定性因素的情况下做出职业判断时保持应有的谨慎，充分估计到各种风险和损失，既不高估资产或者收益，也不低估负债或者费用。例如，要求企业定期或至少于年度终了时，对可能发生的各项资产损失计提资产减值或跌价准备，或要求对固定资产采用加速折旧法等，这都充分体现了谨慎性。

📢 **学习提示**：谨慎性不可被企业滥用于"计提减值准备"导致低估资产。企业故意低估资产或者收益，高估负债或者费用以操控利润或实现其他意图，是不被会计准则所允许的。

【例题 1-6】 下列各项中，关于企业会计信息谨慎性要求的表述正确的是（　　）。
A．企业应当保持应有的谨慎，不高估资产或者收益，不低估负债或费用
B．企业提供的会计信息应当相互可比
C．企业应当保证会计信息真实可靠、内容完整
D．企业应当以实际发生的交易或事项为依据进行确认、计量、记录和报告
【答案】 A
【解析】 选项A属于会计信息谨慎性的要求；选项B属于会计信息可比性的要求；选项C、D属于会计信息可靠性的要求。

（八）及时性

及时性要求企业对于已经发生的交易或事项，应当及时进行确认、计量、记录和报告，**不得提前或者延后**。

在会计确认、计量、记录和报告过程中贯彻及时性有以下方面的要求：

1）要求及时收集会计信息，即在经济交易或者事项发生后，及时收集、整理各种原始单据或者凭证。

2）要求及时处理会计信息，即按照会计准则的规定，及时对经济交易或事项进行确认或者计量，并编制财务报告。

3）要求及时传递会计信息，即按照国家规定的有关时限，及时地将编制的财务报告传递给财务报告使用者，便于其及时使用财务报告和做出决策。

✳ **本节学习导读分析**：会计主体假设决定了会计为谁服务；持续经营假设决定了会计记录要应用一贯的政策规定；会计分期假设决定了会计能够定期提供相应信息供决策者使用；货币计量假设决定了会计信息有了"共同语言"，更具有可比性。

会计核算基础具体包括权责发生制和收付实现制。二者在收入和费用的确认时点上是有一定区别的。

会计信息质量要求是企业在报告会计信息的过程中必须遵循的要求，包括可靠性、相关性、可理解性、可比性、实质重于形式、重要性、谨慎性和及时性。在对所发生的交易或事项进行处理时，需要根据这些质量要求来把握会计处理的原则，这需要会计人员具有较强的职业判断能力。

第四节　会计要素与会计等式

/学习导读/

> 长财星公司将所拥有的现代化厂房、机器设备、计算机、ERP管理软件及商品，作为该企业的"资产"进行核算；该企业成立之初需要启动资金100万元，其中80万元为股东投资，20万元向银行贷款，前者作为"所有者权益"核算，后者作为"负债"核算；该企业在生产、销售等经营过程中，产生"收入"和"费用"，最终获得"利润"。企业的资产、负债、所有者权益、收入、费用、利润共同构成会计要素。那么，这些要素之间有没有什么联系呢？如果有联系，又是怎样的联系？

一、会计要素及其确认条件

会计要素是指根据交易或事项的经济特征所确定的财务会计对象和基本分类,是会计核算对象的具体化,是用于反映特定会计主体财务状况和经营成果的基本单位,也是构成会计报表的基本组件。

企业会计要素按照其性质分为**资产**、**负债**、**所有者权益**、**收入**、**费用**和**利润**六大类。

📢 **学习提示**:会计要素分为六大类,是对企业财务会计而言的。行政事业单位预算会计则把会计要素分为五大类:资产、负债、净资产、收入和支出。

(一) 资产

1. 资产的定义

资产是指企业由**过去的**交易或者事项形成的、企业**拥有或控制的**、预期会给企业**带来经济利益**的资源。资产是企业从事生产经营活动的物质基础,任何一个企业必须拥有一定数量和相应结构的资产,方可进行正常的生产经营活动。

📢 **学习提示**:根据逻辑学观点,事物的定义是由特征构成的,特征合则为定义,定义分就是特征。资产的特征就是把定义展开。

根据资产的定义,资产具有以下三方面的特征:

(1) 资产是由企业**过去的交易或者事项**形成的

过去的交易或者事项是指企业已经发生的交易或事项,包括购买、生产、建造等交易或事项。

📢 **学习提示**:预期在未来发生的交易或者事项不形成资产,即必须是现实的资产,而不能是预期的资产。例如,甲公司准备于下月购买一台设备,由于相关交易尚未发生,准备购买的设备就不能作为企业的资产,而应在实际购买的当月被确认为企业的资产。

(2) 资产是企业**拥有或者控制**的资源

企业拥有或者控制是指企业享有某项资源的所有权,或者虽然不享有某项资源的所有权,但在某些条件下,该资源能被该企业所控制,其他企业、单位或个人未经同意,不能擅自使用该企业的该项资源。例如,企业租入的资产(短期租赁和低价值资产租赁除外),虽然从法律形式来讲企业并不拥有该资产的所有权,但是由于租赁合同规定的租赁期相当长,往往接近于该资产的使用寿命,租赁期结束时承租企业有优先购买该资产的选择权,在租赁期内承租企业有权支配该资产并从中受益,应当将其确认为企业的资产。

📢 **学习提示**:企业对租入的固定资产(除短期租赁和低价值资产租赁)视同自有固定资产进行管理,并按月计提折旧。这也符合会计信息质量要求中"实质重于形式"这一基本要求。

(3) 资产**预期会**给企业带来**经济利益**

资产预期会给企业带来经济利益是指资产直接或者间接导致现金或现金等价物流入企业的潜在能力,是资产最重要的特征。

企业以前已经确认为资产的项目,如果未来不能再为企业带来经济利益,也就不能再确认为企业的资产。如发生毁损、变质的资产,或者因债务人破产导致企业无法收回的应收账款等,应将其作为费用或损失处理。

2. 资产的确认条件

将一项资源确认为资产，需要符合资产的定义，还应同时满足以下两个条件：

(1) 与该项资源有关的经济利益**很可能**流入企业

资产的一个特征是预期会给企业带来经济利益，但在实际工作中，由于经济环境瞬息万变，与某项资源有关的经济利益能否流入企业实际上具有一定的不确定性，因此资产的确认还应与经济利益流入企业的不确定性程度的判断结合起来。如果根据编制财务报表时所取得的证据，判断与某项资源有关的经济利益很可能流入企业，那么就将其作为资产予以确认；反之，则不能将其确认为资产。

学习提示：会计可能性界定分为以下四种：极小可能（$0<X \leqslant 5\%$）；可能（$5\%<X \leqslant 50\%$）；很可能（$50\%<X \leqslant 95\%$）；基本确定（$95\%<X<100\%$）。

(2) 该项资源的成本或者价值能够被**可靠地计量**

会计核算既要确认科目，又要确认金额，只有当有关资源的成本或价值能够被可靠地计量时，才能将其作为资产予以确认。在实务中，企业取得的许多资产都需要付出成本。例如，企业购买的存货、购置的设备等，只有实际发生的成本能够被可靠地计量，才能视为符合资产确认的可计量条件。

学习提示：同时符合资产定义和资产确认条件的项目，应当列入资产负债表；符合资产定义，但不符合资产确认条件的项目，不应当列入资产负债表。如企业的人力资源符合资产定义，但是由于不能可靠地计量其金额，所以不能将其作为企业的资产列入资产负债表。

【例题 1-7】 下列各项应确认为资产的有（   ）。

A. 已经过期、腐败变质的存货　　　　B. 计划下个月购入的设备

C. 已经购入的、正在使用的无形资产　D. 企业购买的存货

【答案】 C、D

【解析】 选项 A 无法给企业带来经济利益，不符合资产"预期会给企业带来经济利益"的特征；选项 B 是尚未发生的交易，不符合资产"由过去的交易或事项形成"的特征，因此选项 A、B 均不可确认为资产。

3. 资产的分类和内容

资产按流动性进行分类，可以分为**流动资产**和**非流动资产**。

(1) 流动资产

流动资产是指企业可以在 1 年或者超过 1 年的**1个营业周期**⑤内变现或者使用的资产。流动资产主要包括：①货币资金；②存货（原材料、周转材料、在产品、半成品、产成品、库存商品以及委托加工物资等）；③应收及预付款项（应收账款、其他应收款和预付账款等）；④交易性金融资产、衍生金融资产等。

知识拓展

⑤ 大型工程的营业周期往往超过 1 年，如轮船厂建造大型邮轮，其营业周期大多超过 1 年，这些建造时间超过 1 年的轮船仍然是轮船厂的流动资产。

（2）非流动资产

非流动资产是流动资产以外的资产，是指不能在1年或者超过1年的1个营业周期内变现或者耗用的资产。

非流动资产主要包括：①长期股权投资、长期债权投资、其他债权投资；②长期应收款、固定资产；③长期待摊费用、开发支出、商誉等；④无形资产。

> **学习提示**：预付账款是指为了将来能够如愿获得某项产品或服务而提前支付给供应商的款项，若将来供应商不能提供产品或服务，此预付款项是要退还给企业的。因此，在供应商提供相应的产品或服务之前，预付账款属于企业资产并且是流动资产。

（二）负债

1. 负债的定义

负债是指企业由<u>过去的</u>交易或者事项形成的，预期会导致<u>经济利益流出</u>企业的<u>现时义务</u>。根据负债的定义，负债具有以下三个方面的特征：

（1）负债是由企业<u>过去的</u>交易或者事项形成的

负债是由企业过去的交易或者事项形成的。换句话说，只有过去的交易或者事项才形成负债，企业将在未来发生的承诺、签订的合同等交易或者事项，都不形成负债。例如，2019年6月，A企业与银行达成了1个月后借入500万元长期借款的意向，由于当时借款尚未实际发生，是未来可能发生的，则在6月A企业还不能将这500万元确认为负债。

（2）负债是企业承担的现时义务

<u>现时义务</u>是指企业在现行条件下已承担的义务。例如，企业购买原材料形成的应付账款、企业向银行借入的期限在1年内的款项形成的短期借款、企业按照税法规定应当缴纳的税款等，均属于企业承担的现时义务。而企业将在未来发生的交易或者事项形成的义务，不属于现时义务，不得确认为负债。

（3）负债预期会导致<u>经济利益流出</u>企业

企业在履行现时义务清偿各项负债时，会导致经济利益流出企业。而经济利益流出企业的形式多种多样。例如，用现金偿还或以实物资产的形式偿还，以提供服务的形式偿还，以部分转移资产、部分提供服务的形式偿还等。

> **学习提示**：预收账款就是企业预先收取客户的货款，到期时按照合同以货物来偿还货款。这是典型的以实物资产形式偿还的负债。

【例题1-8】下列项目中，属于负债要素特征的有（   ）。

A. 负债是由现在的交易或事项所引起的偿债义务

B. 负债是由过去的交易或事项所形成的现时义务

C. 负债是由将来的交易或事项所引起的偿债义务

D. 负债将会导致经济利益流出企业

【答案】 B、D

【解析】 负债是指企业由过去的交易或者事项形成的，预期会导致经济利益流出企业的现时义务。

2．负债的确认条件

将一项现时义务确认为负债，需要符合负债的定义，还应当同时满足以下两个条件：

（1）与该义务有关的经济利益**很可能**流出企业

从负债的定义可以看出，预期会导致经济利益流出企业是负债的一个本质特征。但在会计实务中，企业履行义务所需流出的经济利益具有一定的不确定性，因此，负债的确认应当与对经济利益流出的不确定性程度的判断结合起来。如果有确凿证据表明，与现实义务有关的经济利益很可能流出企业，那么就将其作为负债予以确认；反之，就不能将其确认为负债。

（2）未来流出的经济利益的金额能够被**可靠地计量**

负债的确认在考虑经济利益流出企业的同时，未来流出的经济利益的金额应当能够被可靠地计量。

3．负债的分类和内容

按偿还期限的长短，一般将负债分为**流动负债**和**非流动负债**。

（1）流动负债

流动负债是指将在1年（含1年）或者超过1年的1个营业周期内偿还的债务。

流动负债主要包括：①短期借款、交易性金融负债、衍生金融负债；②应付及预收款项（应付账款、其他应付款和预收账款等）；③应付职工薪酬；④应交税费；⑤应付利息、应付股利等。

> 📌 **学习提示**：负债也叫债权人权益。负债基本含有"应付"两字，可以理解为企业欠的钱。企业欠银行的钱为"短期借款"或"长期借款"，欠供应商的钱为"应付账款"，欠职工的钱为"应付职工薪酬"，欠国家的钱为"应交税费"，欠股东的钱为"应付股利"……

（2）非流动负债

非流动负债是指流动负债以外的负债，即偿还期为1年（不含1年）或者超过1年的1个营业周期以上的债务。

非流动负债主要包括：①长期借款；②应付债券；③长期应付款等。

> 📌 **学习提示**：特别注意"应付债券"是非流动负债。债券融资通常都是为了获得长期资金，对应形成的"应付债券"也就成了长期负债，而不是流动负债。

（三）所有者权益

1．所有者权益的定义

所有者权益是指企业**资产扣除负债**后，由所有者享有的**剩余权益**。公司的所有者权益又称为股东权益，也称为净资产。所有者权益是所有者对企业资产的剩余索取权，它是企业的资产扣除债权人权益后应由所有者享有的部分，既可反映所有者投入资本的保值增值情况，又体现了保护债权人权益的理念。

所有者权益的来源包括所有者投入的资本、其他综合收益、留存收益等，通常由股本（实收资本）、资本公积（含股本溢价或资本溢价、其他资本公积）、其他综合收益、盈余公积和未分配利润等构成。

1) **所有者投入的资本**是指所有者投入企业的资本部分，它既包括构成企业注册资本或者股本的金额，也包括投入资本超过注册资本或股本部分的金额，即资本溢价或股本溢价，这部分投入资本作为资本公积（资本溢价）反映。

2) **其他综合收益**是指企业根据会计准则规定未在当期损益中确认的各项利得和损失。

3) **留存收益**是指企业从历年实现的利润中提取或形成的留存于企业的内部积累，包括盈余公积和未分配利润。

> **学习提示**：权益是指对企业资产的求偿权，所有者权益与负债同属于"权益"，二者的区别表现为以下四点：
>
> 第一，性质不同：负债是债权人权益；所有者权益是所有者对企业净资产的求偿权。
>
> 第二，偿还责任不同：负债要求企业按规定时间和利率支付利息，到期偿还本金；所有者权益则与企业共存亡，在企业经营期内无须偿还。
>
> 第三，享受权利不同：债权人享受收回本金和按约定收回利息的权利，没有参与企业经营管理的权利，也没有参与企业收益分配的权利；所有者既具有参与企业经营管理的权利，也具有参与收益分配的权利。
>
> 第四，计量特性不同：负债可以单独直接计量，而所有者权益除了投资者投资时以外，一般不能直接计量，而是通过资产和负债的计量进行间接计量。

2. 所有者权益的确认条件

所有者权益体现的是所有者在企业中的剩余权益。因此，所有者权益的确认和计量主要依赖于资产和负债的确认与计量。企业接受投资者投入的资产，当该资产符合资产确认条件时，就相应地符合所有者权益的确认条件；当该资产的价值能够可靠地计量时，该项所有者权益的金额也就可以确定。

【例题1-9】下列各项中属于留存收益的有（　　）。

A．未分配利润　　　B．资本溢价　　　C．任意盈余公积　　　D．股本溢价

【答案】A、C

【解析】留存收益是盈余公积和未分配利润的统称。盈余公积包括法定盈余公积和任意盈余公积。选项B、D属于资本公积。

（四）收入

1. 收入的定义

收入是指企业在**日常活动中**形成的、会导致**所有者权益增加**的、与所有者投入资本**无关的**经济利益的总流入。根据收入的定义，收入具有以下三个方面的特征：

（1）收入是企业在**日常活动**中形成的

将收入界定为"日常活动"发生的经济利益总流入，是为了将其与利得相区分，凡是日常活动所形成的经济利益的总流入应当确认为收入。日常活动是指企业为完成其经营目标所从事的经常性活动以及与之相关的活动，属于持续性的、长期性的企业工作。例如，工业企业制造并销售产品、商业企业销售商品、保险公司签发保单、咨询公司提供咨询服务、软件企业为客户开发软件、安装公司提供安装服务、商业银行对外贷款、租赁公司出租资产等，均属于企业

的日常活动。非日常活动是指与企业日常经营活动无关的非经常性的活动,包括一些突发事件的处理,有周期性的企业活动等。非日常活动所形成的经济利益的流入不能确认为收入,而应当算作利得。例如,处置固定资产属于**非日常**活动,所形成的净收益就不应确认为收入,而应当确认为**利得**。

(2) 收入会导致所有者权益的增加

与收入相关的经济利益的流入应当会**导致所有者权益的增加**,不会导致所有者权益增加的经济利益的流入不符合收入的定义,不应确认为收入。例如,企业向银行借入款项,也导致了企业经济利益的流入,但并不导致所有者权益的增加,而使企业承担了一项现时义务,不应将其确认为收入,应当将其确认为一项负债。

(3) 收入是**与所有者投入资本无关**的经济利益的总流入

所有者投入资本的增加不应当确认为收入,而应当直接确认为所有者权益。

【例题 1-10】 下列各项中,符合会计要素中收入定义的是( )。

A. 出租固定资产收益　　　　B. 预收销货款
C. 收到投资者的投资款　　　D. 向购货方收回的销货代垫运费

【答案】 A

【解析】 选项 A 属于"日常活动发生的经济利益流入",符合收入的定义;选项 B 不会导致所有者权益增加,不符合收入的定义;选项 C 中的投资款是与所有者投入资本有关的经济利益的流入,不符合收入的定义;选项 D 中收回的是为他人代垫款项,不会导致所有者权益的增加,不符合收入的定义。

2. 收入确认的前提条件

根据《〈企业会计准则第 14 号——收入〉应用指南》(2018),企业需要采用"五步法"对收入进行确认和计量。"五步法"的内容如下:

第一步,识别与客户订立的合同。
第二步,识别合同中的单项履约义务。
第三步,确定交易价格。
第四步,将交易价格分摊至各单项履约义务。
第五步,履行每一单项履约义务时确认收入。

当企业与客户之间的合同同时满足下列条件时,企业应当在客户取得相关商品或服务控制权时确认收入:

1) 合同各方**已批准**该合同并承诺将履行各自义务。
2) 该合同明确了合同各方与所转让商品或提供服务相关的**权利和义务**。
3) 该合同有明确的与所转让商品或提供服务相关的**支付条款**。
4) 该合同具有**商业实质**,即履行该合同将改变企业未来现金流量的风险、时间分布或金额。
5) 企业因向客户转让商品或提供服务而有权取得的对价**很可能收回**。

3. 收入的分类

收入按企业**经营业务的主次**可分为**主营业务收入**和**其他业务收入**。

主营业务收入是由企业的主营业务所带来的收入，如工业企业销售商品、提供服务等主营业务所实现的收入。其他业务收入是指除主营业务活动以外的其他经营活动实现的收入，如工业企业出租固定资产、无形资产、包装物和商品或销售材料等实现的收入。

（五）费用

1．费用的定义

费用是指企业在**日常**活动中发生的、会导致所有者权益减少的、与向所有者分配利润**无关的**经济利益的总流出。根据费用的定义，费用具有以下特征：

（1）费用是企业在**日常活动**中发生的

将费用界定为"日常活动"发生的经济利益的总流出，是为了将其与损失相区分。企业非日常活动中所形成的经济利益的流出不能确认为费用，而应当算作损失。例如，A企业进行产品广告宣传，花费2万元，这2万元广告费应该确认为企业的费用。但是，企业处置固定资产发生净损失1万元，这1万元净损失与企业日常经营活动无关，具有偶发性，不能作为企业的费用，只能作为损失进行确认。

（2）费用会导致所有者权益的**减少**

与费用相关的经济利益的流出应当导致所有者权益的减少，不会导致所有者权益减少的经济利益的流出不符合费用的定义，不应确认为费用。例如，企业以银行存款偿还一项负债，只是一项资产和负债的等额减少，对所有者权益没有影响，因此不构成企业的费用。

（3）费用是与向所有者分配利润**无关的**经济利益的总流出

企业向所有者分配利润也会导致经济利益流出企业，而该经济利益的流出属于所有者权益的抵减项目，不应确认为费用。

2．费用的确认条件

费用的确认除了应当符合定义外，至少应当符合以下条件：

1）与费用相关的经济利益**很可能**流出企业。

2）经济利益流出企业的结果会导致**资产的减少**或者**负债的增加**。

3）经济利益的流出额能够**可靠地计量**。

符合费用定义和费用确认条件的项目，应当列入利润表；符合费用定义，但不符合费用确认条件的项目，不应当列入利润表。

3．费用的分类

费用按照与收入的配比关系的不同，可分为**生产费用**与**期间费用**。

1）生产费用是指与企业日常生产经营活动有关的费用，按其经济用途可分为直接材料、直接人工和制造费用。生产费用应按其实际发生情况计入产品的生产成本；对于生产几种产品共同发生的生产费用，应当按照受益原则，采用适当的方法和程序分配计入相关产品的生产成本。

2）期间费用是指企业本期发生的、不能直接或间接归入产品生产成本，而应直接计入当期损益的各项费用，包括管理费用、财务费用和销售费用，会计期末需在利润表中分项目列示。

① 管理费用是指企业为组织和管理生产经营而发生的各种费用。
② 财务费用是指企业为筹集生产经营所需资金等而发生的筹资费用。
③ 销售费用是指企业销售商品和材料、提供服务的过程中发生的各种费用。

【例题 1-11】 计入产品生产成本的费用包括（　　）。
A．财务费用　　　B．制造费用　　C．管理费用　　D．直接人工
【答案】 B、D
【解析】 费用按照与收入的配比关系的不同，可以分为生产费用和期间费用。生产费用包括直接材料、直接人工和制造费用，应按其实际发生情况计入产品生产成本；期间费用不能计入产品生产成本而应直接计入当期损益，包括销售费用、管理费用和财务费用。

（六）利润

1．利润的定义

利润是指企业在一定会计期间的经营成果。通常情况下，如果企业实现了利润，表明企业的所有者权益将增加；反之，如果企业发生了亏损（即利润为负数），表明企业的所有者权益将减少。

利润包括收入减去费用后的净额、直接计入当期利润的利得和损失等。其中，收入减去费用后的净额反映的是企业日常活动的业绩。直接计入当期利润的利得和损失，是指应计入当期损益、会导致所有者权益发生增减变动的、与所有者投入资本或者向所有者分配利润无关的利得或损失。

利得是指由企业非日常活动所形成的、会导致所有者权益增加的、与所有者投入资本无关的经济利益的流入。

损失是指由企业非日常活动所发生的、会导致所有者权益减少的、与向所有者分配利润无关的经济利益的流出。

2．利润的确认条件

利润的确认主要依赖于收入和费用以及利得和损失的确认，其金额的确定也主要取决于收入、费用、利得和损失金额的计量。

学习提示：利润＝收入－费用＋利得－损失。

【例题 1-12】 下列关于利润的表述中，正确的是（　　）。
A．利润是企业在一定会计期间的经营成果
B．利润的确认只能依赖于收入和费用
C．利润的增加表明企业收入的增加、负债的减少
D．利润等于收入减去费用后的净额
【答案】 A
【解析】 利润的确认主要依赖于收入和费用以及直接计入当期利润的利得和损失。如果企业实现了利润，表明企业的所有者权益将增加，但是并不表明企业的收入与负债的变化如何。

通过上述内容的学习，可以得出如下结论：资产、负债和所有者权益要素侧重于反映企业

的财务状况⑥，在**资产负债表**中列示，也称为资产负债表要素，体现了资金运动的相对静止状态⑦，属于**静态要素**。

收入、费用和利润要素侧重于**反映企业的经营成果**⑧，在**利润表**中列示，也称为利润表要素，体现了资金运动的显著变动状态，属于**动态**⑨**要素**。

二、会计要素的计量属性及其应用原则

（一）会计要素的计量属性

会计要素的计量是指为了将符合确认条件的会计要素登记入账并列报于财务报表而确定其金额的过程。企业应当按照规定的会计计量属性进行计量，确定相关金额。

会计要素的计量属性是指会计要素的数量特征或外在表现形式，反映了会计要素金额的确定基础，主要包括**历史成本**、**重置成本**、**可变现净值**、**现值**和**公允价值**等。

1．历史成本

历史成本又称实际成本，是指取得或制造某项财产物资时所实际支付的现金或者现金等价物。在历史成本计量下，资产按照购置时支付的现金或者现金等价物的金额计量，或者按照购置时所付出的对价的公允价值计量；负债按照因承担现时义务而实际收到的款项或者资产的金额计量，或者按照承担现时义务的合同金额计量，或者按照日常活动中为偿还负债预期需要支付的现金或者现金等价物的金额计量。

📢 **学习提示**：历史成本计量要求对企业资产、负债和所有者权益等项目进行计量时，应当基于经济业务的实际交易成本，不考虑随后市场价格变动的影响。例如，企业购入一台设备作为固定资产使用，取得该固定资产支付价款50万元，则该资产的入账价值为50万元，50万元即该资产的历史成本。

2．重置成本

重置成本又称现行成本，是指按照**当前市场条件**，重新取得**同样一项资产**所需要支付的现金或者现金等价物的金额。

知识拓展

⑥ 所谓财务状况，是指某一时点资产、负债与所有者权益之间或三要素内部之间的构成关系。如2019年12月31日，甲企业有60万元资产，其中20万元对应负债，40万元对应所有者权益，这些构成了甲企业的财务状况。

⑦ 所谓静止状态，就是某一时点（通常指月初或月末，如1月1日或12月31日）。我们后面要学的资产负债表的日期通常就是具体到某一天，如2019年9月30日资产负债表。

⑧ 所谓经营成果，是指某一时期，企业生产经营活动所创造的有效劳动成果的总和。如2019年9月，甲企业创造收入80万元，产生相应的费用60万元，不考虑其他因素影响则获得20万元的利润。

⑨ 所谓动态，表示的是对某一时期（通常是指1个月、1个季度或者1年）而言，企业的经营成果是一直发生变化的。

采用重置成本计量时，资产按照现在购买相同或者相似资产所需支付的现金或现金等价物的金额计量，负债按照现在偿付该项负债所需支付的现金或者现金等价物的金额计量。

例如，企业在财产清查时发现一项盘盈的固定资产，对该盘盈的固定资产计量时就应当采用重置成本，即以现在市场上与该盘盈固定资产相同规格型号、相同新旧程度的固定资产的价值作为其重置成本，对其计量入账。

3. 可变现净值

可变现净值是指在正常的生产经营过程中，以**预计售价**减去进一步加工的成本和销售所必需的预计税金、费用后的净值。采用可变现净值计量时，资产按照其正常对外销售所能收到现金或者现金等价物的金额，扣减该资产至完工时估计将要发生的成本、估计的销售费用以及相关税费后的金额计量。

4. 现值

现值是指对未来现金流量以**恰当的折现率**进行折现⑩后的价值，是考虑**货币时间价值等因素**的一种计量属性。

📢 **学习提示**：现值通常被用于非流动资产和非流动负债的计量。例如，在固定资产的初始计量中，对于价款超过正常信用条件延期支付，实质上具有融资性质的，固定资产的成本以购买价款的现值为基础确定。

5. 公允价值

公允价值是指**市场参与者**在**计量日**发生的**有序**交易中，出售一项资产所能收到或者转移一项负债所需支付的价格。

（二）计量属性的应用原则

企业在对会计要素进行计量时，一般应当采用历史成本。在某些情况下，如果采用除历史成本以外的其他计量属性提供的财务报告信息更加可靠、更加公允，可以使用其他计量属性。但采用重置成本、可变现净值、现值、公允价值计量的，应当保证所确定的会计要素金额能够取得并被可靠地计量。会计要素计量属性及其应用统计如表 1-2 所示。

表 1-2 会计要素的计量属性及其应用统计表

计量属性	概念	主要应用
历史成本	又称实际成本，是指取得或制造某项财产物资时所实际支付的现金或者现金等价物	我国企业对会计要素的计量一般采用历史成本

📘 知识拓展

⑩ 折现就是把将来某时点的钱换算成现在的钱。假设现在银行利率为 10%（当作折现率），甲现在有 10 000 元，存入银行，1 年后本息合计 11 000 元。折现就是将 1 年后的 11 000 元，换算到现在的价值，计算过程为：11 000÷（1+10%）=10 000（元）。

采用现值计量时，资产按照预计从其持续使用和最终处置中所产生的未来净现金流入量的折现金额计量。负债按照预计期限内需要偿还的未来净现金流出量的折现金额计量。

（续）

计量属性	概念	主要应用
重置成本	又称现行成本，是指按照当前市场条件，重新取得同样一项资产所需支付的现金或者现金等价物的金额	盘盈固定资产的计量
可变现净值	是指在生产经营过程中，以预计售价减去进一步加工成本和销售所必需的预计税金、费用后的净值	存货期末按成本与可变现净值孰低计量
现值	是指对未来现金流量以恰当的折现率进行折现后的价值	资产可收回金额的计算口径之一
公允价值	是指市场参与者在计量日发生的有序交易中，出售一项资产所能收到或者转移一项负债所需支付的价格	交易性金融资产等

【例题 1-13】企业取得或生产制造某项财产物资时所实际支付的现金或者现金等价物属于（   ）。

A．现值　　　　B．重置成本　　　　C．历史成本　　　　D．可变现净值

【答案】C

【解析】历史成本又称实际成本，是指取得或制造某项财产物资时所实际支付的现金或现金等价物，选项 C 正确。

> **知识小结**：收入与利得、费用与损失的区别与联系如表 1-3 所示。

表 1-3　收入与利得、费用与损失的区别与联系

项目	区别	联系
收入与利得	（1）收入——日常，利得——非日常 （2）收入——总流入，利得——净流入	（1）导致所有者权益增加 （2）与所有者投入资本无关
费用与损失	（1）费用——日常，损失——非日常 （2）费用——总流出，损失——净流出	（1）导致所有者权益减少 （2）与向所有者分配利润无关

三、会计等式

会计等式又称会计恒等式、会计方程式或会计平衡公式，它是表明各会计要素之间基本关系的等式。

（一）会计等式的表现形式

1．财务状况等式

企业要进行经济活动，必须拥有一定数量和质量的能给企业带来经济利益的经济资源，即**资产**。资产表明了企业的资金占用，负债和所有者权益要素表明了企业的资金来源，一个正常持续经营的企业，不论在哪一个时点上，有多少资金来源，必然形成多少资金占用，即"资金占用＝资金来源"。资金占用即资产，表明企业拥有什么样的经济资源和多少经济资源；资金来源即权益，表明是谁提供了这些经济资源，谁对这些经济资源拥有要求权。其中，根据要求权不同，权益又分为债权人的权益和投资者的权益，"资金占用＝资金来源"可以改写为"**资产 ＝**

债权人的权益 + 投资者的权益",债权人的权益构成了负债要素,投资者的权益属于所有者权益要素。因此,三个要素之间的等量关系就表现为"**资产 = 负债 + 所有者权益**"。等式推导如下:

资产 = 权益

资产 = 债权人的权益 + 投资者的权益

资产 = 负债 + 所有者权益

没有无权益的资产,也没有无资产的权益。权益代表资产的来源,而资产则是权益的存在形态,二者实际上是企业资本这一个事物的两个不同方面或两种不同的表现形式,因此,二者之间客观上存在必然相等的关系,即从数量上看,有一定数额的资产,必然有同等数额的权益;反之,有一定数额的权益,必然有同等数额的资产。在"资产 = 负债 + 所有者权益"这一等式中,负债总是位于所有者权益之前,这种顺序排列不是随意的,而是有其特定的经济意义,不可以随意颠倒。需要注意的是,等式中的资产、负债和所有者权益针对的是同一时点,否则等式不成立。

📢 **学习提示**:"资产 = 负债 + 所有者权益"这一等式反映了企业**某一特定时点**资产、负债和所有者权益三者之间的平衡关系,因此,该等式被称为财务状况等式、基本会计等式或静态会计等式,它是复式记账法的理论基础,也是编制资产负债表的依据。

2. 经营成果等式

经营成果等式也称动态会计等式,是用以反映企业一定时期收入、费用和利润之间恒等关系的会计等式。企业在一定时间段内经营的目的就是从生产经营活动中获取收入,实现盈利。企业在取得收入的同时,也必然发生相应的费用,企业一定时期所获得的收入扣除所发生的各项费用后的净额,即表现为利润。用公式表示为

收入 − 费用 = 利润

这一等式是对财务状况等式的补充和发展,被称为经营成果等式,它反映了利润的实现过程,是企业编制利润表的依据。

📢 **学习提示**:这里的"收入 − 费用 = 利润"与前面的"利润 = 收入 − 费用 + 利得 − 损失"是否矛盾?其实并不矛盾,只是我们一直忽略了收入与费用的广义与狭义之分,而《企业会计准则》也没有特意对此进行说明。广义收入与狭义收入、广义费用与狭义费用的关系分别如图1-4、图1-5所示。

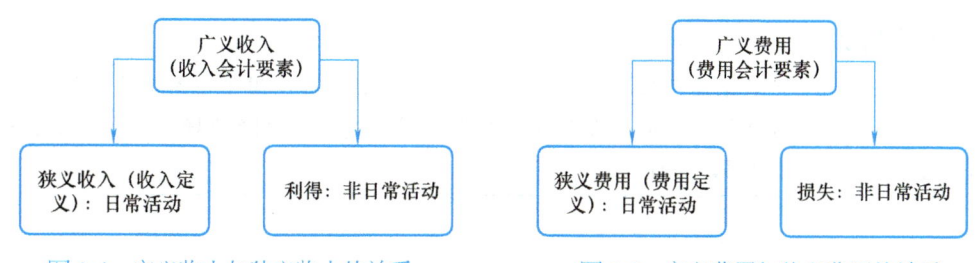

图 1-4 广义收入与狭义收入的关系　　　图 1-5 广义费用与狭义费用的关系

在具体工作中,由于营业外收入不属于狭义的收入范畴,而营业外支出也不属于狭义的费用范畴,所以通常收入减去费用后,经过调整,加上营业外收支净额才等于利润。

(二)交易或事项对会计等式的影响

企业发生的交易或事项按其对财务状况等式的影响不同,可以分为以下九种基本类型:

1）一项资产增加、另一项资产等额减少的经济业务。

2）一项资产增加、一项负债等额增加的经济业务。

3）一项资产增加、一项所有者权益等额增加的经济业务。

4）一项资产减少、一项负债等额减少的经济业务。

5）一项资产减少、一项所有者权益等额减少的经济业务。

6）一项负债增加、另一项负债等额减少的经济业务。

7）一项负债增加、一项所有者权益等额减少的经济业务。

8）一项所有者权益增加、一项负债等额减少的经济业务。

9）一项所有者权益增加、另一项所有者权益等额减少的经济业务。

以财务状况等式为例，上述九种基本经济业务的发生均不影响会计等式的平衡关系，具体分为三种情形：基本经济业务1）、6）、7）、8）、9）使会计等式左右两边的金额保持不变；基本经济业务2）、3）使会计等式左右两边的金额等额增加；基本经济业务4）、5）使会计等式左右两边的金额等额减少。

【例题 1-14】 下列各项经济业务，不会引起资产总额发生增减变动的是（　　）。

A. 外购原材料，款项尚未支付
B. 以银行存款偿还前欠货款
C. 接受新投资者追加投资
D. 从银行提取备用金

【答案】 D

【解析】 选项 A，资产增加，负债增加；选项 B，资产减少，负债减少；选项 C，资产增加，所有者权益增加；选项 D，一项资产增加，另一项资产减少。

✽ **本节学习导读分析**：通过本章的学习，江月微找到了答案。长财星公司成立之初，需要启动资金 100 万元，其中 80 万元为股东投资，20 万元向银行借款。根据会计等式"资产 = 负债 + 所有者权益"，那么，企业资产增加 100 万元，同时负债和所有者权益分别增加 20 万元和 80 万元。

第五节　会计的作用与方法

学习导读

江月微的妈妈是一名普通工人，很会过日子，每天精打细算，用笔记本把收入和支出以流水账的方式记录得非常详细。亲朋好友都说江月微的妈妈是个会记账的好"会计"，从会计专业的角度看，江月微的妈妈是会计吗？

一、会计的作用

随着经济活动的进一步发展，会计在经济活动中所起的作用越来越重要，会计不仅是记账，而且已经成为经济管理活动的一部分。会计在经济管理工作中发挥的作用归纳起来有以下几个方面：

（一）为国家宏观调控和制定经济政策提供信息

国家是国民经济的组织者和管理者，为了对国民经济进行组织和管理，国家要从一些企业编制的财务报表中获取进行宏观调控所需要的信息。

（二）帮助投资者和债权人做出合理的决策

财务会计最主要的目标就是向投资者和债权人提供与企业财务状况及经营成果等相关的会计信息，投资者和债权人根据相关信息做出理性的投资决策，有助于现存的或者潜在的投资者正确、合理地评价企业的资产质量和偿债能力等。

（三）加强经济核算，为企业经营管理提供数据

企业管理人员通过对企业财务状况、收入和成本费用的分析，可以发现企业在生产经营过程中出现的问题，并及时采取相应的措施加以解决，进而改善经营状况，提高管理质量。

（四）保证企业投入资产的安全性和完整性

会计的作用还体现在，通过会计核算，可以更好地掌握企业投入资产使用情况的来龙去脉，把控资产的去向，保证企业投入资产的安全性和完整性。

二、会计方法

会计方法是用来反映和监督会计对象，完成会计目标的手段。会计方法是人们在长期的会计工作实践中总结创立，并随着生产发展、会计管理活动的复杂化而逐渐完善和提高的。学习会计首先要从基础开始，会计方法一般包括**会计核算方法**、**会计分析方法**以及**会计检查方法**等，本书主要阐述会计核算方法。

（一）会计核算方法

会计核算是指会计对企事业单位、机关单位已经发生的经济活动进行连续、系统、全面反映和监督所采取的方法。会计对象的多样性和复杂性，决定了用来对其进行反映和监督的会计核算方法不能采用单一的形式，而应该采用一套方法体系。因此，会计核算方法由**设置账户**、**复式记账**、**填制和审核凭证**、**登记账簿**、**成本计算**、**财产清查**和**编制财务报告**七种具体的方法构成。这七种方法构成了一套完整的、科学的方法体系。

1. 设置账户

会计对象包含的内容十分繁杂，设置账户就是根据会计对象具体内容的不同特点和经济管理的不同要求，选择一定的标准对会计要素进行分类，并事先规定分类核算项目，在账簿中开设相应的账户，以取得所需要的核算指标。正确、科学地设置会计账户，细化会计对象，提供会计核算的具体内容，是满足经营管理需要并完成会计核算任务的基础。

2. 复式记账

复式记账是指对每一项经济业务都要以相等的金额在两个或两个以上的相互联系的账户中

进行登记的一种方法。复式记账一方面能全面、系统地反映经济业务引起资金运动增减变化的来龙去脉；另一方面能通过账户之间的一种平衡关系，检查会计记录的正确性。

3．填制和审核凭证

各单位发生的任何会计事项都必须取得原始凭证，证明其经济业务的发生或完成。原始凭证要送交会计进行审核，审核其填制内容是否完备、手续是否齐全、业务的发生是否合理合法等，经审核无误后，才能编制记账凭证。原始凭证是编制记账凭证的依据，而记账凭证是登记账簿的依据，原始凭证和记账凭证统称为会计凭证。填制和审核凭证是会计核算的一种专门方法，它能保证会计记录的完整性、可靠性，提高会计核算的质量。

4．登记账簿

账簿是具有一定格式，用来记录各项经济业务的簿籍。登记账簿就是根据经过审核无误的会计凭证，采用复式记账法，把经济业务分门别类、内容连续地在有关账簿中进行登记的方法。借助账簿，能将分散的经济业务进行分类汇总，系统地提供每一类经济活动的完整资料，反映一类或全部经济活动发展变化的全过程，以适应经济管理的需要。账簿记录的各种数据资料也是编制财务报表的重要依据。因此，登记账簿是会计核算的主要方法。

5．成本计算

成本计算是指按照一定对象归集和分配生产经营过程中发生的各种费用，以便确定各对象的总成本和单位成本的一种专门方法。正确地进行成本计算，可以考核生产经营过程中的费用支出水平，同时又是确定企业盈亏和确定产品价格的基础，并为企业进行经营决策提供重要数据。

6．财产清查

财产清查是指对各项财产、物资进行实地盘点和核对账目，查明各项财产物资、货币资金和往来款项的实有数额，确定其账面结存数额和实际结存数额是否一致，以保证账实相符的一种会计专门方法。

财产清查的具体内容主要包括：

1）货币资金的清查，包括库存现金、银行存款及其他货币资金的清查。
2）存货的清查，包括各种原材料、在产品、半成品、库存商品等的清查。
3）固定资产的清查，包括房屋、建筑物、机器设备、运输工具等的清查。
4）在建工程的清查，包括自营工程和出包工程的清查。
5）对金融投资的清查。
6）对无形资产和其他资产的清查。
7）对应收、应付款项的清查，包括对应收账款、其他应收款、应付账款和其他应付款等的清查。

7．编制财务报告

编制财务报告是指定期总结和反映经济活动，提供财务状况、经营成果和现金流量等信息的一种专门方法。编制财务报告是对日常核算工作的总结，也是在账簿记录的基础上对会计核算资料的进一步加工整理。财务报告提供的资料是进行会计分析、会计检查的重要依据。

（二）会计分析方法

会计分析方法是指根据会计报表及会计账簿，结合计划、统计和其他资料，对有关单位的财务状况、经营过程及其结果、预算的执行情况以及成本降低任务的完成情况等进行分析研究的方法。会计分析方法包括定性分析、定量分析、静态分析、动态分析、预测分析以及经验分析。

（三）会计检查方法

会计检查方法主要是指根据会计核算提供的数据、资料及其他有关资料，对会计工作的正确性、会计资料的真实性和完整性，单位经济活动的合理性和合法性进行检查的一种方法。

【例题1-15】 属于会计核算专门方法的有（ ）。
A．填制差旅费报销单　　　　B．编制资产负债表
C．计算产品成本　　　　　　D．登记现金日记账
【答案】 A、B、C、D
【解析】 选项A属于填制和审核凭证，选项B属于编制财务报告，选项C属于成本计算，选项D属于登记账簿。

✱ **本节学习导读分析**：从会计专业的角度看，江月微的妈妈不是会计，因为会计工作不是简单地记录流水账，它有着自己独立的核算方法，自成体系，环环相扣，运用这些方法完成会计核算，才能充分发挥会计应有的作用。

本章导读分析

江月微通过对本章的学习，心中有关会计的疑惑逐渐被解释清楚：随着人类社会的不断发展，会计也不断发展，慢慢地演变成一个职业。同时，江月微明白了进行会计核算工作并不是随意的，而是需要遵循一定的准则。会计要素包括资产、负债、所有者权益、收入、费用和利润，它们的确认要满足确认条件，并且它们之间互相联系、互相影响。

实 务 案 例

A锯床股份有限公司（以下简称A公司）通过与关联方B集团有限公司、C机械有限公司的111笔关联资金交易，使关联方累计占用其资金1.2亿元。A公司未按规定履行审议程序，未及时、准确、完整地对相关事项进行披露。2017年3月，浙江证监局依法对A公司及其实际控制人、财务总监做出行政处罚。

从此案例可以看出，A公司作为上市公司，它的会计信息披露不及时，违背了及时性这一会计信息质量要求，且会计信息披露不准确、不完整，违背了可靠性这一会计信息质量要求。

思维导图

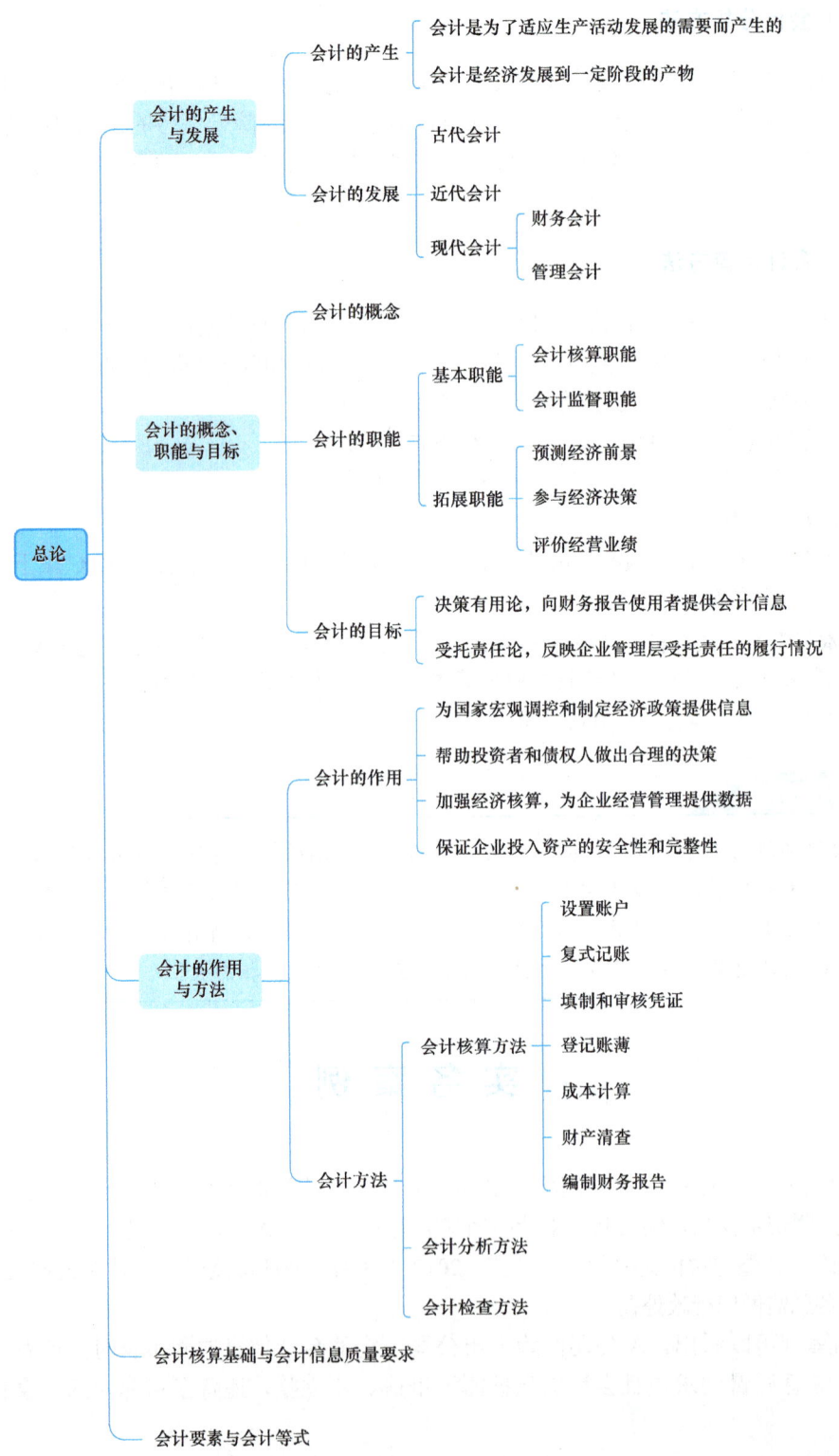

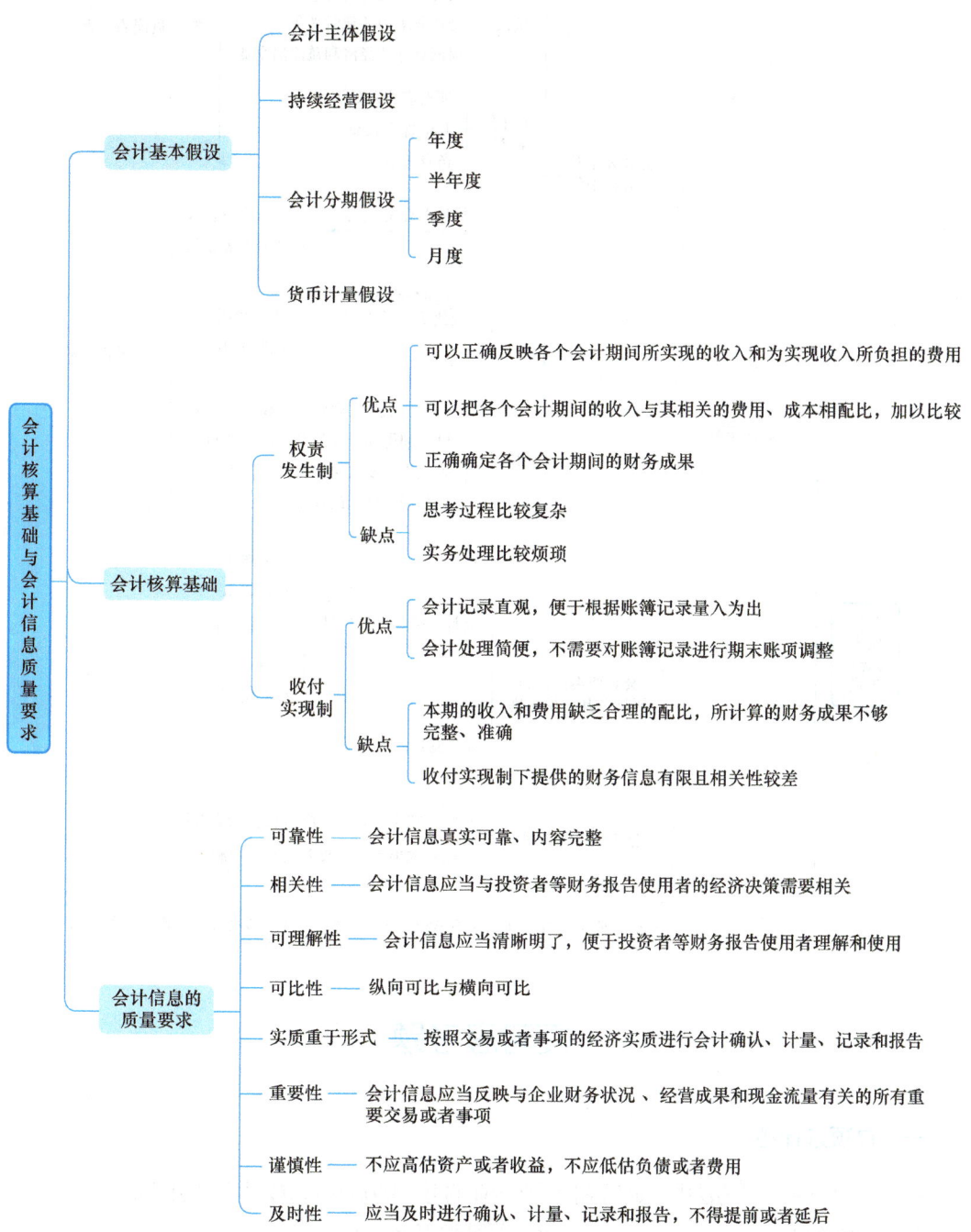

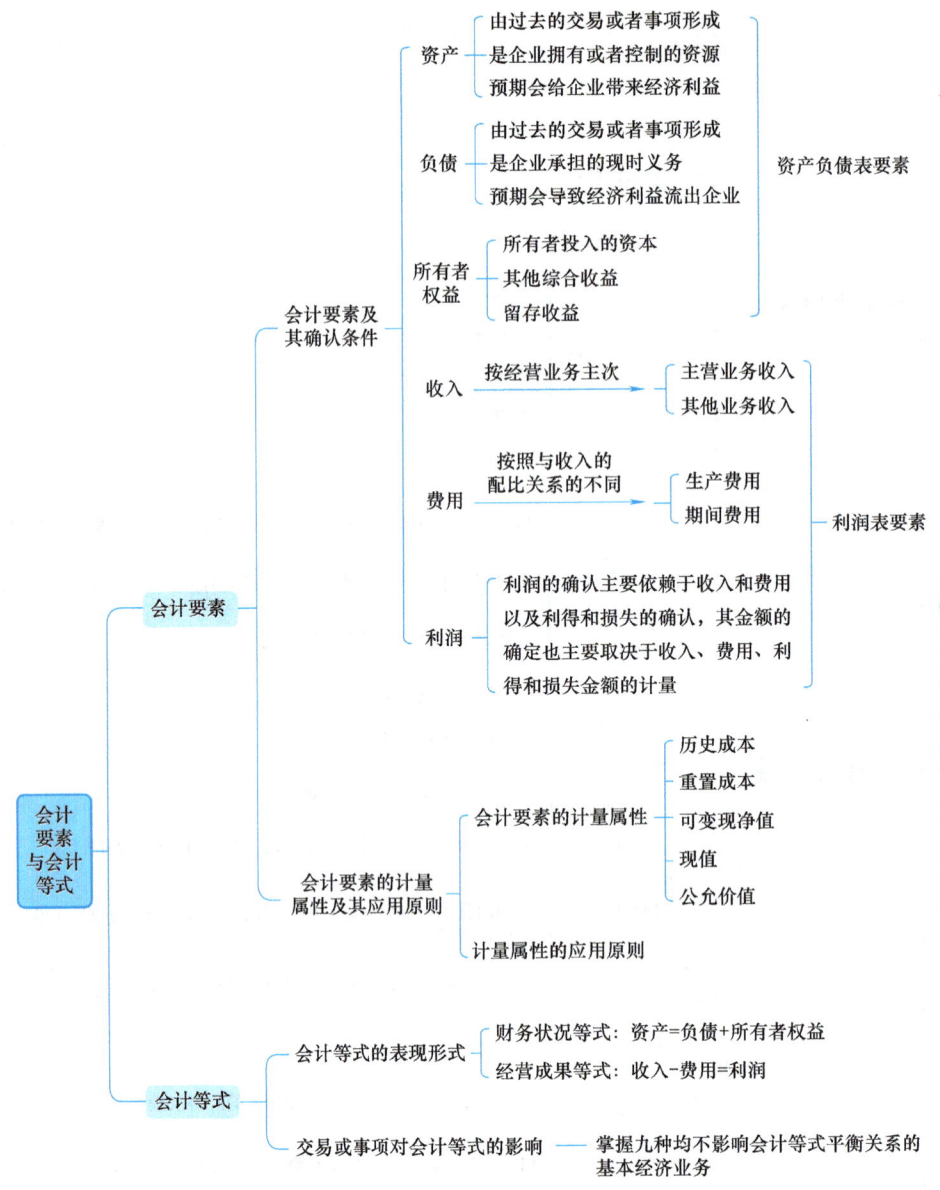

复习思考题

一、单项选择题

1. 在下列各种会计方法中，定期总括反映企业的财务状况和经营成果等的专门方法是（   ）。
   A．设置账户　　　　　　　　　B．填制和审核凭证
   C．登记账簿　　　　　　　　　D．编制财务报告

2. 下列各项中不属于核算职能内容的是（   ）。
   A．财务成果的处理　　　　　　B．财物的使用

C. 真实性审查 D. 成本的计算

3. 从会计核算的内容来看，下列属于会计核算起点的是（ ）。

A. 设置会计科目和账户 B. 填制和审核会计凭证
C. 复式记账 D. 编制财务报告

4. 下列各项中，属于会计核算方法的是（ ）。

A. 聘请注册会计师对报表进行审核 B. 制订计划
C. 成本预测 D. 财产清查

5. （ ）是对会计核算空间范围的假设。

A. 会计主体 B. 货币计量 C. 持续经营 D. 会计分期

6. 某企业 2020 年 4 月发生如下经济业务：①支付本季度房屋租金 3 600 元；②支付本月电话费 600 元；③预付下月购货款 5 000 元。根据权责发生制原则，应确认的本月的费用为（ ）元。

A. 600 B. 1 800 C. 4 200 D. 6 800

7. 某企业本期销售商品一批，货款 8 000 元（不含税），当期收到 5 000 元存入银行，剩余货款暂欠。按照权责发生制和收付实现制，该企业本期应分别确认的收入为（ ）元。

A. 8 000，5 000 B. 8 000，8 000 C. 5 000，5 000 D. 5 000，8 000

8. 企业在进行会计确认、计量、记录和报告时，应当做到既不高估企业的资产或收益，也不低估负债或费用，在有足够证据时充分估计各种风险和损失。上述体现的是（ ）原则。

A. 相关性 B. 谨慎性 C. 重要性 D. 可靠性

9. 某公司期初资产总额为 25 万元，所有者权益总额为 15 万元，本月从银行借款 3 万元，以银行存款购买原材料 5 万元。不考虑其他因素，则上述业务发生后，该公司的负债总额为（ ）万元。

A. 13 B. 15 C. 18 D. 25

10. 某企业 4 月初的资产总额为 150 000 元，负债总额为 50 000 元。4 月发生两笔业务取得收入共计 60 000 元，发生费用共计 40 000 元，则 4 月底该企业的所有者权益总额为（ ）元。

A. 120 000 B. 170 000 C. 160 000 D. 100 000

11. 下列属于企业流动资产的是（ ）。

A. 银行存款 B. 固定资产 B. 无形资产 D. 长期股权投资

12. 下列关于收付实现制说法错误的是（ ）。

A. 以取得款项的权利或支付款项的义务为标志
B. 一般为非营利企业采用
C. 提供的财务信息有限且相关性较差
D. 会计记录更直观

13. 属于会计核算最终环节的是（ ）。

A. 报告 B. 确认 C. 计量 D. 记录

14. 某企业将本期购入的一批机器立即登记入账，这所体现的会计信息质量要求为（ ）。

A. 重要性 B. 及时性 C. 可靠性 D. 谨慎性

15. 企业对不同时期的固定资产采用相同的方法计提折旧，体现的会计信息质量要求是（ ）。

A. 可靠性 B. 相关性 C. 谨慎性 D. 可比性

二、多项选择题

1. 下列各项中，关于会计的基本职能说法不正确的有（   ）。
   A. 会计的核算职能是对特定主体经济活动和相关会计核算的真实性、合法性和合理性进行审查
   B. 财物的收发、增减和使用属于会计核算的内容
   C. 根据财务报告等提供的信息定量或者定性地判断和推测经济活动的发展变化规律属于会计的基本职能
   D. 会计的基本职能包括对经营业绩的评价

2. 财务报告的外部使用者主要包括（   ）。
   A. 投资者   B. 债权人
   C. 政府及其有关部门   D. 社会公众

3. 下列各项中，会引起企业资产和负债要素同时发生增减变动的经济业务有（   ）。
   A. 收到股东投资款   B. 以盈余公积转增股本
   C. 从银行借入短期借款   D. 以银行存款归还前欠货款

4. 企业向银行借款 1 000 万元，此业务会导致（   ）。
   A. 企业资产增加 1 000 万元   B. 企业负债增加 1 000 万元
   C. 企业所有者权益总额不变   D. 企业利润减少 1 000 万元

5. 下列影响企业利润的有（   ）。
   A. 资产   B. 负债   C. 收入   D. 费用

6. 会计在经济管理工作中发挥的作用归纳起来有（   ）。
   A. 为国家宏观调控和制定经济政策提供信息
   B. 帮助投资者和债权人做出合理的决策
   C. 加强经济核算，为企业经营管理提供数据
   D. 保证企业投入资产的安全性和完整性

7. 财产清查的具体内容主要包括（   ）。
   A. 货币资金的清查   B. 固定资产的清查
   C. 金融投资的清查   D. 存货的清查

8. 会计中期是指短于一个完整的会计年度的报告期间，下列属于我国会计中期划分的是（   ）。
   A. 年度   B. 半年度   C. 季度   D. 月度

9. 下列属于权责发生制优点的是（   ）。
   A. 可以正确反映各个会计期间所实现的收入和为实现收入所负担的费用
   B. 可以把各个会计期间的收入与其相关的费用、成本相配比，加以比较
   C. 正确确定各个会计期间的财务成果
   D. 实务处理比较烦琐

10. 所有者权益与负债同属于"权益"，权益是指对企业资产的求偿权，二者的区别表现为（   ）。
    A. 性质不同   B. 偿还责任不同   C. 享受权利不同   D. 计量特性不同

三、判断题

1．会计除具有核算和监督基本职能外，还有预测经济前景、参与经济决策、评价经营业绩等拓展职能。（   ）

2．会计主体所核算的生产经营活动也包括其他企业或投资者个人的其他生产经营活动。（   ）

3．企业购入办公用品，支付金额较小的，从支出受益期来看，需要在若干期进行摊销，但根据谨慎性原则，可以一次性计入当期损益。（   ）

4．会计核算的可比性要求会计核算方法前后各期应当保持一致，不得随意变更。（   ）

5．会计准则中的收入不仅包括主营业务收入和其他业务收入，还包括营业外收入。（   ）

6．"收入－费用＝利润"这一会计等式，是复式记账法的理论基础，也是编制资产负债表的依据。（   ）

7．在同一项经济业务中，资产和负债同时增加，会计等式恒等不变。（   ）

8．现金流量表的编制基础是权责发生制。（   ）

9．资产和权益在金额上一定是相等的。（   ）

10．在计算企业利润时，营业外收入和营业外支出，不仅影响营业利润也影响利润总额。（   ）

四、计算分析题

假设 2020 年 12 月 31 日华明公司的会计要素和项目余额如表 1-4 所示，会计等式的平衡关系成立。

表 1-4 2020 年 12 月 31 日华明公司的会计要素和项目余额表

（单位：元）

资产	金额	负债及所有者权益	金额
库存现金	1 000	短期借款	30 000
银行存款	179 000	应付账款	50 000
		实收资本	100 000
合计	180 000	合计	180 000

华明公司 2021 年 1 月发生的经济业务如下：

1）华明公司从银行提取现金 20 000 元备用。

2）华明公司向银行借款（3 个月）40 000 元用于归还到期的应付账款 40 000 元。

3）一位新的投资者向华明公司增加货币投资 100 000 元，资金已存入银行。

4）华明公司归还短期借款 30 000 元，用银行存款支付。

5）投资者代华明公司偿还到期的银行短期贷款 10 000 元，并同意将其作为对华明公司的追加投资，已办理有关手续。

要求：当上述经济业务结束后，分析它们对会计要素和项目的影响，填制变动后的会计要素和项目余额表并写出计算过程。

第二章 账户与复式记账

本章导读

通过第一章的学习，江月微了解了企业会计的职能和目标、会计的基本假设和信息质量要求、六大会计要素及其确认和计量、企业经济业务类型及其对会计等式的影响。假设长财星公司将购入的机器设备作为其资产，那么该机器设备到底归属于哪个具体的资产？会计是通过什么来对机器设备进行会计核算的？会计科目和会计账户是一回事吗？此外，她经常听大二的学姐说"借贷记账法最难弄明白的就是账户结构和记账方向"，这又是什么意思呢？江月微已经迫不及待想知道答案了。还等什么，开始本章的学习吧！

第一节 会计科目

/学习导读/

小江有个很好的习惯，就是喜欢把自己的小物件分门别类进行整理，并且给这些小物件贴上标签。正因为这样，她每次都能迅速找到自己需要的小物件。其实，会计人员对企业的会计要素也要进行分门别类，这样才能更好地理解企业错综复杂的经济业务。本节将主要讲述会计科目的分类。

一、会计科目的含义

会计科目简称科目，是对**会计要素的具体内容**进行分类核算的项目，也是进行会计核算和提供会计信息的基础。

会计对象、会计要素和会计科目的关系如图 2-1 所示。

图 2-1 会计对象、会计要素和会计科目的关系

经济业务的发生，会引起各项会计要素的增减变动。企业的经济业务错综复杂，即使涉及

同一项会计要素，也往往具有不同的性质和内容。例如，固定资产和库存商品虽然都属于资产要素，但是它们的经济内容在经济活动中所起的作用却不相同。会计要素仅仅是对会计对象的基本分类，用六项会计要素对会计对象进行分类显得过于粗略，难以满足各有关方面对会计信息的需要。因此，需要对会计要素进行更为具体的分类，并分别赋予每一类别一个能概括说明其经济内容的名称，即**会计科目**。

会计科目是进行各项会计记录和提供各项会计信息的基础，在会计核算中具有如下重要的**意义**：

1）会计科目是复式记账的基础。
2）会计科目是编制记账凭证的基础。
3）会计科目为成本计算与财产清查提供了前提条件。
4）会计科目为编制会计报表提供了方便。

二、会计科目的分类

会计科目可按其反映的经济内容（即所属会计要素）、所提供信息的详细程度及其统驭关系分类，如图 2-2 所示。

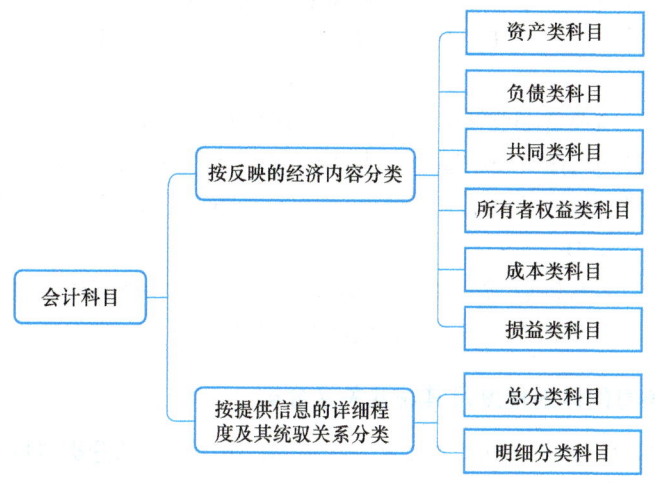

图 2-2 会计科目的分类

（一）按反映的经济内容分类

会计科目按其反映的经济内容不同，可分为六大类：资产类科目、负债类科目、共同类科目、所有者权益类科目、成本类科目及损益类科目。每一类会计科目可按一定标准再分为若干具体科目。

1）**资产类**科目是对资产要素的具体内容进行分类核算的项目，其按资产流动性的不同分为反映流动资产的科目和反映非流动资产的科目。反映流动资产的科目主要有"库存现金""银行存款"等科目；反映非流动资产的科目主要有"固定资产""无形资产""长期股权投资"等科目。

2）**负债类**科目是对负债要素的具体内容进行分类核算的项目，其按负债的偿还期限长短分为反映流动负债的科目和反映非流动负债的科目。反映流动负债的科目主要有"短期借款""应付账款""应付职工薪酬"等科目；反映非流动负债的科目主要有"长期借款""应付债券"等科目。

3）**共同类**科目是既有资产性质又有负债性质的科目，主要有"清算资金往来""货币兑换""套期工具"等科目。

🔔 **学习提示**：共同类科目的特点是需要从其期末余额所在的方向来界定其性质。共同类科目多为金融、保险、投资、基金等公司使用，目前新会计准则规定的共同类科目有5个："清算资金往来""货币兑换""衍生工具""套期工具""被套期项目"。

4）**所有者权益类**科目是对所有者权益要素的具体内容进行分类核算的项目，主要有"实收资本（或股本）""资本公积""其他综合收益""盈余公积""本年利润""利润分配""库存股"等科目。

5）**成本类**科目是对可归属于产品的生产成本、劳务成本等具体内容进行分类核算的项目，主要有"生产成本""制造费用""研发支出""合同取得成本""合同履约成本"等科目。

6）**损益类**科目是对收入、费用等要素的具体内容进行分类核算的项目。按损益的不同内容可以分为反映收入的科目和反映费用的科目。其中，反映收入的科目主要有"主营业务收入""其他业务收入"等科目；反映费用的科目主要有"主营业务成本""其他业务成本""销售费用""管理费用""财务费用"等科目。

【例题 2-1】 会计科目是对（　　）的具体内容进行分类核算的项目。

　　A．会计主体　　　　　　B．会计要素　　　　　　C．会计对象　　　　　　D．经济业务

【答案】 B

【解析】 会计科目是对会计要素具体内容进行分类核算的项目。

【例题 2-2】 会计科目按其所归属的会计要素不同，可分为（　　）。

　　A．所有者权益类　　　　B．负债类　　　　　　　C．损益类　　　　　　　D．成本类

【答案】 A、B、C、D

【解析】 将会计科目按其反映的经济内容不同分类，一般将常用的会计科目分为资产类、负债类、共同类、所有者权益类、成本类和损益类六大类。

（二）按提供信息的详细程度及其统驭关系分类

会计科目按其提供信息的详细程度及其统驭关系，可以分为**总分类科目**和**明细分类科目**。

1）总分类科目又称总账科目或一级科目，是对会计要素的具体内容进行总括分类提供总括信息的会计科目。

2）明细分类科目又称明细科目，是对总分类科目做进一步分类，提供更为详细和具体的会计信息的科目。如果某一总分类科目所辖的明细分类科目较多，可在总分类科目下设置二级明细科目，在二级明细科目下设置三级明细科目。二级明细科目是对总分类科目进一步分类的科目，三级明细科目是对二级明细科目进一步分类的科目。除了会计准则明确规定设置的明细分类科目外，会计主体可以根据自身经济管理的需要和经济业务的具体内容自行设置明细分类科目。

总分类科目对其所辖的明细分类科目具有**统驭和控制**作用，而明细分类科目是对其归属的总分类科目的**补充和说明**。总分类科目及其所辖的明细分类科目，共同反映经济业务的总括和详细情况。

会计科目按提供信息的详细程度及其统驭关系分类示例如图 2-3 所示。

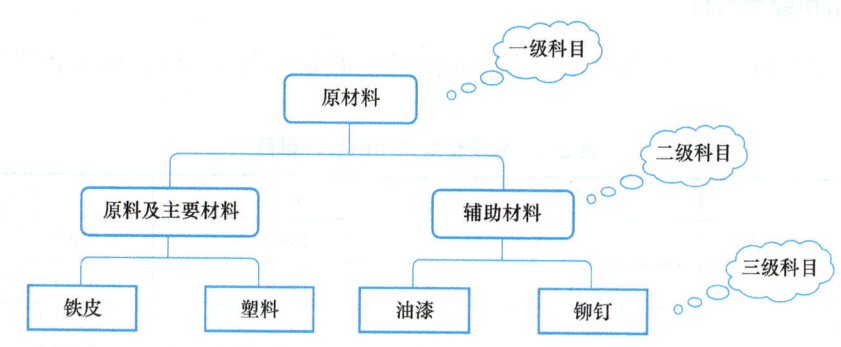

图 2-3　会计科目按提供信息的详细程度及其统驭关系分类示例

📢 **学习提示**：总分类科目一般由财政部统一制定。并不是所有的总分类科目都有明细分类科目，如"本年利润"科目就不用设置明细分类科目。

【**例题 2-3**】下列科目中，不具有明细分类科目的是（　　）。

A．固定资产　　　　B．应收账款　　　　C．原材料　　　　D．本年利润

【**答案**】　D

【**解析**】　选项 D 不具有明细分类科目，其余选项都有明细分类科目。

三、会计科目的设置

（一）会计科目设置的原则

设置会计科目是会计核算的具体方法之一。由于各单位经济业务活动的具体内容、规模大小与业务繁简程度等情况不尽相同，会计主体在设置会计科目时应考虑其自身特点和具体情况，并遵循以下原则：

1) **合法性原则**。合法性原则是指所设置的会计科目应当符合国家统一会计制度的规定。在我国，总分类科目原则上由财政部统一制定。遵循这一原则的目的是保证会计核算指标口径一致，便于对不同企业的会计指标进行比较和逐级汇总。

2) **相关性原则**。相关性原则是指所设置的会计科目应当为提供有关各方所需要的会计信息服务，满足对外报告与对内管理的要求。

3) **实用性原则**。实用性原则是指所设置的会计科目应符合单位自身特点，满足单位实际需要。企业可根据自身的生产经营特点，在不影响会计核算要求以及对外提供统一财务会计报表的前提下，自行增设、减少或合并某些会计科目。

另外，会计科目要简明、适用，并满足合理分类、科学编号的要求。

【**例题 2-4**】下列原则中，属于会计科目设置原则的有（　　）。

A．合法性原则　　B．实用性原则　　C．权责发生制原则　　D．谨慎性原则

【**答案**】　A、B

【**解析**】　会计科目设置原则有合法性原则、实用性原则及相关性原则。因此选项 A、B 正确。

（二）常用会计科目

《企业会计准则——应用指南》中明确规定了企业的会计科目，我国企业常用的会计科目如表 2-1 所示。

表 2-1　我国企业常用的会计科目

编号	名称	编号	名称
（一）资产类		1602	累计折旧
1001	库存现金	1603	固定资产减值准备
1002	银行存款	1604	在建工程
1012	其他货币资金	1605	工程物资
1101	交易性金融资产	1606	固定资产清理
1121	应收票据	1701	无形资产
1122	应收账款	1702	累计摊销
1123	预付账款	1703	无形资产减值准备
1131	应收股利	1711	商誉
1132	应收利息	1801	长期待摊费用
1221	其他应收款	1811	递延所得税资产
1231	坏账准备	1901	待处理财产损溢
1401	材料采购	（二）负债类	
1402	在途物资	2001	短期借款
1403	原材料	2201	应付票据
1404	材料成本差异	2202	应付账款
1405	库存商品	2203	预收账款
1406	发出商品	2204	合同负债
1407	商品进销差价	2211	应付职工薪酬
1408	委托加工物资	2221	应交税费
1461	融资租赁资产	2231	应付利息
1471	存货跌价准备	2232	应付股利
1501	债权投资	2241	其他应付款
1502	债权投资减值准备	2401	递延收益
1504	其他权益工具投资	2501	长期借款
1511	长期股权投资	2502	应付债券
1512	长期股权投资减值准备	2701	长期应付款
1521	投资性房地产	2702	未确认融资费用
1531	长期应收款	2711	专项应付款
1532	未实现融资收益	2801	预计负债
1601	固定资产	2901	递延所得税负债

（续）

编号	名称	编号	名称
	（三）共同类（略）	6101	公允价值变动损益
	（四）所有者权益类	6111	投资收益
4001	实收资本（股本）	6115	资产处置损益
4002	资本公积	6117	其他收益
4003	其他综合收益	6301	营业外收入
4101	盈余公积	6401	主营业务成本
4103	本年利润	6402	其他业务成本
4104	利润分配	6403	税金及附加
4201	库存股	6601	销售费用
	（五）成本类	6602	管理费用
5001	生产成本	6603	财务费用
5101	制造费用	6701	资产减值损失
5201	劳务成本	6702	信用减值损失
5301	研发支出	6711	营业外支出
	（六）损益类	6801	所得税费用
6001	主营业务收入	6901	以前年度损益调整
6051	其他业务收入		

每个会计科目都有确定的编号作为顺序号，便于了解使用会计科目的总数。这些编号也是会计科目的代码，便于登记账册和查阅账目，为会计电算化提供了条件。其中第一位数字代表会计科目类别："1"为资产类，"2"为负债类，"3"为共同类，"4"为所有者权益类，"5"为成本类，"6"为损益类。第二位数字表示大类下的细分类别。剩余两位数字为流水号。在初学时无须记住这些编号，在电算化条件下，可在学习使用不同的财务软件后，再慢慢熟悉这些编号。

✿ **本节学习导读分析**：通过本节的学习，我们了解到会计科目按照反映的经济内容主要分为资产类科目、负债类科目、共同类科目、所有者权益类科目、成本类科目和损益类科目。按照提供信息的详细程度及统驭关系分为总分类科目和明细分类科目。

第二节 账　户

📂 /学习导读/

小江跟其他女孩子一样，平时也喜欢购物，尤其喜欢空闲时逛网上购物平台，她的"购物车"里有10件自己喜欢的衣服。一天，小江开心地打开了网上购物平台，发现自己"购物车"里的10件衣服（期初余额）还在那里。又经过了一番浏览，小江又在"购物车"里添加了5件喜欢的衣服（本期增加发生额）。小江购买了"购物车"里的4件衣服（本期减少发生额）。小江的"购物车"里还有11件衣服（期末余额）。会计就是用账户来记录会计科目的期初余额、本期增加发生额、本期减少发生额和期末余额的，让我们开始学习账户吧。

一、账户及其设置原则

（一）账户的概念

账户是根据会计科目设置的，具有一定**格式**和**结构**，用于分类反映会计要素增减变动情况及其结果的载体。设置账户是会计核算的重要方法之一。

会计科目只是对会计要素进行分类核算的项目名称，它不具有一定格式和结构，难以连续、系统、综合地反映和记录会计要素的增减变化，也不便于计算各具体项目变化的结果，更无法据以编制会计报表，输出会计信息。因此，设置会计科目以后，还必须根据会计科目开设相应的记账单元，即**账户**，在账户上分类记录各项经济业务引起会计要素增减变化的情况，并计算变化之后的结果。

> **学习提示**：会计科目的名称就是账户的名称。

（二）会计主体设置账户应遵循的原则

各会计主体在设置账户时应当遵循的原则如下：

1）从需要和科目的特点出发，根据总分类科目和明细分类科目开设相应的账户，以便于数据的分类、归集、总括和具体、详细地核算数据。

2）账户的设置要从客观实际出发，符合企业现有的业务特点。

3）账户的设置要与经济管理的要求相适应。

4）账户的设置要保持相对的稳定性，同时需要具有一定的灵活性，能与企业的发展同步。

二、账户的基本结构和分类

（一）账户的基本结构

由于账户具有一定的结构，所以账户能够反映和记录经济业务的发生引起会计要素的增减变动情况。随着会计主体经济业务的不断发生，会计要素的具体内容也会随之产生或增或减的两种情况，因此用来记录企业在一定会计期间的经济业务的数据，在账户结构上就应分为两方，即**左方**和**右方**。一方登记增加数，一方登记减少数。至于哪一方登记增加数，哪一方登记减少数，要根据所采用的**记账方法**和所记录的**经济内容**来决定。账户的基本结构如图2-4所示。

> **学习提示**：这一基本账户结构，不会因企业在实际工作中所使用的账户的具体格式不同而发生变化。

账户名称	
左方	右方

图2-4 账户的基本结构

会计实务中使用的账户，无论账页格式如何，通常由以下内容组成：

1）账户名称，即会计科目。
2）日期，即所依据记账凭证中注明的日期。
3）凭证字号，即所依据记账凭证的编号。
4）摘要，即对经济业务的简要说明。
5）金额，即增加额、减少额和余额。

目前我国的会计实务中，根据所采用的记账方法，资产类、负债类及所有者权益类账户的结构大致如图 2-5 所示。

	资产类账户			负债类及所有者权益类账户	
左方		右方	左方		右方
期初余额					期初余额
本期增加发生额		本期减少发生额	本期减少发生额		本期增加发生额
期末余额					期末余额

图 2-5　资产类、负债类及所有者权益类账户的结构

每一个账户一般有四个金额要素，即期初余额、本期增加发生额、本期减少发生额和期末余额。其中，本期增加发生额和本期减少发生额可统称为本期发生额；期初余额和期末余额可统称为余额。本期发生额是一个动态指标，它反映的是某一时期会计要素的增减变动情况；余额是一个静态指标，它反映的是资产或权益在某一时点增减变动的结果。四个金额要素的关系如下：期末余额 = 期初余额 + 本期增加发生额 − 本期减少发生额。

（二）账户的分类

因为账户是根据会计科目设置的，所以账户的分类同会计科目的分类具有相似性，账户也可以根据其核算的经济内容、提供信息的详细程度及其统驭关系进行分类。

1. 根据核算的经济内容分类

根据核算的经济内容不同，账户可分为**资产类账户**、**负债类账户**、**共同类账户**、**所有者权益类账户**、**成本类账户**和**损益类账户**六类。

其中，有些资产类账户、负债类账户和所有者权益类账户存在备抵账户。例如，"累计折旧""固定资产减值准备"账户是"固定资产"账户的备抵账户，如图 2-6 所示；"累计摊销""无形资产减值准备"账户是"无形资产"账户的备抵账户；"未确认融资费用"账户是"长期应付款"账户的备抵账户等。

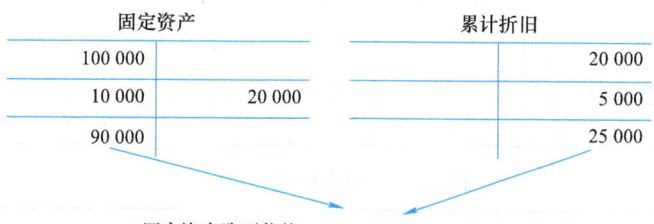

固定资产账面价值 = 90 000−25 000 = 65 000（元）

图 2-6　累计折旧对固定资产的抵减

📢 **学习提示**：备抵账户又称"抵减账户"或"调整账户"，作为被调整对象原始数额的抵减项目，它是为了确定被调整对象实有数额而设置的独立账户。备抵类账户的结构一般与被备抵类账户的结构正好相反。如"累计折旧"账户是"固定资产"账户的备抵账户，则它的贷方表示增加，借方表示减少。

2．根据提供信息的详细程度及其统驭关系分类

根据提供信息的详细程度及其统驭关系，账户分为**总分类账户**和**明细分类账户**。

（1）总分类账户

总分类账户又称总账账户、一级账户，是对企业经济活动的具体内容进行总括核算的账户，它能够提供某一具体内容的总括核算指标，一般只用货币计量。总分类账户的名称、核算内容、使用方法通常是按照《企业会计准则》统一制定的。例如，根据"原材料"科目开设的"原材料"账户，能够提供企业所拥有的原材料总额。总分类账户用于登记总分类账，如表2-2所示。

表2-2　原材料总分类账

2021年		凭证		摘要	借方	贷方	借或贷	余额
月	日	字	号					
10	1			期初余额			借	50 000
	22	银付	1	购买材料	20 000		借	70 000
	25	转	1	生产A产品领料		40 000	借	30 000
	31			本月合计	20 000	40 000	借	30 000

（2）明细分类账户

明细分类账户又称明细账户，是对某一经济业务进行明细核算的账户，它是根据总分类账户的核算内容，按照实际需要和更为详细的分类要求设置的。明细分类账户能够提供具体经济业务活动的详细资料，除可以用货币计量外，还可以用实物计量单位（个、千克、台等）辅助计量。如表2-3、表2-4所示，原材料总分类账户下的甲材料、乙材料的明细分类账户所登记的明细分类账，就反映了数量、单价和金额指标。

表2-3　甲材料明细分类账

2021年		凭证		摘要	借方			贷方			余额		
月	日	字	号		数量	单价	金额	数量	单价	金额	数量	单价	金额
10	1			期初余额							2 000	10	20 000
	22	银付	1	购料	1 000	10	10 000				3 000	10	30 000
	25	转	1	生产A产品领料				1 000	10	10 000	2 000	10	20 000
	31			本月合计	1 000		10 000	1 000		10 000	2 000		20 000

表2-4　乙材料明细分类账

2021年		凭证		摘要	借方			贷方			余额		
月	日	字	号		数量	单价	金额	数量	单价	金额	数量	单价	金额
10	1			期初余额							1 500	20	30 000
	22	银付	1	购料	500	20	10 000				2 000	20	40 000
	25	转	1	生产A产品领料				1 500	20	30 000	500	20	10 000
	31			本月合计	500		10 000	1 500		30 000	500		10 000

【例题2-5】 长财星公司"应收账款"总账下设"A公司"和"B公司"两个明细账,"应收账款"总账余额为900 000元,"A公司"明细账余额为500 000元,总账和所辖明细账余额方向均一致,则"B公司"明细账的余额为（　　）元。

A．1 400 000　　　　B．400 000　　　　C．500 000　　　　D．900 000

【答案】 B

【解析】 如果总账、明细账余额方向一致,则总分类账户余额与其所辖明细分类账户余额之和在金额上应当相等,因此"B公司"明细分类账户的余额=900 000-500 000=400 000（元）。

【例题2-6】 假设某账户本期增加发生额为2 500元,本期减少发生额为800元,期末余额为2 300元,则该账户本期期初余额是（　　）元。

A．500　　　　B．6 700　　　　C．600　　　　D．5 700

【答案】 C

【解析】 本期期末余额=期初余额+本期增加发生额-本期减少发生额,因此本期期初余额=2 300+800-2 500=600（元）。

3．根据用途和结构分类

账户按用途和结构分类,可分为**盘存账户**、**资本账户**、**结算账户**、**期间账户**、**跨期摊提账户**、**成本计算账户**、**计价对比账户**、**财务成果账户**和**调整账户**九类账户。

（1）盘存账户

盘存账户是用来核算和监督各种财产物资和货币资金的增减变动及其结存情况的账户。这类账户的借方登记各种财产物资或货币资金的收入或增加数；贷方登记其支出或减少数；账户的余额总是在借方,表示各项财产物资或货币资金的结存数额。

属于盘存账户的有"原材料""产成品""库存现金""银行存款""固定资产"等账户。盘存账户均可以通过财产清查的方法,如实地盘点法、核对账目法等方法,检查实存的财产物资及其在经营管理上存在的问题。这类账户中除货币资金账户外,其实物明细账均可以提供实物和货币两种指标。

（2）资本账户

资本账户是用来核算和监督投资者投入的资本或留存收益的增减变动及其结存情况的账户。这类账户的贷方登记各项资本、公积金的增加数或形成数；借方登记其减少数或支用数；账户的余额总是在贷方,表示各项资本、公积金的实有数额。

属于资本账户的有"实收资本""资本公积""盈余公积"等账户。这类账户的总账及其明细账只能提供货币指标。

（3）结算账户

结算账户是用来核算和监督企业同其他单位或个人之间发生的债权、债务结算情况的账户。按照账户的用途和结构具体分类,结算账户又可分为债权结算账户、债务结算账户和债权债务结算账户三类。

1）债权结算账户。债权结算账户是专门用于核算和监督企业同各个债务单位或个人之间结算业务的账户。这类账户的借方登记债权的增加数；贷方登记债权的减少数；账户的余额一般在借方,表示期末债权的实有数。

属于债权结算账户的有"应收账款""其他应收款""预付账款"等账户。

2）债务结算账户。债务结算账户是专门用于核算和监督企业同各个债权单位或个人之间结算业务的账户。这类账户的贷方登记债务的增加数；借方登记债务的减少数；账户的余额一般在贷方，表示期末债务的实有数。

属于债务结算账户的有"长期借款""应付账款""应付职工薪酬""应交税费""应付利息""预收账款""其他应付款"等账户。

3）债权债务结算账户。债权债务结算账户是用于核算和监督企业与某一单位或个人之间发生的债权和债务往来结算业务的账户。

债权债务结算账户的借方登记债权的增加数和债务的减少数；贷方登记债务的增加数和债权的减少数；余额可能在借方，也可能在贷方。

当企业不单独设置"预收账款"账户时，可以用"应收账款"账户同时反映销售商品或提供劳务的应收款项和预收款项，此时，"应收账款"账户便是债权债务结算账户；当企业不单独设置"预付账款"账户时，可以用"应付账款"账户同时反映购进原材料的应付款项和预付款项，此时，"应付账款"账户也是债权债务结算账户。

（4）期间账户

期间账户是用来归集企业生产经营过程中某个会计期间的收入和费用的账户。按照账户的用途和结构具体分类，期间账户又可分为期间收入账户和期间费用账户两类。

1）期间收入账户。期间收入账户是专门用于归集企业在经营过程中的各项收入的账户。这类账户的贷方登记一定会计期间内发生的收入数；借方登记转入"本年利润"账户的数额。由于各项期间收入都要在期末转入"本年利润"账户，所以这类账户期末一般没有余额。

2）期间费用账户。期间费用账户是专门用于归集企业在生产经营过程中各项费用的账户。这类账户的借方登记一定会计期间发生的费用数；贷方记录转入"本年利润"账户的数额。各期间费用账户在期末全部转入"本年利润"账户后，账户期末一般没有余额。

属于期间费用账户的有"主营业务成本""其他业务成本""销售费用""管理费用""财务费用""税金及附加""营业外支出""所得税费用"等账户。

期间账户期末一般都没有余额；其账户的一方归集本期发生的收入或费用数额，另一方将本期归集的数额全部转出。这类账户具有明显的过渡性质。

（5）跨期摊提账户

跨期摊提账户是用来核算和监督应由几个会计期间共同负担的费用，并将这些费用在各个会计期间进行分摊或预提的账户。按照权责发生制的原则，为严格划清费用的受益期限，设置"待摊费用"及"预提费用"账户，这两个账户均为跨期摊提账户。

（6）成本计算账户

成本计算账户是用来核算和监督企业经营过程中某一阶段发生的全部费用，并据此计算该阶段各个成本计算对象实际成本的账户。这类账户的借方汇集经营过程中某个阶段发生的、应计入成本的全部费用；贷方登记转出已完成某个阶段的成本计算对象的实际成本；账户的期末余额都在借方，表示尚未完成的某个阶段成本计算对象的实际成本。

成本计算账户主要有"在途物资""材料采购""生产成本""在建工程"等。

（7）计价对比账户

计价对比账户是用来对某项经济业务，按两种不同的计价进行核算对比，借以确定其业务成果的账户。这类账户的借方登记某项经济业务的一种计价；贷方登记该项业务的另一种计价；

期末将两种计价对比，确定成果。

属于计价对比账户的有"本年利润"账户。"本年利润"账户的贷方登记各项收入，借方登记各项费用，将借、贷方发生额对比，确定本期的成果。

（8）财务成果账户

财务成果账户是用来计算并确定企业在一定时期（月份、季度和年度）内全部经营活动最终成果的账户。这类账户的贷方登记一定期间内发生的各项收入数；借方汇集一定期间内发生的、与收入相配比的各项费用数；期末如为贷方余额，表示收入大于费用的差额，为企业实现的利润总额，如为借方余额，表示收入少于费用的差额，即为企业发生的亏损总额。

属于财务成果账户的主要是"本年利润"账户。这类账户只反映企业在一年内财务成果的形成，平时的余额为本年的累计利润总额或亏损总额，年终结转后无余额。

（9）调整账户

调整账户是指为调整某个账户的余额以表示其实际余额而开设的账户。调整账户按调整方式划分，又可分为抵减账户、附加账户和抵减附加账户三类。

1）抵减账户。它是用来抵减被调整账户的余额，以求得被调整账户实际余额的账户。如果被调整账户的余额在借方，则调整账户的余额一定在贷方，如"固定资产"与"累计折旧"账户；如果被调整账户的余额在贷方，则调整账户的余额一定在借方，如"本年利润"与"利润分配"账户。其调整方式，可用下列计算公式表示：

$$被调整账户余额 - 抵减账户余额 = 被调整账户实际余额$$

2）附加账户。附加账户是用来增加被调整账户的余额，以求得被调整账户实际余额的账户。如果被调整账户的余额在借方，则附加账户的余额也一定在借方；如果被调整账户的余额在贷方，则附加账户的余额也一定在贷方。

其调整方式可用下列计算公式表示：

$$被调整账户余额 + 附加账户余额 = 被调整账户实际余额$$

3）抵减附加账户。抵减附加账户是依据调整账户的余额方向不同，用来抵减被调整账户余额，或者用来增加被调整账户余额，以求得被调整账户实际余额的账户。当调整账户的余额与被调整账户的余额方向相反时，该类账户起抵减账户的作用，其调整方式与抵减账户相同；当调整账户的余额与被调整账户的余额方向一致时，该类账户起附加账户的作用，其调整方式与附加账户相同。

属于调整账户的，在本书中只有"累计折旧"和"利润分配"两个账户。

调整账户不能离开被调整账户而独立存在，有被调整账户就一定有调整账户，它们是相互联系、相互结合在一起的一组账户。调整账户与被调整账户所有的经济内容都是相同的，被调整账户反映原始数据，调整账户反映对原始数额的调整，二者结合起来使用，提供经营管理上所需要的某些特定的指标。

4．根据所提供的会计核算信息是否属于会计主体分类

会计账户按照所提供的会计核算信息是否属于会计主体分类，可分为**表内账户**和**表外账户**。

表内账户是核算某一会计主体的资产、负债、所有者权益、收入、费用及利润的账户，依据会计准则应用指南规定的会计科目表开设的账户均为表内账户。表外账户是用来核算不属于本会计主体的会计要素，例如受托代销商品等备查账户。

会计账户按照会计主体分类有利于划清会计核算与监督的空间范围，为会计信息使用者提供更多的经济活动资料。

5．根据体现的财务报表项目分类

会计账户按照体现的财务报表项目分类，可分为**资产负债表账户**和**利润表账户**。

资产类、负债类、所有者权益类、共同类、成本类账户均属于资产负债表账户，资产负债表账户主要体现的是会计主体的财务状况，也是编制资产负债表各个项目的依据。利润表账户主要体现的是会计主体的经营成果，反映收益、费用及损失的账户均属于利润表账户，它们是编制利润表各个项目的依据。会计账户按照体现的财务报表项目分类，有利于提供各个会计期末编制财务报表所需要的数据资料。

6．根据是否有余额分类

会计账户按照是否有余额分类，可分为**有余额账户**和**无余额账户**。有余额账户一般称为实账户，一般情况下，资产类、负债类、所有者权益类、共同类等账户均属于有余额账户。无余额账户一般称为虚账户，通常损益类账户属于无余额账户。会计账户按照是否有余额分类，有利于会计期末进行结转业务的核算。

❄ **本节学习导读分析**：通过本节的学习，我们了解到账户与会计科目不同，账户具有一定的结构，账户的结构一般由账户名称和一定的格式组成，账户的名称根据会计科目命名，账户设置的主要依据是会计科目。

第三节　复式记账法

> /学习导读/
>
> 　　会计记账方法不是一开始就有的，它经历了漫长的历史发展过程。最初记账的方法有点儿像记"流水账"的方法，人们把它叫作单式记账法。后来，人们发现这种方法简单易行但是不能反映资金的来龙去脉，于是又发明了新的记账方法——复式记账法，它就是本节要学习的重点内容。让我们开始学习吧！

一、记账方法概述

记账方法是根据**记账凭证**，运用一定的**记账符号**和记账规则将经济业务登记在账户上的技术方法。在会计工作中，为了有效地反映和监督会计对象，会计主体除了要按照规定的会计科目设置账户外，还应采用一定的记账方法。随着社会经济的发展和人们的实践与总结，会计上的记账方法由最初的单式记账法逐步演变成为复式记账法。

二、记账方法的分类

记账方法按记录**经济业务方式**的不同分为**单式记账法**和**复式记账法**。复式记账法包括增减记账法、收付记账法和借贷记账法，如图 2-7 所示。

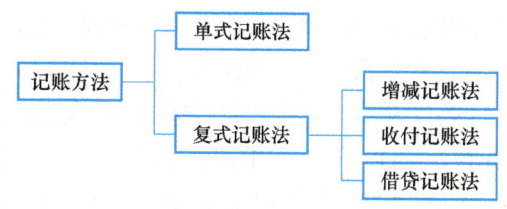

图 2-7 记账方法的分类

（一）单式记账法

单式记账法是指对发生的每一项经济业务，只在一个账户中加以登记的记账方法。

单式记账法一般只记录现金、银行存款的收付以及应收、应付等往来账项，有时也记录实物，但大多数时候不记录收入的来源和费用支出的用途等。

例如，企业用银行存款 10 000 元购入原材料一批，原材料已经验收入库。使用单式记账法，则在该笔业务发生后，只在"银行存款"账户中记录支出 10 000 元，而对原材料验收入库的业务内容，却不在账户中予以记录和反映，因此，单从会计记录中只能看到银行存款的减少，而无法看出银行存款的用途。可见，单式记账法只能反映经济业务的一个方面，不能全面、系统地反映经济业务的来龙去脉。因此，在我国企业**基本不采用**单式记账法。

单式记账法的**优点**如下：

1）简单易学，适合所有权和经营权合一的个体经营者。
2）记账手续比较简单。

单式记账法的**缺点**如下：

1）账户与账户之间没有必然的内在联系，也没有相互对应的平衡关系。
2）单式记账法下，由于账户之间没有勾稽关系，也不便于检查账簿记录的准确性。

【例题 2-7】 下列关于单式记账法的表述中，正确的有（　　）。
A．单式记账法不便于检查账簿记录的准确性和完整性
B．单式记账法的记账手续简单，但没有一套完整的账户体系
C．单式记账法是指对发生的每一项经济业务，只在一个账户中加以登记的记账方法
D．单式记账法不能全面、系统地反映各项会计要素的增减变动情况和经济业务的来龙去脉

【答案】 A、B、C、D

【解析】 单式记账法是指对发生的每一项经济业务，只在一个账户中加以登记的记账方法。单式记账法的记账手续简单，但没有一套完整的账户体系，账户之间的记录没有直接联系和相互平衡关系，因此不能全面、系统地反映各项会计要素的增减变动情况和经济业务的来龙去脉，也不便于检查账户记录的准确性和完整性。

（二）复式记账法

1．复式记账法的概念

复式记账法是指对于每一笔经济业务，都必须用相等的金额在两个或两个以上相互联系的

账户中进行登记，**全面、系统地**反映会计要素增减变化的一种记账方法。现代会计使用的是**复式记账法**。

本节第一个例子中，企业用银行存款 10 000 元购入原材料一批，原材料已经验收入库。该笔业务发生后，若用复式记账法在账簿中予以反映和记录，则不仅要在"银行存款"账户中记录支出 10 000 元，也同时需要在"原材料"账户中对材料验收入库的业务内容予以记录和反映，记录"原材料"增加 10 000 元。由此可见，与单式记账法相比，复式记账法要求该项经济业务在相互联系和对应的"银行存款"和"原材料"账户中以相等的金额记录。因此，能清楚地反映资金的来龙去脉。

复式记账法的**优点**如下：
1）能够全面、系统地反映经济业务内容和资金运动的来龙去脉。
2）能够进行试算平衡，便于查账和对账。

📢 **学习提示**：复式记账法具有能够全面反映经济业务内容，进行试算平衡等优点，加之现代企业的经济业务日益复杂、多样，且委托经营比较普遍，更需要企业对经济业务进行完整、系统的记录，因此复式记账法应用广泛。

【例题 2-8】下列关于复式记账法的表述，正确的有（　　）。
A．复式记账法能全面反映资金运动的来龙去脉
B．复式记账法记账手续简单
C．复式记账法对于每一项经济业务，都要在两个或两个以上相互联系的账户中进行记录
D．复式记账法便于核对和检查账户记录结果
【答案】 A、C、D
【解析】 选项 B 是单式记账法的优点。

2．复式记账法的应用

复式记账法主要有**增减记账法**、**收付记账法**和**借贷记账法**等。借贷记账法是目前在国际上**通用**的记账方法，也是我们学习的重点。我国《企业会计准则——基本准则》中明确规定，企业应当采用**借贷记账法**记账。

无论何种复式记账法都包括以下基本要素：

1）**平衡原理**。由于复式记账法对于发生的每笔经济业务所涉及会计要素的具体内容及其增减变动，都以相等的金额在两个或两个以上的相互联系的账户中进行登记，所以各会计要素之间在数量上存在着会计等式所描述的平衡关系。复式记账法正是以要素之间在数量上的平衡关系，即会计等式为基础的。不同的复式记账法以不同的会计等式为平衡原理。

2）**记账符号**。账户的基本结构被划分为左右两方，分别记录会计要素具体内容的增减变动。在每一种复式记账法下，账户左右两方都用专门的符号来表示，这个用以表明记账方向的符号就是记账符号。不同的复式记账法具有不同的记账符号。

3）**记账规则**。记账规则是运用复式记账法在账户中登记经济业务应遵循的基本规定，它是建立在复式记账平衡原理的基础上，根据资金增减变动的客观规律制定的。记账规则是保证账户记录正确的基础，不同的复式记账法具有不同的记账规则。

4）**试算平衡**。试算是检验账户记录是否正确的方法。复式记账法能对一定时期内的账户记录综合试算，其依据是平衡原理。不同的复式记账法具有不同的试算平衡方法。

✳ **本节学习导读分析**：复式记账法能够全面、系统、有条理地记录企业所发生的所有交易或事项，清晰地反映资金运动的来龙去脉，并能为检验交易或事项处理的正确性提供依据。目前，世界各国通用的复式记账法是借贷记账法。

第四节　借贷记账法

> /学习导读/
>
> 　　三大复式记账法是：增减记账法、收付记账法和借贷记账法。借贷记账法是现行的一种主流的会计记账方法，能很好地反映资金从哪里来，到哪里去。学姐说："借贷记账法的借贷方向最容易被混淆。"江月微心里想，这有什么难的，借贷记账法的"借"就是增减记账法的"增"、收付记账法的"收"，借贷记账法的"贷"就是增减记账法的"减"、收付记账法的"付"。借贷记账法真的这么简单吗？

一、借贷记账法的账户结构

　　借贷记账法是复式记账法的一种，通常又被称为借贷复式记账法。它是以"资产＝负债＋所有者权益"为理论依据，以"借"和"贷"为记账符号，以**"有借必有贷，借贷必相等"**为记账规则，对每项经济业务都以相等的金额在两个或两个以上有关账户进行记录的一种复式记账法。

　　📢 **学习提示**：会计核算中采用的一种抽象标记，即记账符号，表示经济业务的增减变动和记账方向。"借""贷"二字最早是有字面含义的，但是发展到今天，在会计领域内"借""贷"二字逐渐失去其本来含义，变成了纯粹的记账符号，成为专业术语，用来标明记账的方向，分别代表账户的左方和右方。

　　账户按照其性质来说，既有反映资产的账户，又有反映负债及所有者权益的账户，还有反映成本及损益的账户。各种不同性质的账户，在借贷记账法下，借方和贷方登记的内容各不相同，它们的基本结构也有所不同。

（一）借贷记账法下账户的基本结构

　　在借贷记账法下，账户的左方称为借方，右方称为贷方。借贷记账法下T形账户的基本结构如图 2-8 所示。

　　所有账户的借方和贷方按相反方向记录增加数和减少数，即一方登记增加额，另一方就登记减少额。"借""贷"都具有增加和减少的双重含义，至于是"借"表示增加，还是"贷"表示增加，则取决于**账户的性质**与**所记录经济内容的性质**。

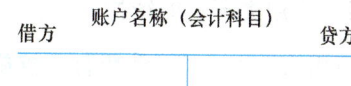

图 2-8　借贷记账法下 T 形账户的基本结构

📖 **学习提示**：T形账户又称丁字账户，是账户的简单格式，由于该账户与大写的字母"T"和汉字"丁"形似而得名。金额记入左方称为"借记"该账户，记入右方称为"贷记"该账户。

（二）资产类和成本类账户的结构

在借贷记账法下，资产类账户与成本类账户的结构是相同的，其**借方**登记**增加**额，**贷方**登记**减少**额。资产类账户期末一般都有余额，余额的方向与记录增加的方向一致，即期末余额一般在借方；成本类账户期末如果有余额，通常在借方，如果余额为零，说明刚好没有在产品。其结构如图2-9所示。

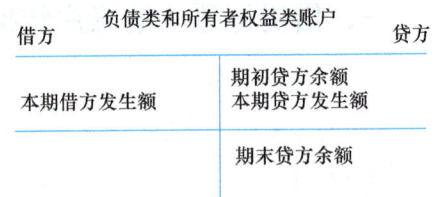

图2-9 资产类和成本类账户的结构

资产类和成本类账户余额的计算公式为

期末借方余额 = 期初借方余额 + 本期借方发生额 - 本期贷方发生额

（三）负债类和所有者权益类账户的结构

在会计恒等式"**资产 = 负债 + 所有者权益**"中，因为负债和所有者权益要素同在等式的右侧，所以负债类和所有者权益类账户的结构相同。另外，因其在等式中与资产类要素不在同侧，所以记账方向与资产类账户正好相反。负债类和所有者权益类账户均为借方记减少，贷方记增加。期末一般都有余额，余额的方向与记录增加的方向一致，即在贷方。其结构如图2-10所示。

负债类和所有者权益类账户余额的计算公式为

图2-10 负债类和所有者权益类账户的结构

期末贷方余额 = 期初贷方余额 + 本期贷方发生额 - 本期借方发生额

（四）损益类账户的结构

如前文所述，由于企业在一定期间取得的收入和发生的费用都将体现在当期损益中，所以损益类账户又划分为**收入类账户**和**费用类账户**。

1．收入类账户的结构

收入的产生通常会使**所有者权益增加**，在借贷记账法下，收入类账户的增减记录方向，通常与所有者权益类账户类似，借方登记减少额，贷方登记增加额。本期收入净额在期末转入"本年利润"账户，用以计算当期损益，结转后无余额。其结构如图2-11所示。

2．费用类账户的结构

费用的产生通常会使**所有者权益减少**，费用类账户的增减记录方向，通常与所有者权益类账户增减记录方向相反，借方登记增加额，贷方登记减少额。本期费用净额在期末转入"本年利润"账户，用以计算当期损益，结转后无余额。其结构如图2-12所示。

借贷记账法下各类账户结构的总结如图2-13所示。

借方	收入类账户	贷方
收入减少或结转额		收入增加额
本期借方发生额 （收入减少额合计）		本期贷方发生额 （收入增加额合计）
		（期末无余额）

图 2-11 收入类账户的结构

借方	费用类账户	贷方
费用增加额		费用减少额或结转额
本期借方发生额 （费用增加额合计）		本期贷方发生额 （费用减少额合计）
		（期末无余额）

图 2-12 费用类账户的结构

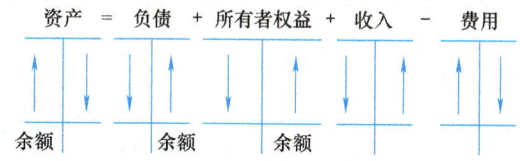

图 2-13 各类账户结构的总结

注：图中"↓"表示登记金额减少，"↑"表示登记金额增加

学习提示：理解账户结构的小妙招

$$资产 = 负债 + 所有者权益 \qquad ①$$
$$利润 = 收入 - 费用 \qquad ②$$

①+②得到等式③：

$$资产 + 费用 = 负债 + 所有者权益 + 收入 - 利润 \qquad ③$$

现在可以把等式③的会计要素转换成会计科目。成本类会计科目是从费用类分出来的，利润归入所有者权益，因此可以得到会计科目的等式④：

$$资产 + 费用（成本） = 负债 + 所有者权益 + 收入 \qquad ④$$

为了更好地理解账户结构，我们把等式④按照等号分成等式左边和等式右边，如图 2-14 所示。

借方	资产/成本/费用	贷方
期初余额A		
本期发生额（增加合计）B		本期发生额（减少合计）C
期末余额D D = A+B-C		

借方	负债/所有者权益/收入	贷方
		期初余额E
本期发生额（减少合计）G		本期发生额（增加合计）F
		期末余额H H = E+F-G

图 2-14 各类账户之间相互关系总结

由图 2-14 可以得出：
1）等式左边（资产、费用、成本类账户）的账户结构都是借方表示增加，贷方表示减少。
2）等式右边（负债、所有者权益、收入类账户）的账户结构都是借方表示减少，贷方表示增加。
3）备抵类账户的结构与所调整账户的结构正好相反。

【例题 2-9】 借贷记账法下，"借"可以表示（　　）。
A．资产增加　　B．费用减少　　C．所有者权益增加　　D．收入减少

【答案】 A、D
【解析】 选项B和C，费用减少与所有者权益增加，应用"贷"表示。

二、借贷记账法的记账规则

记账规则是指采用某种记账方法登记具体经济业务时应当遵循的规律。借贷记账法的记账规则是"**有借必有贷，借贷必相等**"。

按照这一记账规则，任何经济业务的发生，都必须同时登记在两个或两个以上相互联系的账户中，一方记入借方，另一方必须记入贷方，记入借方的金额等于记入贷方的金额。如果涉及多个账户，记入借方账户金额的合计数应该等于记入贷方账户金额的合计数。

例如，长财星公司收到某投资者投入的货币资金500 000元，上述款项已经存入银行。该笔业务引起资产类账户"银行存款"增加，所有者权益类账户"实收资本"增加，其记账规则如图2-15所示。

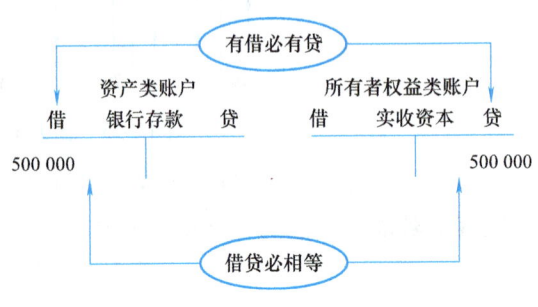

图2-15 借贷记账法记账规则

三、借贷记账法下的账户对应关系与会计分录

（一）账户的对应关系

账户的对应关系是指采用借贷记账法对每笔交易或事项进行记录时，相关账户之间形成的应借、应贷的相互关系。存在对应关系的账户被称为对应账户。

📢 学习提示：对应账户只有运用到具体的经济业务里才有意义。在一个具体的经济业务里，一个账户有时可以对应多个账户。

（二）会计分录

1. 会计分录的含义

会计分录简称分录，是对每项经济业务列示出应借、应贷的账户名称及其金额的一种记录。会计分录由应借和应贷方向、相互对应的会计科目及其金额三个要素构成。在我国，会计分录记载于记账凭证中。会计分录的要素如图2-16所示。

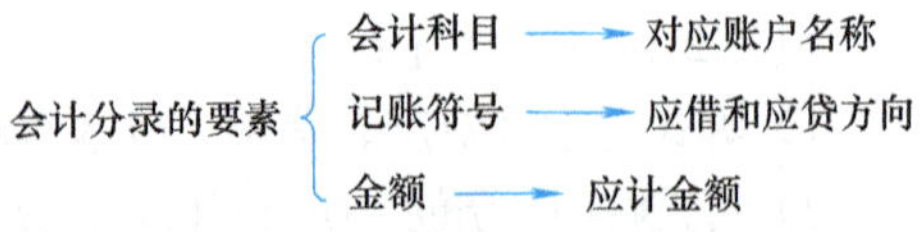

图2-16 会计分录的要素

📢 学习提示：会计分录的书写格式要求如下：

第一，先借后贷，上借下贷，即借方在上，先写，贷方在下，后写。

第二，左右错开，即贷方的文字和数字都要相对借方右移两格书写。

第三，在一借多贷、一贷多借或多借多贷的情况下，借方或贷方的文字要对齐，金额也应对齐，且金额后不写货币单位。

2. 会计分录的分类

按所涉及账户的多少，会计分录分为**简单会计分录**和**复合会计分录**。

1）简单会计分录是指只涉及一个账户借方和另一个账户贷方的会计分录，即**一借一贷**的会计分录。这种分录的科目对应关系一目了然。

2）复合会计分录是指由两个以上（不含两个）对应账户组成的会计分录，即一借多贷、多借一贷或多借多贷的会计分录。

📢**学习提示**：复合会计分录是由几个简单会计分录合并组成的，因而必要时可以将其分解为若干个简单会计分录。但是，不能将没有相互联系的几个简单分录合并成一笔多借多贷的会计分录。换言之，不同类型的经济业务不能简单地合并反映，对于发生的不同类型的经济业务必须逐项加以反映和记录。

3. 会计分录的编制步骤

运用借贷记账法编制会计分录，可按照下列步骤进行：

1）分析经济业务事项涉及的是资产、费用和成本还是所有者权益、收入和负债。

2）根据经济业务引起的会计要素的增减变化，确定涉及哪些账户，是增加还是减少。

3）根据账户性质和账户结构，确定应记入哪个（或哪些）账户的借方，哪个（或哪些）账户的贷方。

4）根据借贷记账法的记账规则，确定应借应贷账户是否正确，借贷方金额是否相等。如果有误，需要进一步更正。

例如，长财星公司从某银行借入 3 个月的短期借款 100 000 元，银行通知企业款项已进入企业账户。这一业务发生后，按照会计分录的编制步骤编制会计分录的思路如下：

1）这一经济业务是资产和负债同时增加的业务。

2）资产的变化应记入"银行存款"账户，负债的变化应记入"短期借款"账户。

3）根据资产和负债账户的结构，资产增加记入账户借方，负债增加记入账户贷方，按照会计分录格式要求编制会计分录如下：

借：银行存款　　　　　　　　　　　　　　　　　　　　100 000
　　贷：短期借款　　　　　　　　　　　　　　　　　　　　　100 000

4）写完分录核对其是否遵循了"有借必有贷，借贷必相等"的规则，如果与之前分析的账户名称、方向、金额一致，则表明分录编写已完成。

【例题 2-10】 长财星公司销售原材料一批，款项 5 000 元已存入银行，在不考虑税费的情况下，应编制的会计分录如下：

【答案】

借：银行存款　　　　　　　　　　　　　　　　　　　　　5 000
　　贷：其他业务收入　　　　　　　　　　　　　　　　　　　5 000

【解析】 存入银行的款项使得"银行存款"账户借方增加 5 000 元，销售的材料则体现为收入的增加，因其不属于企业的主营业务，故"其他业务收入"账户增加 5 000 元。

【例题 2-11】 本月应计提职工工资 5 800 元,其中,生产车间管理人员的工资为 3 800 元,行政管理部门人员的工资为 2 000 元,应编制的会计分录如下:

【答案】
借:制造费用   3 800
　　管理费用   2 000
　　　贷:应付职工薪酬   5 800

【解析】 生产车间管理人员工资记入"制造费用"科目,借方增加 3 800 元,行政管理部门人员工资记入"管理费用"科目,借方增加 2 000 元,应发放的工资总额记入"应付职工薪酬"科目,贷方增加 5 800 元。

四、借贷记账法下的试算平衡

(一)试算平衡的含义

试算平衡是指根据借贷记账法的记账规则和资产与权益(负债和所有者权益)的恒等关系,通过对所有账户的发生额和余额的汇总计算与比较,来检查记录是否正确的一种方法。

(二)试算平衡的分类

试算平衡包括发生额试算平衡和余额试算平衡两种。

1. 发生额试算平衡

发生额试算平衡是指全部账户本期借方发生额合计与全部账户本期贷方发生额合计保持平衡。

(1)公式

全部账户本期借方发生额合计 = 全部账户本期贷方发生额合计

📢 学习提示:这里的全部账户包括六大会计要素(资产、负债、所有者权益、收入、费用、利润)的所有账户,而非某类要素的账户。如全部资产账户本期借方发生额合计不一定等于全部资产账户本期贷方发生额合计。

(2)直接依据

直接依据为借贷记账法的记账规则,即"有借必有贷,借贷必相等"。

发生额试算平衡在实际工作中是通过发生额试算平衡表进行的,其格式如表 2-5 所示。

表 2-5 发生额试算平衡表

账户名称	借方发生额	贷方发生额
合计		

2．余额试算平衡

余额试算平衡是指全部账户借方期末（初）余额合计与全部账户贷方期末（初）余额合计保持平衡。

（1）公式

全部账户的借方期初余额合计＝全部账户的贷方期初余额合计

全部账户的借方期末余额合计＝全部账户的贷方期末余额合计

（2）直接依据

直接依据为反映财务状况的等式，即

资产＝负债＋所有者权益

在实际工作中，余额试算平衡是通过编制账户余额试算平衡表来进行的，其格式如表2-6所示。

表2-6　账户余额试算平衡表

账户名称	借方余额	贷方余额
合计		

【例题2-12】　根据表2-7某企业期末余额试算平衡表（部分），计算乙账户的余额是（　　）元。

表2-7　某企业期末余额计算平衡表（部分）

（单位：元）

账户名称	借方期末余额	贷方期末余额
甲账户	29 000	
乙账户		
丙账户	51 000	
丁账户		60 000
戊账户		55 000

A．借方余额35 000　　　　　　B．贷方余额35 000

C．贷方余额25 000　　　　　　D．借方余额25 000

【答案】　A

【解析】　根据"全部账户的借方期末余额合计＝全部账户的贷方期末余额合计"，乙账户余额＝60 000+55 000-29 000-51 000=35 000（元），余额方向为借方。

（三）试算平衡表的编制

试算平衡是通过**编制试算平衡表**进行的，企业可定期或不定期地编制试算平衡表。试算平衡表通常是在期末结出各账户的本期发生额合计和期末余额后编制的。试算平衡表中一般应设置"期初余额""本期发生额"和"期末余额"三大栏目，其下分设"借方"和"贷方"两个小栏。各大栏中的借方合计与贷方合计应该平衡相等，否则，便存在记账错误。为了简化表格，试算平衡表也可只根据各个账户的本期发生额编制，**不填列各账户的期初余额和期末余额**。

📢 **学习提示**：在使用手工记账的条件下，因为试算平衡表使用频繁，所以企业大多事先印好企业名称、试算平衡表名称及账户名称，实际编制时只要填入各账户余额或发生额并予以汇总即可；而在会计电算化条件下，一般软件中都可以直接进行试算平衡，并能输出试算平衡表。

试算平衡只是通过借贷金额是否平衡来检查账户记录是否正确的一种方法。如果借贷双方发生额或余额相等，表明账户记录基本正确，但有些错误并不影响借贷双方的平衡，因此，试算不平衡，表示记账一定有错误，但当试算平衡时，并不能表明记账一定正确。

不影响借贷双方平衡关系的错误通常包括以下几点：

1）漏记某项经济业务，使本期借贷双方的发生额等额减少，借贷仍然平衡。
2）重记某项经济业务，使本期借贷双方的发生额等额虚增，借贷仍然平衡。
3）某项经济业务记录的应借、应贷科目正确，但借贷双方金额同时多记或少记，且金额一致，借贷仍然平衡。
4）某项经济业务记错有关账户，借贷仍然平衡。
5）某项经济业务在账户记录中，颠倒了记账方向，借贷仍然平衡。
6）某借方或贷方发生额中，偶然发生多记和少记且二者相互抵销，借贷仍然平衡。

【**例题 2-13**】长财星公司 2021 年 1 月初有关总分类账户的期初余额如表 2-8 所示。

表 2-8　长财星公司 2021 年 1 月初有关总分类账户的期初余额

（单位：元）

账户名称	金额	账户名称	金额
库存现金	500	短期借款	1 000
银行存款	2 000		
固定资产	10 000		
无形资产	5 500	实收资本	17 000
总计	18 000	总计	18 000

2021 年 1 月发生下列经济业务：

1）从银行提取现金 1 000 元。
2）申请银行短期借款 2 000 元，贷款划转到企业账户。
3）收到投资者投入 5 000 元，其中包括设备 2 000 元，专利权 3 000 元。

要求：

1）编制相关业务的会计分录，并登记有关账户的 T 形账。
2）结算有关总分类账户，编制余额和发生额试算平衡表。

【解析】

1）根据发生的业务编制会计分录如下，并据以登入对应的 T 形账中。

借：库存现金　　　　　　　　　　　　　　　　　　1 000
　　贷：银行存款　　　　　　　　　　　　　　　　　　　1 000
借：银行存款　　　　　　　　　　　　　　　　　　2 000
　　贷：短期借款　　　　　　　　　　　　　　　　　　　2 000
借：固定资产　　　　　　　　　　　　　　　　　　2 000
　　无形资产　　　　　　　　　　　　　　　　　　3 000
　　贷：实收资本　　　　　　　　　　　　　　　　　　　5 000

短期借款		银行存款		库存现金	
	1 000	2 000		500	
	(2) 2 000	(2) 2 000	(1) 1 000	(1) 1 000	
	3 000		3 000	1 500	

实收资本		固定资产		无形资产	
	17 000	10 000		5 500	
	(3) 5 000	(3) 2 000		(3) 3 000	
	22 000	12 000		8 500	

2）结算有关总分类账户编制本期各账户发生额和余额试算平衡表，如表 2-9 所示。

表 2-9　本期总分类账户发生额和余额试算平衡表

2021 年 1 月　　　　　　　　　　　　　　　　　　　（单位：元）

账户	期初余额		本期发生额		期末余额	
	借方	贷方	借方	贷方	借方	贷方
库存现金	500		1 000		1 500	
银行存款	2 000		2 000	1 000	3 000	
固定资产	10 000		2 000		12 000	
无形资产	5 500		3 000		8 500	
短期借款		1 000		2 000		3 000
实收资本		17 000		5 000		22 000
合计	18 000	18 000	8 000	8 000	25 000	25 000

✱ **本节学习导读分析**：借贷记账法是以"借"和"贷"为记账符号的一种复式记账法，同样，增减记账法、收付记账法分别是以"增"和"减"，"收"和"付"为记账符号的复式记账方法。三种记账方法的平衡原理、记账符号、记账规则、试算平衡都不相同，不能一概而论。借贷记账法是企业应该采用的记账方法，它最大的优点是能够反映资金的来龙去脉。

本章导读分析

通过本章的学习，江月微找到了答案，长财星公司购入的机器设备属于固定资产，企业是通过设置会计科目和账户来对其进行会计核算的。为了核算该机器设备，应该设置"固定资产"和"累计折旧"总分类账户，同时设置"固定资产——机器设备"明细分类账户，根据管理需要，还可以根据机器设备的型号或用途等设置三级明细分类账户。其中"累计折旧"账户是用来抵减"固定资产"账户的。会计账户是根据会计科目设置的，会计账户的名称即会计科目，会计账户名称与会计科目存在一一对应的关系，会计账户有结构，会计科目没有结构。实务工作中一般不对会计科目和会计账户进行严格区分。

此外，江月微终于懂得了借贷记账法中的"借"和"贷"。原来"借"和"贷"只是一个符号，并没有实际意义。"借""贷"都可以表示增加和减少，至于是"借"表示增加，还是"贷"表示增加，则取决于账户的性质与所记录的经济内容。

实务案例

小刘今年从一所财经大学会计学专业毕业，应聘到信达科技公司做会计员。今天是他上班的第一天，会计科长王希把他领到了会计科。小刘发现那些同事忙得不可开交，都没时间跟他打招呼，一问才知道，大家都忙于期末结账。他急于想表现自己，就问科长："我能做些什么呢？"科长明白他想投入工作的心情，同时也想考核一下他的工作能力，就问："试算平衡表的编制在学校学过吧？"

"学过。"小刘很自信地回答。

"那好吧，现在大家都很忙，你先编一下公司这个月的试算平衡表吧。"

科长让同事小李帮小刘找到了所有的总分类账等，让他在公司为他准备的办公桌上开始了第一天的工作。不到三个小时，一张"总分类账户发生额和余额试算平衡表"就编好了，小刘看见表上那三组平衡的数字，激动的心情难于言表，就兴高采烈地拿给了科长。这时候，只见同事张敏手里拿着一些凭证走了过来，对科长说："这笔账我核对过了，记入'固定资产'账户借方和'银行存款'账户贷方的应该是 56 000 元，而不是 65 000 元，已经入账的那部分数字还要修改。"还没等小刘回过神来，会计员严构说道："哎呀，昨天编的记账凭证采购材料那笔业务还没过账呢。"这时候另一名会计员也跑过来说："应该记入'生产成本'账户的，记入了'制造费用'账户。"

小刘不解地问科长："刚编制的试算平衡表不是已经平衡了吗？怎么还有错账？"科长看见小刘满脸迷惑的神情，就对他说："试算平衡表也不是万能的！"

请同学们通过此案例，回顾本章学习的内容：信达科技公司在期末为了检查会计核算的正确性，根据借贷记账法的记账规则——"有借必有贷，借贷必相等"，编制本月发生额试算平衡表。小刘虽然编制了平衡的试算平衡表，但是不代表信达科技公司的会计核算就是正确的，像漏记、多记等情况是试算平衡查不出来的。"试算平衡表也不是万能的！"

思维导图

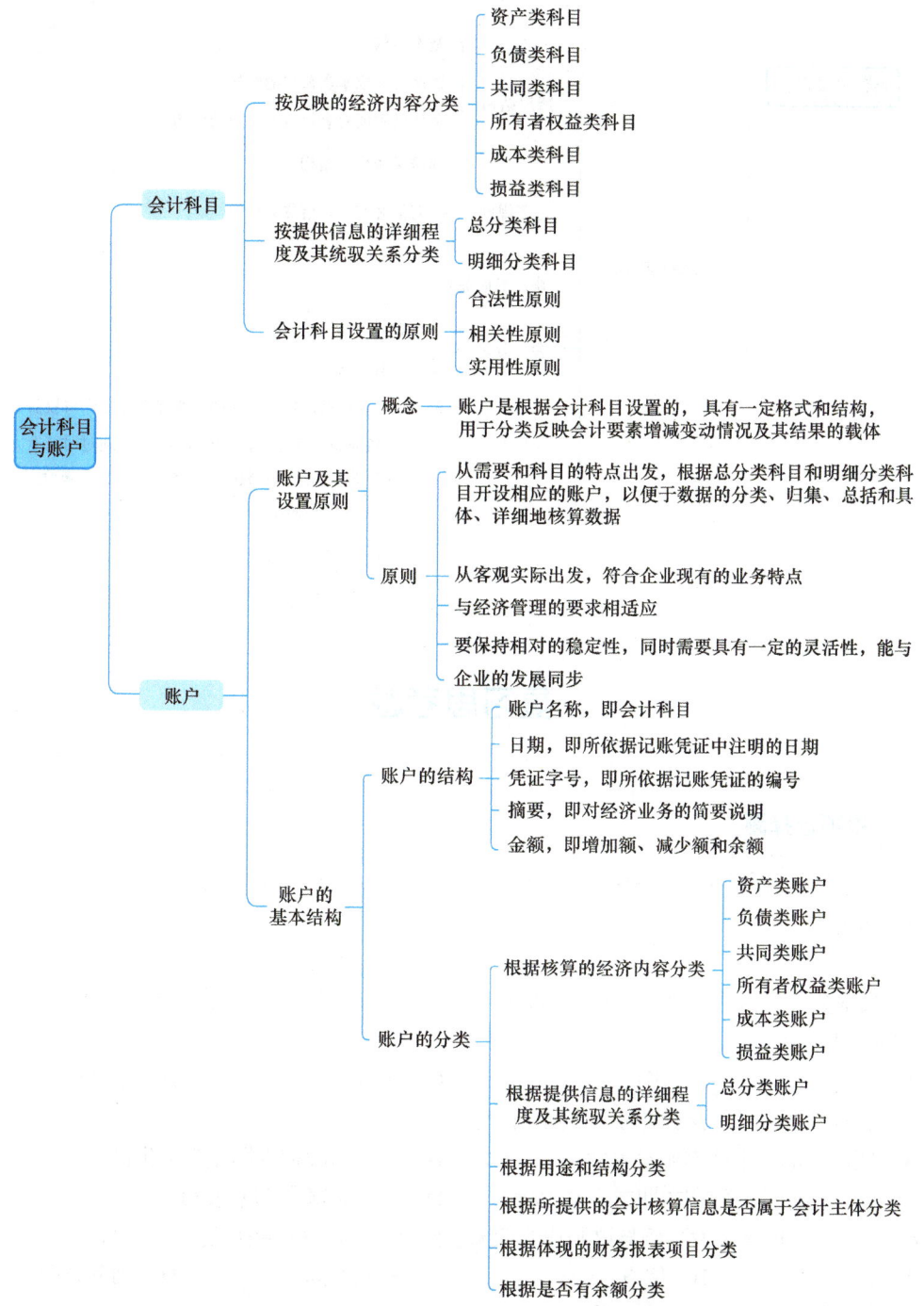

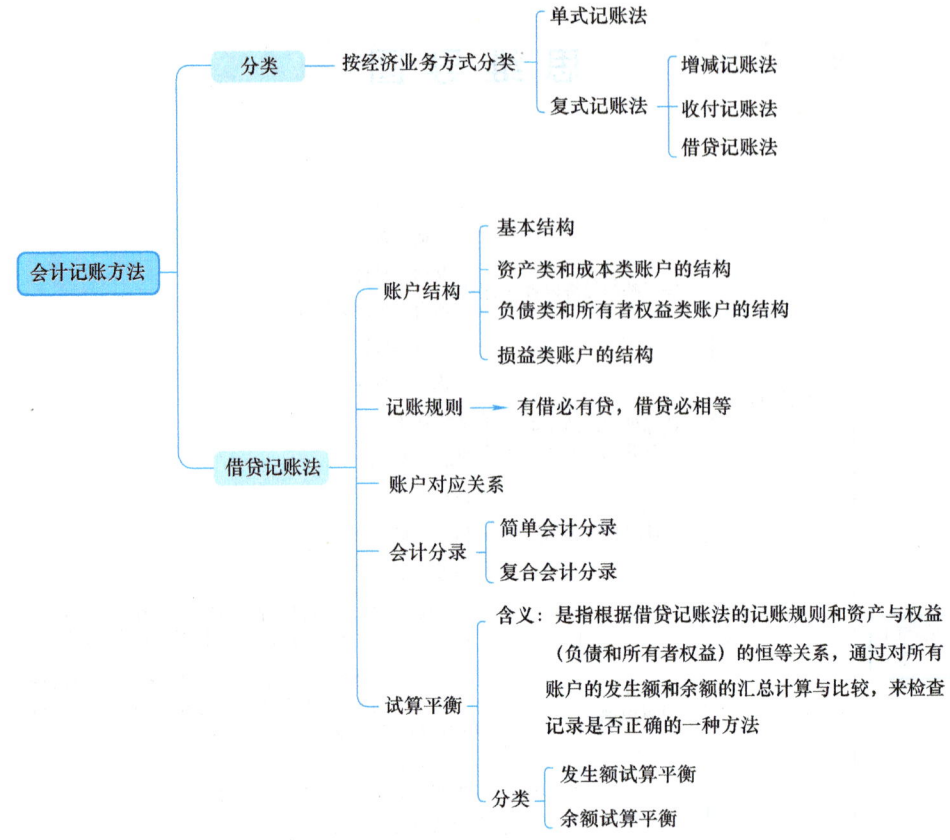

复习思考题

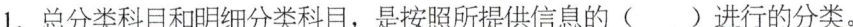

一、单项选择题

1. 总分类科目和明细分类科目,是按照所提供信息的(　　)进行的分类。
   A．内容　　　　　　　　　　　　B．用途
   C．结构　　　　　　　　　　　　D．详细程度及统驭关系

2. 根据会计科目的设置,具有一定的格式和结构,用于分类反映会计要素增减变动情况及其结构的载体是(　　)。
   A．账簿　　　　B．账户　　　　C．账本　　　　D．总分类科目

3. 账户的余额按照表示的时间不同可以分为(　　)。
   A．期初余额和本期增加发生额　　　　B．期初余额和本期减少发生额
   C．本期增加发生额和本期减少发生额　　D．期初余额和期末余额

4. 一个账户的增加发生额与该账户的期末余额一般都应在该账户的(　　)。
   A．借方　　　　B．贷方　　　　C．相同方向　　　　D．相反方向

5. 会计科目和账户之间的联系是(　　)。

A．互不相关　　　B．内容相同　　　　C．结构相同　　　　D．格式相同

6．损益类账户的期末余额一般（　　）。

A．在借方　　　　B．在贷方　　　　C．无法确定方向　　D．为零

7．下列会计科目中，属于损益类科目的是（　　）。

A．主营业务成本　B．生产成本　　　C．制造费用　　　　D．其他应收款

8．会计科目和会计账户的本质区别在于（　　）。

A．反映的经济业务不同　　　　　　　B．记录资产和权益的内容不同

C．记录资产和权益的方法不同　　　　D．会计账户有结构，而会计科目无结构

9．各账户之间最本质的差别在于（　　）。

A．反映的经济内容不同　　　　　　　B．结构不同

C．记账符号不同　　　　　　　　　　D．经济用途不同

10．关于会计科目，下列说法中不正确的是（　　）。

A．会计科目的设置应该符合国家统一会计准则的规定

B．会计科目是设置账户的依据

C．企业不可以自行设置会计科目

D．账户是会计科目的具体运用

11．有关会计科目与账户的关系，下列说法中不正确的是（　　）。

A．没有账户，就无法发挥会计科目的作用

B．两者口径一致，性质相同

C．账户是设置会计科目的依据

D．会计科目不存在结构，而账户则具有一定的格式和结构

12．所设置的会计科目应符合单位自身特点，满足单位实际需要，这一点符合（　　）原则。

A．实用性　　　　B．合法性　　　　C．谨慎性　　　　　D．相关性

13．某资产类科目的本期期初余额为 5 600 元，本期期末余额为 5 700 元，本期的减少额为 800 元。该科目本期增加额为（　　）元。

A．700　　　　　B．900　　　　　C．1 600　　　　　D．12 100

14．在借贷记账法下，"制造费用"的增加额登记在（　　）。

A．借方　　　　　B．贷方　　　　　C．借方和贷方　　　D．借方或贷方

15．存在对应关系的账户，称为（　　）。

A．关联账户　　　B．恒等账户　　　C．对应账户　　　　D．连接账户

16．复式记账要求对每一笔经济业务，都必须以（　　）进行登记。

A．相等的金额同时在一个或一个以上相互联系的科目中

B．相等的金额同时在两个或两个以上相互联系的科目中

C．不等的金额同时在两个或两个以上相互联系的科目中

D．相等的金额在总分类科目和两个以上相应的明细科目中

17．采用复式记账法，任何一项经济业务发生后，登记的账户数量都应是（　　）。

A．一个　　　　　B．两个　　　　　C．三个　　　　　　D．两个或两个以上

18．一般情况下，资产类账户的借方、贷方分别表示（　　）。

A．减少、减少　　B．减少、增加　　C．增加、减少　　　D．增加、增加

19. 在试算平衡表中，如果试算平衡，下列表述中，正确的是（   ）。
    A．说明每一个账户的借方数一定等于贷方数
    B．不一定说明账簿记录正确
    C．说明本期增加数一定等于本期减少数
    D．说明期初余额一定等于期末余额
20. 下列各项中应该在会计科目借方核算的是（   ）。
    A．负债的增加额   B．所有者权益的增加额
    C．资产的增加额   D．收入的增加额
21. 发生额试算平衡法是根据（   ）确定的。
    A．借贷记账法的记账规则   B．经济业务内容
    C．资产＝负债＋所有者权益   D．经济业务类型
22. 某企业"原材料"账户月初借方余额为 38 万元，本月验收入库的原材料共计 24 万元，发出原材料共计 32 万元，下列有关该企业"原材料"月末余额的选项中，正确的是（   ）。
    A．余额在借方，金额为 46 万元   B．余额在贷方，金额为 46 万元
    C．余额在借方，金额为 30 万元   D．余额在贷方，金额为 30 万元

二、多项选择题

1. 关于明细科目的设置，下列说法不正确的有（   ）。
    A．企业可以直接根据自身特点，自行增减、合并或拆分某些明细科目
    B．企业可随意设置明细科目
    C．明细科目的设置只满足对外报告的要求即可
    D．在合法的基础上，明细科目的设置应当符合单位自身特点，满足单位实际需要
2. 下列各项中，属于企业在设置会计科目时应遵循的原则的有（   ）。
    A．灵活性原则   B．合法性原则
    C．相关性原则   D．实用性原则
3. 下列各项中，通常属于账户组成部分的有（   ）。
    A．账户名称   B．凭证字号
    C．日期及摘要   D．增加额、减少额和余额
4. 以下有关明细分类科目的表述中，正确的有（   ）。
    A．明细分类科目也称一级会计科目
    B．明细分类科目是对总分类科目做进一步分类的科目
    C．明细分类科目是对会计要素具体内容进行总括分类的科目
    D．明细分类科目是能提供更加详细、更加具体会计信息的科目
5. 账户哪一方登记增加，哪一方登记减少，取决于（   ）。
    A．账户的基本结构   B．会计的核算方法
    C．所记录的经济业务   D．账户的性质
6. 下列会计科目中，属于成本类科目的有（   ）。
    A．生产成本   B．主营业务成本
    C．制造费用   D．销售费用

7. 下列关于会计账户和会计科目的说法，正确的是（   ）。
   A．会计科目是开设账户的依据，账户的名称就是会计科目
   B．二者都是对会计要素具体内容的科学分类，口径一致，性质相同
   C．没有账户，会计科目就无法发挥作用
   D．会计科目不存在结构，账户则具有一定的格式和结构

8. 在下列项目中，与管理费用属于同一类科目的是（   ）
   A．制造费用   B．销售费用
   C．财务费用   D．其他应收款

9. 关于会计分录，下列表述正确的是（   ）。
   A．会计分录是指每项经济业务列示出的应借、应贷的账户名称及金额的记录
   B．会计分录可以分为简单分录和复合分录
   C．每笔分录中，借方会计科目与贷方会计科目之间互为对应科目
   D．复合分录一般不能编制多借多贷分录，但某些特殊情况例外

10. 下列会计科目在借方核算增加额的有（   ）。
    A．原材料   B．管理费用
    C．应付账款   D．实收资本

11. 下列有关复式记账法的表述中，正确的有（   ）。
    A．复式记账法一般应在两个或两个以上会计科目中登记，但有时也在一个会计科目中登记
    B．复式记账法能如实反映资金运动的来龙去脉
    C．复式记账法便于检查会计科目的记录是否正确
    D．我国所有企事业单位都必须统一采用复式记账法中的借贷记账法进行会计核算

12. 下列会计分录属于复合会计分录的有（   ）。
    A．一借一贷   B．一借多贷
    C．一贷多借   D．多借多贷

13. 某企业月末编制试算平衡表时，因"原材料"账户的余额计算不正确，导致试算平衡表中月末借方余额合计为 65 000 元，而全部账户月末贷方余额合计为 60 000 元，则"原材料"账户（   ）。
    A．余额多记 5 000 元   B．余额少记 5 000 元
    C．为贷方余额   D．为借方余额

14. 在借贷记账法下，账户的贷方应登记（   ）。
    A．负债、收入的增加数   B．负债、收入的减少数
    C．资产、成本的减少数   D．资产、成本的增加数

15. 在编制试算平衡表时，应注意（   ）。
    A．必须保证所有账户的余额均已记入试算平衡表
    B．如果试算平衡，说明账户记录正确无误
    C．如果试算不平衡，账户记录肯定有错误，应认真查找，直到平衡为止
    D．即使试算平衡，也不能说明账户记录绝对正确

16. 借贷记账法下，正确的试算平衡公式有（   ）。
    A．全部账户的期初借方余额合计＝全部账户的期初贷方余额合计

B. 全部账户的期末借方余额合计 = 全部账户的期末贷方余额合计

C. 全部账户的期初借方余额合计 + 全部账户本期借方发生额合计 = 全部账户的期末借方余额合计

D. 全部账户的期初贷方余额合计 + 全部账户本期贷方发生额合计 = 全部账户的期末贷方余额合计

17. 某企业购进商品 10 000 元，用银行存款 6 000 支付部分货款，剩余款项暂欠。该项经济业务中与"库存商品"存在对应关系的是（　　）。

A. 应付账款　　　　　　　　B. 其他应付款
C. 银行存款　　　　　　　　D. 采购成本

18. 下列属于试算平衡公式的有（　　）。

A. 期末余额 = 期初余额 + 本期增加发生额 − 本期减少发生额
B. 全部账户的借方期初余额合计 = 全部账户的贷方期初余额合计
C. 全部账户的本期借方发生额合计 = 全部账户的本期贷方发生额合计
D. 全部账户的借方期末余额合计 = 全部账户的贷方期末余额合计

19. 下列账户中，期末有借方余额的是（　　）。

A. 原材料　　　B. 生产成本　　　C. 实收资本　　　D. 盈余公积

20. 通过账户对应关系可以（　　）。

A. 登记账簿　　　　　　　　B. 进行试算平衡
C. 了解经济业务的内容　　　D. 检查经济业务处理的合理合法性

三、判断题

1. 为了满足会计核算质量的要求，会计科目设置得越多越好。　　　　　　（　　）
2. "累计折旧""坏账准备"等是反映资产的价值损耗或损失的账户，不属于资产类账户。
　　　　　　　　　　　　　　　　　　　　　　　　　　　　　　　　　（　　）
3. 在我国，所有的会计科目都是由国家统一的会计制度制定的。　　　　（　　）
4. 成本类科目包括制造费用、生产成本及主营业务成本等科目。　　　　（　　）
5. 账户的本期发生额是动态资料，而期末余额与期初余额是静态资料。　（　　）
6. 二级科目（子目）不属于明细分类科目。　　　　　　　　　　　　　（　　）
7. 总分类科目与其所属的明细分类科目的核算内容相同，所不同的是前者提供的信息比后者更加详细。　　　　　　　　　　　　　　　　　　　　　　　　　　　　（　　）
8. 会计科目与账户都是对会计对象具体内容的科学分类，两者口径一致，性质相同，具有相同的格式和结构。　　　　　　　　　　　　　　　　　　　　　　　　　　（　　）
9. 账户中上期的期末余额转入本期即为本期的期初余额。　　　　　　　（　　）
10. 目前企业的总分类账户一般是根据国家有关会计制度规定的会计科目设置的。（　　）
11. 会计科目是账户的名称，是账户的载体和具体运用。　　　　　　　（　　）
12. 账户是根据会计科目设置的，具有一定的格式和结构。　　　　　　（　　）
13. 发生额试算平衡是通过编制"余额试算平衡表"来进行的。　　　　（　　）
14. 试算平衡表可以只根据各个账户的本期发生额编制，不填列各账户的期初余额和期末余额。　　　　　　　　　　　　　　　　　　　　　　　　　　　　　　　　（　　）

15. 在我国，会计分录记载于会计账簿中。（   ）
16. 损益类账户的期末余额＝期初余额＋本期贷方发生额－本期借方发生额。（   ）
17. 所有者权益科目的余额在贷方，表示所有者权益的结存数。（   ）
18. 应收账款账户的期末余额＝期初余额＋本期贷方发生额－本期借方发生额。（   ）
19. 通常账户的借方表示增加，账户的贷方表示减少。（   ）
20. 借贷记账法中的记账规则，概括地说就是："有借必有贷，借贷必相等"。（   ）
21. 借贷记账法是国际上通用的复式记账法。（   ）
22. 在实际工作中发生账户借贷方向颠倒的记账错误，不能通过试算平衡的方法来发现。（   ）

四、账务处理题

长财星公司是一家生产服装的企业，2021年2月，发生以下经济业务，在不考虑相关税费的前提下，请编写相关会计分录。

1）长财星公司以现金400元购买办公用品，交厂部使用。
2）长财星公司从银行取得借款80 000元，期限为9个月，所借款项存入银行。
3）长财星公司收到华夏公司投入资金100 000元，存入银行。
4）长财星公司车间本月领用材料70 000元，用于生产A产品。
5）长财星公司以现金400元购买办公用品，交车间使用。
6）长财星公司以银行存款350万元，偿还所欠东方公司款项。
7）长财星公司用银行存款支付生产车间发生的水电费500元。
8）长财星公司购入一批原材料，价款合计4 000元，以现金支付。

五、思考题

1. 什么是会计科目？它在会计核算中的意义有哪些？
2. 会计科目按提供信息的详细程度及其统驭关系分为哪几类？它们之间的关系如何？
3. 什么是账户？设置账户应该遵循哪些原则？
4. 账户一般由几个金额要素构成？它们分别反映了什么样的要素变动情况？各项金额要素之间的关系是什么样的？
5. 账户根据其核算的经济内容、提供信息的详细程度及其统驭关系分为两大类，每一类下面包含哪些子账户？
6. 什么是复式记账法？简述其优点。
7. 简述借贷记账法下账户的基本结构。
8. 简述借贷记账法的记账规则及其含义。
9. 简述试算平衡的含义，并说明试算平衡分为哪几类。
10. 当试算平衡时，一定能表明记账正确吗？不能的话，请列举相关情形说明理由。

第三章

制造业企业主要经济业务的核算

本章导读

通过前面两章的学习，江月微对会计的基本概念、原理、原则、方法等有了较为全面的认识，但是还未体验过"会计业务实战"。每个企业的发展都会经历筹建期和经营期。筹建期最主要的业务就是筹集资金，从股东处获取投入资本，从银行筹措借款；经营期一般分为供、产、销三个阶段，即购入材料和设备并招聘人员，生产产品，销售产品。筹建期和经营期的业务以及月末计算经营成果、年末进行利润分配等业务，就是生产企业常见的经济业务。那么，企业是如何运用会计特有的方法来进行会计核算的呢？让我们跟江月微一起进入"会计业务实战"吧。

第一节 企业主要经济业务概述

学习导读

长财星公司承接了一笔男士羽绒服订单。现有生产力不足，为了能够按期交货，长财星公司向银行借入短期借款用于购买新设备和布料，然后安排工人轮班生产，赶制男士羽绒服。长财星公司如期按质按量完成了订单任务，收到了货款，用货款偿还了银行贷款，支付了工人工资和奖金，还赚了不少钱。年末，长财星公司召开股东会议商讨利润分配方案……本节将主要讲述制造业企业的经济业务过程。

一、制造业企业经济业务概述

企业是从事生产、流通、服务等活动的经济组织，是社会经济的基础单位。企业的分类形式有多种，其中，以企业的经营内容来看，可以将企业分为制造业企业、商业企业和服务类企业三类。商业企业和服务类企业的经营过程比较简单，商业企业经营内容一般为商品的流通和销售，服务类企业主要提供各种服务，而制造业企业相对复杂一些，多了生产制造的内容。因此，本章将以制造业企业为例进行介绍。

二、制造业企业主要经济业务过程

不同企业的经营业务特点不同，但是制造业企业经营业务的过程是相似的，都会经历资金筹集、供应、生产、销售、利润形成与分配这5个过程，如图3-1所示。

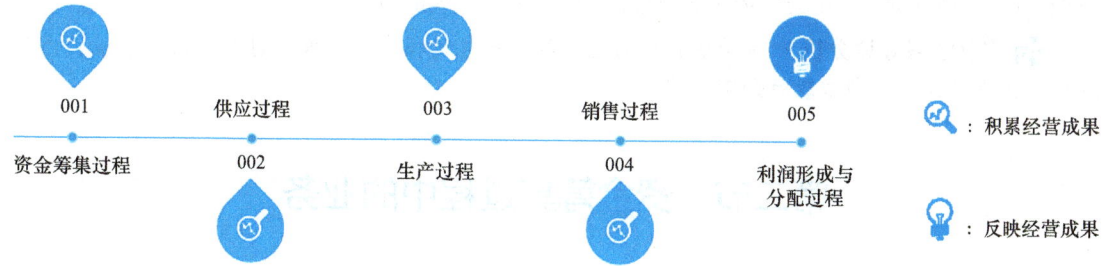

图3-1　制造业企业经营业务的过程

（一）资金筹集过程

企业要进行正常的经营管理，就必须有资金作为支撑。资金的筹集主要包括投资者投入和向债权人借入。企业取得的初始资金一般为货币资金形态，资金首先进入供应过程，在此过程中，用货币资金建造或购买厂房、机器设备等，为生产产品做必要的生产资料准备，此时，资金就从货币资金转化为固定资金形态。

（二）供应过程

供应过程是为企业生产做准备的。企业供应过程的日常活动包括采购生产所需的材料等，这些材料将成为未来随着生产不断耗费的储备物资，此时，生产经营的货币资金就转化为储备资金。供应过程核算的主要业务是购买原材料的业务以及添置部分固定资产的业务。企业采购材料，符合条件的费用将归集到不同种类和数量的材料中，构成材料采购成本，同时，与材料供应单位产生结算关系。物资采购业务和因采购而需要进一步完成的资金结算业务成为供应过程核算的重点业务。

（三）生产过程

生产过程是制造业企业的核心过程。生产工人借助各种材料，启用机器设备，在生产线上将材料的成本、机器设备磨损的价值、劳动力的成本、水电照明等耗费的价值完美结合，形成产成品，这些物化劳动和活劳动的耗费与转化的核算，是生产过程业务核算的重点。在此阶段，资金形态从储备资金转化为生产资金和产品资金。

📢 学习提示：生产资金主要是以在产品的形式体现，产品资金主要是以产成品的形式体现。

（四）销售过程

销售过程是企业产品价值实现的过程。企业销售产品，通过结算收回资金，也会产生各种销售费用，还需要计算销售过程中产生的应缴税金，这些都是销售过程需要核算的主要经济业务。企业的资金形态从产品资金形态转化为结算资金形态，收回货款再回到货币资金形态，形成一个资金循环过程。

（五）利润形成与分配过程

企业经过一定会计期间的经营，通过会计核算计算企业所实现的利润或发生的亏损。如果盈利，在计算缴纳所得税后还应当按照规定的程序进行合理的分配。

❋ **本节学习导读分析**：制造业企业的主要经济业务过程有资金筹集过程、供应过程、生产过程、销售过程、利润形成与分配过程。

第二节 资金筹集过程中的业务

/学习导读/

由于长财星公司上次如期按质按量完成了订单任务，赢得了口碑，客户决定把一个更大的男士羽绒服订单交给长财星公司。长财星公司股东大会决定，为了提高生产能力，再次向银行借款，同时接受新股东入股，长财星公司通过向银行贷款和吸收新股东资金的方式筹集到了足够的资金。本节将为你解答企业资金筹集业务的会计核算问题。

企业的资金筹集按资金来源通常分为所有者权益筹资和负债筹资。所有者权益筹资形成所有者的权益（通常被称为权益资本），包括投资者的投资及其增值，这部分资本的所有者既享有企业的经营收益，也承担企业的经营风险；负债筹资形成债权人的权益（通常被称为债务资本），主要包括企业向债权人借入的资金和业务结算形成的负债资金等，这部分资本的所有者享有按约定收回本金和利息的权利。

一、所有者权益资金筹集业务的核算

（一）所有者权益概述

1. 所有者权益的概念

所有者权益是企业资产扣除负债后由所有者享有的剩余权益。股份有限公司的所有者权益又被称为股东权益。

2. 所有者权益的来源

所有者权益的来源主要包括所有者投入的资本、其他综合收益、留存收益等，通常由实收资本（或股本）、资本公积、其他权益工具、其他综合收益、专项储备、留存收益构成。

（二）所有者投入资本的构成

1. 所有者投入资本的分类

1) 所有者投入资本按照投资主体的不同，可以分为国家资本金、法人资本金、个人资本金

和境外资本金等。

2）所有者投入的资本按投资形式的不同，可以分为货币资金、实物投资、无形资产（知识产权、土地使用权等）。在进行会计计量时，确定不同投资形式的实际投资金额的方法有所不同。

① 货币资金投资：直接以实际收到的价款作为入账金额。

② 实物、无形资产等其他投资：必须进行以公允价值为基础的评估并作价，入账金额以双方认可的评估价为准。实收资本或股本入账后，在企业清算前，除依法转让外，通常不得以任何形式抽逃出资。所有者投入资本的分类如表3-1所示。

表3-1 所有者投入资本的分类

分类		概述
投资主体	国家资本金	有权代表国家投资的政府部门或者机构以国有资产投入企业形成的资本金
	法人资本金	其他法人单位以其依法可以支配的资产投入企业形成的资本金
	个人资本金	社会公众以个人合法财产投入企业形成的资本金
	境外资本金	外国投资者以及我国港、澳、台地区投资者向企业投资形成的资本金
投资形式	货币资金	以实际收到的价款作为入账金额
	实物投资	进行以公允价值为基础的评估并作价，入账金额以双方认可的评估价为准
	无形资产	

2．所有者投入的资本

所有者投入的资本是指所有者投入企业的资本，包括企业注册资本或者股本，也包括投入资本超过注册资本或股本的部分，即资本溢价或股本溢价，这部分投入资本通过资本公积（资本溢价）反映。

1）实收资本（或股本）是指企业按照章程规定或合同、协议约定，接受投资者投入企业的资本。其包括实际投入企业的资本金以及按照有关规定由资本公积、盈余公积等转增资本的资金。

2）资本公积是企业收到投资者出资额超出其在注册资本（或股本）中所占份额的部分以及其他资本公积等。资本公积作为企业所有者权益的重要组成部分，主要用于转增资本。所有者权益与所有者投入资本的关系如图3-2所示。

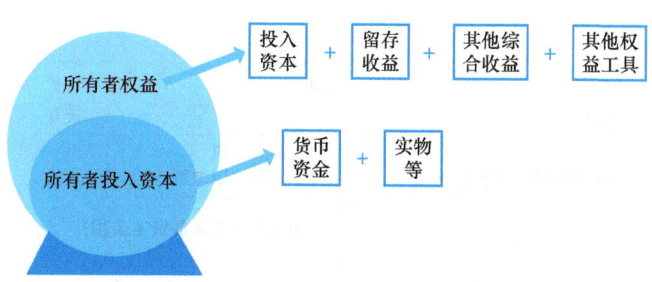

图3-2 所有者权益与所有者投入资本的关系

（三）账户设置

企业通常通过"银行存款""实收资本（或股本）""资本公积"等账户对所有者权益筹资业务进行核算。

1．"实收资本（或股本）"账户

（1）账户性质

"实收资本（或股本）"账户属于所有者权益类账户。

（2）账户用途

该账户用以反映和监督企业实际收到的投资者投入资本的情况。

（3）账户结构

该账户贷方登记企业收到投资者符合注册资本条件的出资额，借方登记企业按照法定程序减少的注册资本额。期末余额在贷方，反映企业实有的资本额。"实收资本（或股本）"账户的结构如图 3-3 所示。

实收资本（或股本）	
借方	贷方
企业按照法定程序减少的注册资本额	企业期初实收资本（或股本）总额 企业收到投资者符合注册资本条件的出资额
	余额（企业实有的资本额）

图 3-3 "实收资本（或股本）"账户的结构

（4）明细账的设置

该账户可按投资者的不同设置明细账，进行明细核算。

2．"资本公积"账户

（1）账户性质

"资本公积"账户属于所有者权益类账户。

（2）账户用途

该账户用以反映和监督企业资本公积的增减变动情况。

（3）账户结构

该账户贷方登记资本公积的增加额，借方登记资本公积的减少额，期末余额在贷方，反映企业期末资本公积的结余额，如图 3-4 所示。

资本公积	
借方	贷方
资本公积的减少额	期初资本公积 资本公积的增加额
	余额（企业结余的资本公积）

图 3-4 "资本公积"账户的结构

（4）明细账的设置

该账户可按资本公积的类别进行明细核算。

3．"银行存款"账户

（1）账户性质

"银行存款"账户属于资产类账户。

（2）账户用途

该账户用以核算企业存入银行或其他金融机构的各种款项，但是银行汇票存款、银行本票存款、信用卡存款、信用证保证金存款、存出投资款、外埠存款等通过"其他货币资金"账户核算。

（3）账户结构

该账户借方登记企业银行存款的增加额，贷方登记企业银行存款的减少额。期末余额在借方，反映企业实际持有的银行存款的金额。"银行存款"账户的结构如图 3-5 所示。

银行存款	
借方	贷方
期初余额 企业银行存款的增加额	企业银行存款的减少额
余额（企业实际持有的银行 　　　存款的金额）	

图 3-5 "银行存款"账户的结构

（4）明细账的设置

该账户应当按照开户银行、存款种类等分别进行明细核算。

【例题 3-1】 "实收资本"账户期初余额为 50 000 元，本期贷方发生额为 30 000 元，期末余额为 60 000 元，则该账户本期借方发生额为（　　）元。

A．30 000　　　　B．20 000　　　　C．40 000　　　　D．80 000

【答案】 B

【解析】 "实收资本"账户属于所有者权益类账户，贷方登记增加额，借方登记减少额。根据期末余额＝期初余额＋本期贷方发生额－本期借方发生额，本期借方发生额＝期初余额＋本期贷方发生额－期末余额＝50 000+30 000-60 000＝20 000（元）。

（四）账务处理

企业接受投资者投入的资本，借记"银行存款""固定资产""无形资产""长期股权投资"等科目，按其在注册资本或股本中所占份额，贷记"实收资本（或股本）"科目，按其差额，贷记"资本公积——资本溢价（或股本溢价）"科目。

1．企业接受货币资金投资

企业按实际收到的金额，借记"银行存款"或"库存现金"等科目，按照双方约定的资本份额，贷记"实收资本（或股本）"科目，按其差额，贷记"资本公积——资本溢价（或股本溢价）"科目。企业接受货币资产投资账务处理的账户对应关系如图 3-6 所示。

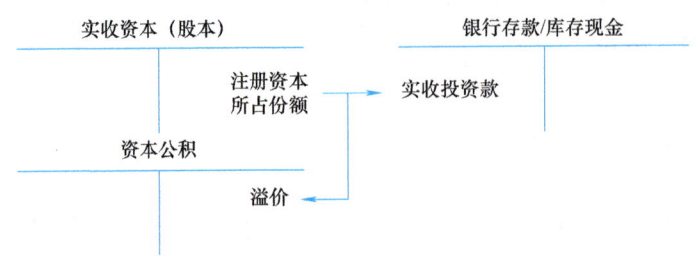

图 3-6　企业接受货币资产投资账务处理的账户对应关系

【例题 3-2】　长财星公司为扩大经营规模，经批准，将公司注册资本追加到 2 000 000 元。按照投资协议，新进股东张伟需缴入货币资金 1 000 000 元，同时享有该公司 30% 的股份。公司收到新进股东的投资，款项通过银行收讫，不考虑其他因素。

要求：编制长财星公司与上述业务有关的会计分录。

【答案】
借：银行存款　　　　　　　　　　　　　　　　　　　　　　　　　　1 000 000
　　贷：实收资本——张伟　　　　　　　　　　　　　　　　　　　　　　600 000
　　　　资本公积——资本溢价　　　　　　　　　　　　　　　　　　　　400 000

【解析】　新进股东所占有限责任公司实收资本总额 =2 000 000×30%=600 000（元），资本溢价 =1 000 000−600 000 = 400 000（元）。

2. 企业接受非货币性资产投资

《中华人民共和国公司法》规定，股东可以用货币出资，也可以用实物、知识产权、土地使用权等可以用货币估价并可以依法转让的非货币财产作价出资；但是，法律、行政法规规定不得作为出资的财产除外。

企业接受投资者以非货币性资产投入的资本，应按投资合同或协议约定的价值确定非货币性资产的入账价值（**但投资合同或协议约定的价值不公允的除外**），借记"原材料""固定资产""无形资产""长期股权投资"等科目，按其在注册资本或股本中所占份额，贷记"实收资本（或股本）"科目，按其差额，贷记"资本公积——资本溢价（或股本溢价）"科目。

📢 **学习提示**："投资合同或协议约定的价值不公允"是指约定的价值与非货币性资产的公允价值相差太多。如一台机器设备，市场售价约为 100 万元，合同约定其价值为 150 万元，约定的 150 万元显然是不公允的。约定价值不公允并不表示资产本身没有公允价值。机器设备的市场售价 100 万元可以作为其公允价值，此时，机器设备按照 100 万元入账，而不是按照约定价值 150 万元入账。

企业接受各种非货币性资产投资账务处理的账户对应关系如图 3-7 所示。

📢 **学习提示**：为一般纳税人的企业，接受投资取得的增值税的进项税额不构成取得非货币性资产的成本，但应计入投资额。为小规模纳税人的企业，接受非货币性资产投资取得的增值税的进项税额因不能抵扣，构成取得该资产的成本，同时应计入投资额。

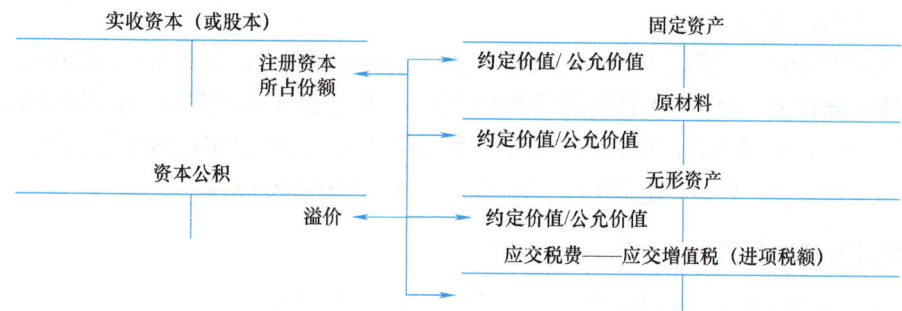

图 3-7　企业接受各种非货币性资产投资账务处理的账户对应关系

【例题 3-3】　长财星公司为增值税一般纳税人，本月接受红星公司以原材料作为投资，取得的增值税专用发票上注明的价款为 100 000 元，增值税税额为 13 000 元，已办妥各种手续。

要求：编制上述业务的会计分录。

【答案及解析】

借：原材料　　　　　　　　　　　　　　　　　　　　　　100 000
　　应交税费——应交增值税（进项税额）　　　　　　　　　13 000
　　　贷：实收资本　　　　　　　　　　　　　　　　　　　　　113 000

若长财星公司为增值税小规模纳税人，则此题的会计分录如下：

借：原材料　　　　　　　　　　　　　　　　　　　　　　113 000
　　　贷：实收资本　　　　　　　　　　　　　　　　　　　　　113 000

二、负债资金筹集业务的核算

（一）负债的构成

负债筹资主要包括向银行或其他金融机构借入的短期借款和长期借款以及因结算形成的负债等。

1. 短期借款

短期借款是指企业为了取得满足其正常生产经营所需的资金或者为了抵偿某项债务而向银行或其他金融机构等借入的期限在 **1 年以下**（含 1 年）的各种款项。

短期借款的利息支出属于企业在财务管理中因筹措资金而发生的一项筹资费用，在会计核算中将其作为财务费用予以确认。

2. 长期借款

长期借款是指企业向银行或其他金融机构等借入的期限在 **1 年以上**（不含 1 年）的借款。

长期借款主要用于固定资产的购建、固定资产的改扩建、大修理工程以及补充流动资产的需要，是企业的一项长期负债。长期借款所发生的利息费用，**符合资本化条件**的，应当予以**资本化**，计入相关资产成本；资产达到预定可使用状态后发生的利息支出以及按规定不能资本化的利息支出在利息发生的当期直接计入财务费用；长期借款用于研发无形资产的，符合资本化条件的利息支出，也可资本化。

符合资本化条件，是指某项支出所对应的资产（如固定资产、存货等）需要经过相当长的时间（**通常 1 年以上，含 1 年**）的购建或者生产活动才能达到预定可使用或者可销售状态。

长期借款按其偿还方式，可分为定期偿还和分期偿还。定期偿还是指按规定的借款到期日一次性还清全部本息。分期偿还是指在借款期内，按规定分期偿还本息。

3．结算形成的负债

结算形成的负债主要有应付账款、应付职工薪酬、应交税费等。

（二）账户设置

企业通常设置以下账户对负债筹资业务进行会计核算。

1．"短期借款"账户

（1）账户性质

"短期借款"账户属于负债类账户。

（2）账户用途

该账户用以核算企业借入的短期借款。

（3）账户结构

该账户贷方登记短期借款本金的增加额，借方登记短期借款本金的减少额。期末余额在贷方，反映企业期末尚未归还的短期借款。"短期借款"账户的结构如图 3-8 所示。

短期借款	
借方	贷方
短期借款本金的减少额	期初余额 短期借款本金的增加额
	余额（企业尚未归还的短期借款）

图 3-8 "短期借款"账户的结构

（4）明细账的设置

该账户可按借款种类、提供借款的单位和币种进行明细核算。

2．"长期借款"账户

（1）账户性质

"长期借款"账户属于负债类账户。

（2）账户用途

该账户用以核算企业借入的长期借款。

（3）账户结构

该账户贷方登记企业借入的长期借款本金等，借方登记归还的本金等，期末余额在贷方，反映企业期末尚未归还的长期借款，如图 3-9 所示。

（4）明细账的设置

该账户可按提供借款的单位和借款种类等进行明细核算。

第三章 制造业企业主要经济业务的核算

```
                          长期借款
  借方                                    贷方
                          期初余额
  归还的本金等              企业借入的长期借款本金等

                          余额（企业期末尚未归还的长期借款）
```

图 3-9 "长期借款"账户的结构

3."应付利息"账户

（1）账户性质

"应付利息"账户属于负债类账户。

（2）账户用途

该账户用以核算企业按照合同约定应支付的利息，包括按月计提的短期借款利息、分期付息到期还本的长期借款利息、企业债券等应支付的利息。

> 学习提示：到期一次还本付息的长期借款利息，则是通过"长期借款——应计利息"科目来核算的，此科目属于非流动负债科目。

（3）账户结构

该账户贷方登记企业按合同利率计算确定的应付未付利息，借方登记实际支付的利息。期末余额在贷方，反映企业应付未付的利息。"应付利息"账户的结构如图 3-10 所示。

```
                          应付利息
  借方                                    贷方
                          期初余额
  企业实际支付的利息        企业按照合同利率计算确定的应付
                          未付利息

                          余额（企业应付未付的利息）
```

图 3-10 "应付利息"账户的结构

（4）明细账的设置

该账户可按债权人进行明细核算。

4."财务费用"账户

（1）账户性质

"财务费用"账户属于损益类账户。

（2）账户用途

该账户用以核算企业为筹集生产经营所需资金等而发生的筹资费用，包括利息支出（利息收入记入贷方）、汇兑损益以及相关的手续费、企业发生的现金折扣或收到的现金折扣等。为购建或生产资产发生的应予资本化的借款费用，通过"在建工程""制造费用"等账户核算。

（3）账户结构

该账户借方登记手续费、利息费用等的增加额，贷方登记应冲减财务费用的利息收入等，期末将余额转入"本年利润"账户。该账户期末无余额。"财务费用"账户的结构如图 3-11 所示。

借方	财务费用	贷方
手续费、利息费等的增加额		应冲减财务费用的利息收入等
(无余额)		

图 3-11 "财务费用"账户的结构

（4）明细账的设置

该账户可按费用项目进行明细核算。

（三）账务处理

1. 短期借款的账务处理

企业借入的各种短期借款，应借记"银行存款"科目，贷记"短期借款"科目，归还借款时做相反的会计分录。

资产负债表日，企业应按计算确定的短期借款利息费用，借记"财务费用"科目，贷记"应付利息"科目，到期利息划转时，借记"应付利息"科目，贷记"银行存款"科目；划转的当月利息则直接借记"财务费用"科目，贷记"银行存款"科目。

> **学习提示**：资产负债表日是指会计年度末和会计中期期末。中期是指短于一个完整的会计年度的报告期间，包括半年度、季度和月度。我国会计年度采用公历年度，即 1 月 1 日至 12 月 31 日。年度资产负债表日为 12 月 31 日，月度资产负债表日为每月最后一天。

【例题 3-4】 2021 年 4 月 1 日，长财星公司向银行借入一笔用于生产经营的短期借款 60 万元，期限为 3 个月，年利率为 5%，本金一次性归还，利息分月预提，按季支付。

要求：

1）编制借入短期借款的会计分录。

2）计算 4 月和 5 月每月计提利息金额。

3）编制计提利息的会计分录。

4）编制 6 月末偿还本金及支付利息的会计分录。

【答案及解析】

1）借：银行存款　　　　　　　　　　　　　　　　　　　　　600 000
　　　贷：短期借款　　　　　　　　　　　　　　　　　　　　600 000

2）每月计提利息金额 =600 000×5%÷12=2 500（元）。

3）4 月和 5 月每月计提利息的会计分录如下：

借：财务费用　　　　　　　　　　　　　　　　　　　　　　2 500
　　贷：应付利息　　　　　　　　　　　　　　　　　　　　2 500

4）6 月末还本付息时：

借：财务费用　　　　　　　　　　　　　　　　　　　　　　2 500
　　应付利息　　　　　　　　　　　　　　　　　　　　　　5 000
　　短期借款　　　　　　　　　　　　　　　　　　　　　　600 000

贷：银行存款　　　　　　　　　　　　　　　　　　　　　　　　　607 500

📢 **学习提示**：在会计实务中，当利息分期（季、半年）支付或到期一次支付且数额较大时，可采用预提的方法分期计入损益，若数额较小，可不用预提的方法，而在实际支付利息时直接计入当期损益。

2. 长期借款的账务处理

（1）取得借款时

当企业借入长期借款时，应按实际收到的金额借记"银行存款"科目，按借款本金贷记"长期借款——本金"科目。

📢 **学习提示**：在实际利率与合同利率不一致的情况下，会产生借款利息调整的问题，通过"长期借款——利息调整"科目核算，本章对利息调整的问题不做研究，仅以实际利率与合同利率一致为前提阐述内容。

（2）期末计息时

资产负债表日，应按确定的长期借款的利息费用，借记"管理费用""在建工程""制造费用""财务费用""研发支出"等科目，按确定的应付未付利息，在分期付息方式下贷记"应付利息"科目，到期一次还本付息方式下贷记"长期借款——应计利息"科目。

利息偿付时，借记"应付利息"或"长期借款——应计利息"科目，贷记"银行存款"科目。

📢 **学习提示**：企业筹建期发生的利息费用通过"管理费用"科目核算。运营期发生的利息费用需要依据是否符合资本化条件区别处理。不符合资本化条件的通过"财务费用"科目核算，符合资本化条件的根据借款用途分别通过"在建工程"（购建固定资产）、"制造费用"（生产存货）、"研发支出"（开发无形资产）等科目核算。

（3）偿还本金时

到期日偿还长期借款本金时，应借记"长期借款——本金"科目，贷记"银行存款"科目。

【例题3-5】 长财星公司于2021年4月1日从银行借入资金3 000 000元，借款期限为3年，年利率为8%（到期一次还本付息，不计复利），所借款项已存入银行，借款利息不符合资本化条件。从2021年4月开始，每月末计提长期借款利息，借款到期时偿还该笔银行借款本息。

要求：对有关业务进行账务处理。

【答案及解析】

1）2021年4月1日借入长期借款时，做如下账务处理：

　　借：银行存款　　　　　　　　　　　　　　　　　　　　　　　　3 000 000
　　　　贷：长期借款——本金　　　　　　　　　　　　　　　　　　　　　　3 000 000

2）2021年4月30日计提长期借款利息时，做如下账务处理：

　　借：财务费用（3 000 000×8%÷12）　　　　　　　　　　　　　　　20 000
　　　　贷：长期借款——应计利息　　　　　　　　　　　　　　　　　　　　20 000

3）2021年5月至2024年3月，每月末计提长期借款利息的会计分录同上。

4）假设在2024年3月31日偿还该笔长期借款本息时，做如下账务处理：

借：长期借款——本金	3 000 000
——应计利息（20 000×36）	720 000
贷：银行存款	3 720 000

【例题 3-6】 假设在其他条件不变的情况下，将例题 3-5 中长期借款的付息方式改为利息按月预提，每年年末付息。

要求：对有关业务进行账务处理。

【答案及解析】

1）2021 年 4 月 1 日借入长期借款时，做如下账务处理：

| 借：银行存款 | 3 000 000 |
| 贷：长期借款——本金 | 3 000 000 |

2）2021 年 4 月 30 日计提长期借款利息时，做如下账务处理：

| 借：财务费用（3 000 000×8%÷12） | 20 000 |
| 贷：应付利息 | 20 000 |

3）2021 年 5 月至 2024 年 3 月，每月末计提长期借款利息的会计分录同上。

4）2021 年年末付息时，做如下账务处理：

借：应付利息（20 000×8）	160 000
财务费用	20 000
贷：银行存款	180 000

5）假设在 2022 年、2023 年年末付息时，做如下账务处理：

借：应付利息（20 000×11）	220 000
财务费用	20 000
贷：银行存款	240 000

6）假设在 2024 年 3 月 31 日偿还该笔长期借款本息时，做如下账务处理：

借：长期借款——本金	3 000 000
应付利息（20 000×2）	40 000
财务费用	20 000
贷：银行存款	3 060 000

✳ **本节学习导读分析**：企业的资金筹集按其资金来源通常分为所有者权益筹资和负债筹资。长财星公司接受新股东入股为所有者权益筹资，形成企业的所有者权益；通过银行贷款为负债筹资，形成企业的负债。

第三节 供应过程中的业务

📁 **/学习导读/**

作为一家主要生产和销售男士服装的服装厂，长财星公司把筹集到的大部分资金用于购买新机器设备和生产羽绒服所需的布料、羽绒等原材料，此过程叫供应过程。本节将为你解答企业供应过程中购买材料、固定资产的会计核算问题。

一、固定资产购置业务的核算

（一）固定资产的概念与特征

1．概念

固定资产是指为生产商品、提供劳务、出租或者经营管理而持有的、使用寿命超过一个会计年度的有形资产。

2．特征

从定义可以看出，企业的固定资产应具备以下特征：

（1）持有目的方面的特征

企业**持有**固定资产是为了满足生产商品、提供劳务、出租或者经营管理的需要，而不像存货是为了对外出售，它是固定资产最基本的特征。

（2）使用期限方面的特征

企业使用固定资产的**期限较长**，使用寿命一般**超过一个会计年度**。这表明固定资产能在超过一个会计年度的较长期时间里，为企业创造经济利益。

（二）固定资产的成本

1．概念

固定资产的成本是指企业购建某项固定资产达到预定可使用状态前所发生的一切合理的、必要的支出。

是否达到预定可使用状态需要进行判断，如购入的是不需要安装的固定资产，自购入起即可达到预定可使用状态；如购入的是需要安装的固定资产，只有在安装调试后满足标准条件才能达到预定可使用状态。

2．成本的确定

1）企业可以通过外购、自行建造、投资者投入、非货币性资产交换、债务重组、企业合并和租入等方式取得固定资产。取得的方式不同，固定资产成本的具体构成内容及其确定方法也不相同。本章涉及的外购固定资产的成本，包括**购买价款，相关税费**，使固定资产达到预定可使用状态前所发生的可归属于该项资产的**运输费、装卸费、安装费和专业人员服务费**等。

2）以一笔款项购入多项没有单独标价的固定资产，应当按照各项资产的**公允价值比例**对总成本进行分配，分别确定各项固定资产的成本。

3）购买固定资产的价款超过正常信用条件延期支付，实质上具有融资性质的，以购买价款的**现值**为基础确定固定资产成本。

4）增值税一般纳税人因购进固定资产取得的增值税专用发票上注明的税额不计入固定资产成本，增值税小规模纳税人购入固定资产所产生的增值税进项税额应计入固定资产成本。

【例题3-7】 长财星公司为增值税一般纳税人，2021年4月1日购入设备一台，价款为200 000元，增值税专用发票注明的税款为26 000元；发生设备运费取得运输公司开具的增值税专用发票注明的不含税金额为5 000元，增值税税额为450元；发生专业人员服务费6 000元，不考虑其他费用。

要求：计算该项设备的入账价值。

【答案及解析】 该设备的入账价值＝价款＋运费（不包括可以抵扣的增值税进项税额）＋专业人员服务费＝200 000+5 000+6 000=211 000（元）。

（三）账户设置

为核算取得固定资产的相关业务，企业一般应设置以下账户：

1．"在建工程"账户

（1）账户性质

"在建工程"账户属于资产类账户。

（2）账户用途

该账户用以核算企业基建、更新改造等在建工程发生的支出。

（3）账户结构

该账户借方登记企业各项在建工程的实际支出，贷方登记工程达到预定可使用状态时转出的成本等。期末余额在借方，反映企业期末尚未达到预定可使用状态的在建工程的成本。"在建工程"账户的结构如图 3-12 所示。

借方	在建工程	贷方
期初余额 各项在建工程的实际支出		工程完工转出的成本
余额（期末尚未达到预定可使用 状态的在建工程）		

图 3-12　"在建工程"账户的结构

（4）明细账的设置

该账户可按"建筑工程""安装工程""在安装设备""待摊支出"以及单项工程等进行明细核算。

2．"工程物资"账户

（1）账户性质

"工程物资"账户属于资产类账户。

（2）账户用途

该账户用以核算企业为在建工程准备的各种物资的成本，包括工程用材料、尚未安装的设备以及为生产准备的工器具等。

（3）账户结构

该账户借方登记企业购入工程物资的成本，贷方登记领用工程物资的成本。期末余额在借方，反映企业期末为在建工程准备的各种物资的成本。"工程物资"账户的结构如图 3-13 所示。

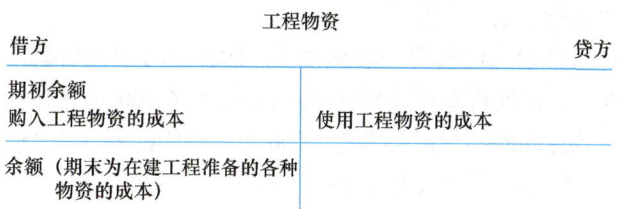

图 3-13 "工程物资"账户的结构

(4) 明细账的设置

该账户可按"专用材料""专用设备""工器具"等进行明细核算。

📢 学习提示："工程物资"属于非流动资产，在资产负债表中不单独列示，而是归并到"在建工程"项目中列示。

3. "固定资产"账户

（1）账户性质

"固定资产"账户属于资产类账户。

（2）账户用途

该账户用以核算企业持有的固定资产原值。

（3）账户结构

该账户的借方登记固定资产原值的增加，贷方登记固定资产原值的减少，期末余额在借方，反映企业期末固定资产的原值，如图 3-14 所示。

借方	固定资产	贷方
期初固定资产原值 固定资产原值的增加		固定资产原值的减少
余额（期末固定资产的原值）		

图 3-14 "固定资产"账户的结构

（4）明细账的设置

该账户可按固定资产类别和项目进行明细核算。

（四）账务处理

1. 增值税一般纳税人购入固定资产

增值税一般纳税人购入固定资产，按应计入固定资产成本的金额，借记"在建工程""固定资产"科目，并按购入固定资产所产生的增值税进项税额借记"应交税费——应交增值税（进项税额）"科目，贷记"银行存款"等科目。

2. 增值税小规模纳税人购入固定资产

增值税小规模纳税人购入固定资产，按应计入固定资产成本的金额，借记"在建工程""固定资产"科目，贷记"银行存款"等科目。

【例题 3-8】 长财星公司为增值税一般纳税人，2021 年 4 月 1 日购入一台不需要安装的设备，其价款为 200 000 元，增值税专用发票注明的税款为 26 000 元；发生设备运费取得运输公司开具的增值税专用发票注明的不含税金额为 5 000 元、增值税税额为 450 元；专业人员服务费为 6 000 元，不考虑其他费用，款项以银行存款付讫。

要求：编制购进固定资产的会计分录。

【答案及解析】
借：固定资产   211 000
    应交税费——应交增值税（进项税额）   26 450
    贷：银行存款   237 450

假设长财星公司为小规模纳税人，其他条件不变，则购进固定资产的会计分录如下：
借：固定资产   237 450
    贷：银行存款   237 450

二、材料采购业务的核算

（一）原材料概述

1. 概念

原材料是指企业在生产过程中经过加工改变其形态或性质并构成产成品主要实体的各种原料、主要材料和外购半成品，以及不构成产品实体但有助于产品形成的辅助材料。

2. 原材料的内容

原材料具体包括原料及主要材料、辅助材料、外购半成品（外购件）、修理用备件（备品备件）、包装材料、燃料等。

原材料的日常收入、发出、结存可以采用**实际成本**核算，也可以采用**计划成本**核算。**本节主要介绍实际成本核算下材料采购业务的账务处理。**

材料采用实际成本核算时，材料的收发及结存无论是按总分类核算还是按明细分类核算，均按实际成本计价。

（二）材料的采购成本

材料的采购成本是指企业物资从采购到入库前所发生的全部**合理的、必要的支出**，包括**购买价款、相关税费（不包括准予抵扣的增值税）、运输费、装卸费、保险费**以及其他可归属于采购成本的费用（包括采购过程中的仓储费、包装费、运输途中的合理损耗、入库前的挑选整理费用等）。

相关税费是指企业进口存货缴纳的**关税**，企业购买、自制或委托加工材料或商品发生的**消费税、资源税**和不能从销项税额中抵扣的增值税进项税额等。

在实务中，企业也可以将发生的运输费、装卸费、保险费以及其他可归属于采购成本的费用等**先进行归集**，在期末按照所购材料的存销情况进行分摊。

（三）账户设置

企业通常设置以下账户对材料采购业务进行会计核算：

1. "原材料"账户

（1）账户性质

"原材料"账户属于资产类账户。

（2）账户用途

该账户用以核算企业库存的各种材料，包括原料及主要材料、辅助材料、外购半成品（外购件）、修理用备件（备品备件）、包装材料、燃料等。企业收到来料加工装配业务的原料、零件等，应当设置备查簿进行登记。

（3）账户结构

该账户借方登记已验收入库材料的成本，贷方登记发出材料的成本。期末余额在借方，反映企业库存材料的实际成本。"原材料"账户的结构如图 3-15 所示。

借方	原材料	贷方
期初余额 已验收入库材料的成本		发出材料的成本
余额（企业库存材料的实际成本）		

图 3-15 "原材料"账户的结构

（4）明细账的设置

该账户可按材料的保管地点（仓库），材料的类别、品种和规格等进行明细核算。

2. "在途物资"账户

（1）账户性质

"在途物资"账户属于资产类账户。

（2）账户用途

该账户用以核算企业采用实际成本（或进价）进行日常核算的、货款已付但尚未验收入库的材料、商品等在途物资的采购成本。

（3）账户结构

该账户借方登记尚未验收入库的材料、商品等物资的买价和采购费用（采购的实际成本），贷方登记已验收入库的材料、商品等物资应结转的实际采购成本。期末余额在借方，反映企业期末在途材料、商品等物资的采购成本。"在途物资"账户的结构如图 3-16 所示。

（4）明细账的设置

该账户可按照供应单位和物资品种进行明细核算。

📢 **学习提示**：原材料的日常核算采用计划成本法时使用"材料采购"科目，采用实际成本法时使用"在途物资"科目。因此可以看出，"材料采购"科目与"在途物资"科目是不同核算方法下不同的表述形式，其本质是相同的。

在途物资	
借方	贷方
期初余额 尚未验收入库的物资的买价和采购费用（采购实际成本）	已验收入库的物资应结转的实际采购成本
余额（企业期末在途材料、商品等物资的采购成本）	

图 3-16 "在途物资"账户的结构

3. "应付账款"账户

（1）账户性质

"应付账款"账户属于负债类账户。

（2）账户用途

该账户用以核算企业因购买材料、商品和接受服务等经营活动应支付的款项。

（3）账户结构

该账户贷方登记企业因购入材料、商品和接受服务等尚未支付的款项，借方登记已偿还的应付账款。期末余额一般在贷方，反映企业期末尚未支付的应付账款余额；如果期末余额在借方，反映企业期末预付账款的余额。"应付账款"账户的结构如图 3-17 所示。

应付账款	
借方	贷方
已偿还的应付账款	期初余额（通常） 企业因购入材料、商品和接受服务等尚未支付的款项
余额（企业期末预付账款的余额）	余额（企业期末尚未支付的应付账款余额）

图 3-17 "应付账款"账户的结构

（4）明细账的设置

该账户可按债权人进行明细核算。

4. "应付票据"账户

（1）账户性质

"应付票据"账户属于负债类账户。

（2）账户用途

该账户用以核算企业购买材料、商品和接受服务等而开出、承兑的商业汇票，包括银行承兑汇票和商业承兑汇票。

（3）账户结构

该账户贷方登记企业开出、承兑的商业汇票的票面金额，借方登记企业已经支付或者到期无力支付的商业汇票的票面金额，期末余额在贷方，反映企业尚未到期的商业汇票的票面金额，如图 3-18 所示。

第三章 制造业企业主要经济业务的核算

应付票据	
借方	贷方
企业已经支付或者到期无力支付的商业汇票的票面金额	企业开出、承兑的商业汇票的票面金额
	余额（企业尚未到期的商业汇票的票面金额）

图 3-18 "应付票据"账户的结构

（4）明细账的设置

该账户可按债权人进行明细核算。

学习提示：商业承兑汇票到期无力支付，票面金额转入"应付账款"科目；银行承兑汇票到期无力支付，票面金额转入"短期借款"科目。

5."预付账款"账户

（1）账户性质

"预付账款"账户属于资产类账户。

（2）账户用途

该账户用以核算企业按照合同规定预付的款项。预付款项情况不多的，也可以不设置该账户，将预付的款项直接记入"应付账款"账户的借方。

（3）账户结构

该账户的借方登记企业因购货等业务预付的款项及补付的款项，贷方登记企业收到货物后应支付的款项及收回多付的款项等。期末余额在借方，反映企业实际预付的款项；期末余额在贷方，反映企业应付或应补付的款项。"预付账款"账户的结构如图 3-19 所示。

预付账款	
借方	贷方
企业因购货等业务预付的款项及补付的款项	企业收到货物后应支付的款项及收回多付款项
余额（企业实际预付的款项）	余额（企业应付或应补付的款项）

图 3-19 "预付账款"账户的结构

（4）明细账的设置

该账户可按供货单位进行明细核算。

6."应交税费"账户

（1）账户性质

"应交税费"账户属于负债类账户。

（2）账户用途

该账户用以核算企业按照税法等规定计算应缴纳的各种税费，包括增值税、消费税、企业所得税、资源税、土地增值税、城市维护建设税、房产税、土地使用税、车船税、教育费附加、矿产资源补偿费等。企业代扣代缴的个人所得税等，也通过本账户核算。

（3）账户结构

该账户的贷方登记各种应交未交税费的增加额，借方登记实际缴纳的各种税费。期末余额在贷方，反映企业尚未缴纳的税费；期末余额在借方，反映企业多交或尚未抵扣的税费。"应交税费"账户的结构如图 3-20 所示。

应交税费	
借方	贷方
实际缴纳的各种税费	各种应交未交税费的增加额
余额（企业多交或尚未抵扣的税费）	余额（企业尚未缴纳的税费）

图 3-20 "应交税费"账户的结构

（4）明细账的设置

该账户可按应交税费项目进行明细核算。

为了核算材料采购时的增值税，一般纳税人应在"应交税费"下设"应交增值税"明细账核算，并在"应交增值税"明细账内设置"进项税额""销项税额""已交税金"等专栏，采用多栏式明细账。在"应交税费——应交增值税"账户中，贷方登记的主要是销项税额，借方登记的主要是进项税额。"应交税费——应交增值税"账户的结构如图 3-21 所示。当期应交增值税额 = 当期销项税额 - 当期进项税额。如果当期进项税额大于当期销项税额，则余额在借方，表示多交或留待抵扣的增值税，没有抵扣完的进项税额可以留待以后月份继续抵扣；如果当期销项税额大于当期进项税额，则余额在贷方，表示尚未缴纳的增值税。

应交税费——应交增值税	
借方	贷方
本期增值税的进项税额和上交的本期增值税额	本期增值税的销项税额
余额（企业多交或留待抵扣的增值税额）	余额（企业尚未缴纳的增值税额）

图 3-21 "应交税费——应交增值税"账户的结构

（四）账务处理

在实际成本法下，一般通过"原材料"和"在途物资"等科目进行核算。对于可以抵扣的增值税进项税额，增值税一般纳税人企业应根据收到的增值税专用发票上注明的增值税额，借记"应交税费——应交增值税（进项税额）"科目。企业外购材料时，按材料是否验收入库分为以下两种情况：

1. 材料已验收入库

如果货款已经支付，发票账单已到，材料已验收入库，按支付的实际金额，借记"原材料""应交税费——应交增值税（进项税额）"等科目，贷记"银行存款""预付账款"等科目。

如果货款尚未支付，材料已经验收入库，按相关发票凭证上注明的应付的金额，借记"原材料""应交税费——应交增值税（进项税额）"等科目，贷记"应付账款""应付票据"等科目。

如果货款尚未支付，材料已经验收入库，但月末仍未收到相关发票凭证，则按照暂估价入账，即借记"原材料"科目，贷记"应付账款——暂估应付账款"等科目。下月初做相反分录予以冲回，收到相关发票账单后再编制如上会计分录。

2. 材料尚未验收入库

如果货款已经支付，发票账单已到，但材料尚未验收入库，则按支付的金额，借记"在途物资""应交税费——应交增值税（进项税额）"等科目，贷记"银行存款"等科目；待验收入库时再做后续处理。

📢 **学习提示**：月末货到单未到暂估入账，是为了做到账实相符，已收到材料表示仓库有实物，若不入账，则月末报出的资产负债表将没有此项存货，从而会造成账实不符。

【例题3-9】 2021年4月长财星公司（增值税一般纳税人）发生下列与原材料有关的经济业务：

1）22日，从长鑫公司购入甲材料一批，增值税专用发票记载货款为60 000元，增值税为7 800元，长鑫公司代垫运杂费200元。长财星公司已将全部款项用转账支票付讫，材料尚未入库。

2）24日，上述采购材料运达企业并验收入库。

3）28日，从红星公司购入的乙材料已收到，但供应单位发票账单未到，双方合同约定价格为18 000元。

要求：编制上述业务的会计分录。

【答案及解析】

1）借：在途物资——甲材料　　　　　　　　　　　　　　　　60 200
　　　　应交税费——应交增值税（进项税额）　　　　　　　　7 800
　　　　贷：银行存款　　　　　　　　　　　　　　　　　　　　68 000
2）借：原材料——甲材料　　　　　　　　　　　　　　　　　60 200
　　　　贷：在途物资——甲材料　　　　　　　　　　　　　　　60 200
3）借：原材料——乙材料　　　　　　　　　　　　　　　　　18 000
　　　　贷：应付账款——暂估应付账款　　　　　　　　　　　　18 000

❄ **本节学习导读分析**：制造企业中，供应过程是为产品生产做必要准备的过程，如购买材料、支付材料款和缴纳税费等。在供应过程中一些固定资产的购建等活动，也是必备的过程，这属于企业的对内投资活动。

第四节　生产过程中的业务

> **/学习导读/**
>
> 长财星公司采购了足够的布料和羽绒，生产设备和生产工人都已经就位，开始组织生产。料（布料、羽绒等）、工（工人薪资）、费（水电费、生产设备折旧等其他费用）三种生产资料结合，便生产出产成品——男士羽绒服，此过程叫生产过程。本节将为你解答企业生产过程中生产资料消耗的会计核算问题。

一、生产费用的构成

企业产品的生产过程同时也是生产资料的耗费过程。企业在生产过程中发生的各项生产费用，是企业为获得收入预先垫支并需要得到补偿的资金耗费。这些费用最终都要归集、分配给特定的产品，形成产品的成本。

产品成本的核算是指把一定时期内企业生产过程中所发生的费用，按其性质和发生地点分类归集、汇总、核算，计算出该时期内生产费用的发生总额，并按适当的方法分别计算出各种产品的实际成本和单位成本等。

生产费用是指与企业日常生产经营活动有关的费用，按其经济用途可分为直接材料、直接人工和制造费用。

1．直接材料

直接材料是指构成产品实体的原材料以及有助于产品形成的主要材料和辅助材料。

2．直接人工

直接人工是指直接从事产品生产的人员的薪酬。

3．制造费用

制造费用是指企业生产部门（车间）为生产产品和提供服务而发生的各项间接费用，包括水电费、折旧费、车间管理人员的工资、办公费、季节性停工损失等。

生产费用的构成如图 3-22 所示。

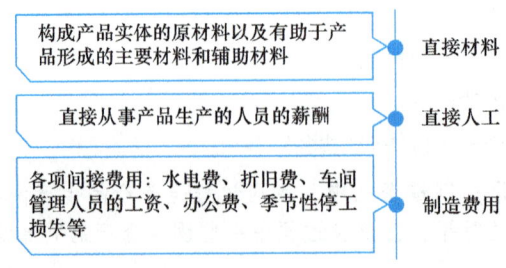

图 3-22　生产费用的构成

二、生产费用的归集和分配

（一）账户设置

企业通常设置以下账户对生产费用进行会计核算。

1．"生产成本"账户

（1）账户性质

"生产成本"账户属于成本类账户。

（2）账户用途

该账户用以核算企业生产各种产品（产成品、自制半成品等）、自制材料、自制工具、自制设备等发生的各项生产成本。

（3）账户结构

该账户借方登记应计入产品生产成本的各项费用，包括直接计入产品生产成本的直接材料、直接人工和其他直接支出以及期末按照一定的方法分配计入产品生产成本的制造费用，贷方登记完工入库产成品应结转的生产成本。期末余额在借方，反映企业期末尚未加工完成的各项在产品成本。"生产成本"账户的结构如图 3-23 所示。

借方	生产成本	贷方
期初余额 直接计入产品生产成本的直接材料、直接人工和其他直接支出，以及期末按照一定的方法分配计入生产成本的制造费用		完工入库产成品应结转的生产成本
余额（企业期末尚未加工完成的各项在产品成本）		

图 3-23 "生产成本"账户的结构

（4）明细账的设置

该账户可按基本生产成本和辅助生产成本进行明细分类核算。基本生产成本应当分别按照基本生产车间和成本核算对象（如产品的品种、类别、订单、批别、生产阶段等）设置明细账（或成本计算单），并按照规定的成本项目设置专栏。

📢 **学习提示**："生产成本"账户期末余额反映的是半成品，属于存货，期末在资产负债表的"存货"项目中列示。

2．"制造费用"账户

（1）账户性质

"制造费用"账户属于成本类账户。

（2）账户用途

该账户用以核算企业生产部门（车间）为生产产品和提供服务而发生的各项间接生产费用。

（3）账户结构

该账户借方登记实际发生的各项制造费用，贷方登记期末按照一定标准分配转入"生产成本"账户借方的，应计入产品成本的制造费用。期末结转后，该账户一般无余额。"制造费用"账户的结构如图3-24所示。

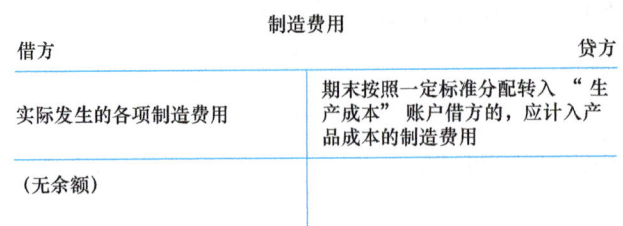

借方	贷方
实际发生的各项制造费用	期末按照一定标准分配转入"生产成本"账户借方的，应计入产品成本的制造费用
（无余额）	

图 3-24 "制造费用"账户的结构

（4）明细账的设置

该账户可按不同的生产车间、部门和费用项目进行明细核算。

学习提示："制造费用"账户期末一般无余额，但是季节性生产企业期末可能有余额，其反映的也是半成品，属于存货，期末在资产负债表的"存货"项目中列示。

3."库存商品"账户

（1）账户性质

"库存商品"账户属于资产类账户。

（2）账户用途

该账户用以核算企业库存的各种商品的实际成本，包括库存产成品、外购商品、存放在门市部准备出售的商品、发出展览的商品以及寄存在外的商品等。

（3）账户结构

该账户借方登记验收入库的库存商品成本，贷方登记发出的库存商品成本。期末余额在借方，反映企业期末各种库存商品的实际成本。"库存商品"账户的结构如图3-25所示。

借方	贷方
期初余额 已验收入库的库存商品成本	发出的库存商品成本
余额（企业期末各种库存商品的实际成本）	

图 3-25 "库存商品"账户的结构

（4）明细账的设置

该账户可按库存商品的种类、品种和规格等进行明细核算。

学习提示："库存商品"账户期末余额属于存货，期末在资产负债表的"存货"项目中列示。

4. "应付职工薪酬"账户

（1）账户性质

"应付职工薪酬"账户属于负债类账户。

（2）账户用途

该账户用以核算企业根据有关规定应付给职工的各种薪酬。

（3）账户结构

该账户借方登记本月实际支付的职工薪酬，贷方登记本月计提的应付职工薪酬，包括短期薪酬、离职后福利、辞退福利、其他长期职工福利。期末余额在贷方，反映企业应付未付的职工薪酬。"应付职工薪酬"账户的结构如图 3-26 所示。

应付职工薪酬

借方	贷方
本月实际支付的职工薪酬	期初余额 本月计提的应付职工薪酬
	余额（企业应付未付的职工薪酬）

图 3-26 "应付职工薪酬"账户的结构

> 学习提示：应付职工薪酬期末余额如果在借方，则表示工资提前发放、发多、超支或有预支工资的情况。

（4）明细账的设置

该账户可按"工资、奖金、津贴和补贴""职工福利费""非货币性福利""社会保险费""住房公积金""工会经费和职工教育经费""带薪缺勤""利润分享计划""设定提存计划""设定受益计划""辞退福利"等进行明细核算。

5. "累计折旧"账户

（1）账户性质

"累计折旧"属于资产类账户。

（2）账户用途

该账户核算企业固定资产的累计折旧。

（3）账户结构

该账户借方登记固定资产减少时应注销的已提取的折旧额，贷方登记每月计提的固定资产折旧，表示固定资产因耗损而减少的价值。期末余额在贷方，反映企业现有固定资产已提取的累计折旧额。"累计折旧"账户的结构如图 3-27 所示。

累计折旧

借方	贷方
登记固定资产减少时应注销的已提取的折旧额	登记每月计提的固定资产折旧
	余额（企业现有固定资产已提取的累计折旧额）

图 3-27 "累计折旧"账户的结构

（4）明细账设置

该账户只进行总分类核算，不进行明细分类核算。

（二）账务处理

1. 材料费用的归集与分配

在确定材料费用时，应根据**领料凭证**区分车间、部门和不同用途后，按照确定的结果将发出材料的成本借记"生产成本""制造费用""管理费用"等科目，贷记"原材料"等科目。

对于直接用于某种产品生产的材料费用，应直接计入该产品生产成本明细账中的直接材料费用项目；对于多种产品共同耗用、应由这些产品共同负担的材料费用，应选择适当的标准在这些产品之间进行分配，按分担的金额计入相应的成本计算对象（生产产品的品种、类别等）；对于为提供生产条件等间接消耗的各种材料费用，应先通过"制造费用"科目进行归集，期末再按照一定的标准分配计入有关产品的成本；对于行政管理部门领用的材料费用，应记入"管理费用"科目。

【例题 3-10】 2021 年 4 月，长财星公司本月耗用材料汇总如下：生产 A 产品耗用 66 000 元，生产 B 产品耗用 34 000 元，车间一般耗用 4 000 元，行政管理部门耗用 6 000 元，共计 110 000 元。

要求：编制实际成本法下原材料发出的会计分录。

【答案及解析】

借：生产成本——A 产品　　　　　　　　　　　　　　　66 000
　　　　　　——B 产品　　　　　　　　　　　　　　　34 000
　　制造费用　　　　　　　　　　　　　　　　　　　　4 000
　　管理费用　　　　　　　　　　　　　　　　　　　　6 000
　　贷：原材料　　　　　　　　　　　　　　　　　　　110 000

2. 职工薪酬的归集与分配

（1）职工薪酬的定义

职工薪酬是指企业为获得职工提供的服务或解除劳动关系而给予职工的各种形式的报酬或补偿，具体包括短期薪酬、离职后福利、辞退福利和其他长期职工福利。企业提供给职工配偶、子女、受赡养人、已故员工遗属及其他受益人等的福利，也属于职工薪酬。

（2）职工薪酬的归集与分配依据

职工薪酬的归集，必须有一定的**原始记录**作为依据，例如：计时工资，以考勤记录中的工作时间记录为依据；计件工资，以产量记录中的产品数量和质量为依据；计时工资和计件工资以外的各种奖金、津贴、补贴等，按照国家和企业的有关规定计算。

工资结算单是职工薪酬分配的凭据，直接进行产品生产的生产工人的职工薪酬直接计入产品成本中的"直接人工"成本项目；不能直接计入产品成本的职工薪酬，按工时、产品产量、产值比例等方式进行合理分配后，分别计入各有关产品成本的"直接人工"项目。

（3）职工薪酬的账务处理

1）应由生产产品、提供服务负担的短期职工薪酬，计入产品成本或劳务成本。其中，生产工人的短期职工薪酬应借记"生产成本"科目,贷记"应付职工薪酬"科目;生产车间管理人员的短期职工薪酬属于间接费用,应借记"制造费用"科目,贷记"应付职工薪酬"科目。

2)应由在建工程、无形资产负担的短期职工薪酬,计入建造固定资产或无形资产的成本。

3)除上述两种情况之外的其他短期职工薪酬应计入当期损益。如企业行政管理部门管理人员和专设销售机构销售人员的短期职工薪酬均属于期间费用,应分别借记"管理费用""销售费用"科目,贷记"应付职工薪酬"科目。

【例题3-11】 接例题3-10,2021年4月,长财星公司本月工资分配情况如下:A产品生产工人的工资为15 000元,B产品生产工人的工资为12 000元,车间管理人员工资为2 000元,共计29 000元。

要求:编制相关成本核算的会计分录。

【答案及解析】

借:生产成本——A产品　　　　　　　　　　　　　　　　15 000
　　　　　　——B产品　　　　　　　　　　　　　　　　12 000
　　制造费用　　　　　　　　　　　　　　　　　　　　　2 000
　　贷:应付职工薪酬——工资　　　　　　　　　　　　　　　　29 000

3. 制造费用的归集与分配

制造费用包括物料消耗、车间管理人员的薪酬、车间管理用房屋和设备的折旧费、车间的水电费、采暖费、设计制图费、试验检验费、差旅费、办公费等。企业发生的制造费用,应当按照合理的分配标准按月分配计入各成本核算对象的生产成本。企业可以采取的分配标准包括机器工时、人工工时、计划分配率等。

企业发生制造费用时,借记"制造费用"科目,贷记"累计折旧""银行存款""应付职工薪酬"等科目;结转或分摊时,借记"生产成本"等科目,贷记"制造费用"科目。

📢 **学习提示:**

$$制造费用分配率 = \frac{制造费用总额}{各产品分配标准之和}$$

某种产品应分配的制造费用 = 该种产品分配标准 × 制造费用分配率

4. 固定资产折旧

(1)固定资产折旧概述

企业应当在固定资产的使用寿命内,按照确定的方法对应计折旧额进行系统分摊。其中,应计折旧额是指应当计提折旧的固定资产的原值扣除其预计净残值后的金额。已计提减值准备的固定资产,还应当扣除已计提的固定资产减值准备的累计金额。

📢 **学习提示:**①固定资产的原值,即固定资产取得时的成本。②预计净残值是指假定固定资产的预计使用寿命已满并处于使用寿命终了时的预期状态,企业届时从该项资产的处置中获得的扣除预计处置费用后的金额。预计净残值率是指固定资产预计净残值额占其原值的比率。企业应当根据固定资产的性质和使用情况,合理确定固定资产的预计净残值。预计净残值一经确定,不得随意变更。③固定资产减值准备是指当固定资产的可收回金额低于其账面价值时,表明固定资产发生了减值,从而需要计提的减值准备。④预计使用寿命是指企业使用固定资产的预计时间。

固定资产的月折旧额与固定资产原值呈正向变化关系，与预计净残值、固定资产减值准备、固定资产的预计使用寿命呈反向变化关系。

（2）固定资产折旧范围

除满足以下情况的固定资产外，企业应当按月对所有的固定资产计提折旧：

① 已提足折旧仍继续使用的固定资产。

② 单独计价入账的土地。

企业实际计提固定资产折旧时，当月增加的固定资产，当月不计提折旧，从下月起计提折旧；当月减少的固定资产，当月仍计提折旧，从下月起不计提折旧；提前报废的固定资产，**不再**补提折旧；固定资产提足折旧后，不论是否继续使用，均不再计提折旧。

（3）固定资产的折旧方法

企业可选用的固定资产的折旧方法有年限平均法、工作量法、双倍余额递减法和年数总和法等。其中，**双倍余额递减法和年数总和法属于加速折旧法**。

1）年限平均法又称**直线法**，是指将固定资产的应计提折旧额均衡地分摊到固定资产预计使用寿命内的一种方法。各月应计提折旧额的计算公式如下：

$$年折旧率 = \frac{1-预计净残值率}{预计使用寿命（年）}$$

$$月折旧率 = \frac{年折旧率}{12}$$

$$折旧额 = 固定资产原值 \times 折旧率$$

【例题 3-12】 长财星公司 2020 年 12 月 31 日购进了一台大型货车用于运输，价值 2 000 000 元，预计行驶里程 40 000km，使用第三年行驶里程 8 000km。预计净残值率为 10%，预计使用寿命为 5 年。

要求：假设公司采用直线法计提折旧，计算第三年公司应计提的折旧额。

【答案及解析】

$$第三年公司应计提的折旧额 = \frac{2\,000\,000 \times (1-10\%)}{5} = 360\,000（元）。$$

2）工作量法是指根据实际工作量计算固定资产每期应计提折旧额的一种方法。基本计算公式如下：

$$单位工作量折旧额 = \frac{固定资产原值 \times (1-预计净残值率)}{预计总工作量}$$

$$某项固定资产折旧额 = 该项固定资产当期工作量 \times 单位工作量折旧额$$

【例题 3-13】 接例题 3-12，其他条件不变，假设公司采用工作量法计提折旧。要求：计算第三年应计提的折旧额。

【答案及解析】

$$第三年公司应计提的折旧额 = \frac{2\,000\,000 \times (1-10\%)}{40\,000} \times 8\,000 = 360\,000（元）。$$

3）双倍余额递减法是指在不考虑固定资产预计净残值的情况下，根据每期期初固定资产原值减去累计折旧后的余额和双倍的直线法折旧率计算固定资产折旧的一种方法。采用双倍余额递减法计提折旧，一般应在固定资产使用寿命到期前两年内，将固定资产账面净值扣除预计净残值后的余额平均摊销。基本计算公式如下：

$$年折旧率 = \frac{2}{预计使用寿命（年）} \times 100\%$$

$$年折旧额 = 每个折旧年度年初固定资产账面净值 \times 年折旧率$$

$$月折旧额 = \frac{年折旧额}{12}$$

【例题 3-14】 接例题 3-12，其他条件不变，假设公司采用双倍余额递减法计提折旧。

要求：计算每年公司应计提的折旧额。

【答案及解析】

第一年应计提的折旧额 = $\frac{2\,000\,000 \times 2}{5}$ = 800 000（元）。

第二年应计提的折旧额 = $\frac{(2\,000\,000 - 800\,000) \times 2}{5}$ = 480 000（元）。

第三年应计提的折旧额 = $\frac{(2\,000\,000 - 800\,000 - 480\,000) \times 2}{5}$ = 288 000（元）。

最后两年采用直线法计提折旧。

4）年数总和法又称年限合计法，是指将固定资产的原值减去预计净残值后的余额，乘以一个逐年递减的分数计算每年的折旧额。这个分数的分子代表固定资产尚可使用的年限，分母代表固定资产预计使用寿命逐年数字总和（即年数总和）。基本计算公式如下：

$$年折旧率 = \frac{预计使用寿命 - 已使用年限}{预计使用寿命 \times (预计使用寿命 + 1) \div 2} \times 100\%$$

或

$$年折旧率 = \frac{尚可使用年限}{预计使用寿命的年数总和} \times 100\%$$

$$年折旧额 = (固定资产原值 - 预计净残值) \times 年折旧率$$

【例题 3-15】 接例题 3-12，其他条件不变，假设公司采用年数总和法计提折旧。要求：计算第三年应计提的折旧额。

【答案及解析】

第三年应计提的折旧额 = $(2\,000\,000 - 2\,000\,000 \times 10\%) \times \frac{3}{15}$ = 360 000（元）。

【例题 3-16】 接例题 3-11，2021 年 4 月，长财星公司又发生了下列业务：

1）以银行存款支付本月电费 10 000 元，其中，生产 A 产品负担 4 000 元，生产 B 产品负担 3 000 元，车间照明用电 1 000 元，行政管理部门用电 2 000 元。

2）以银行存款支付本月水费 1 500 元，其中，生产车间负担 950 元，行政管理部门负担 550 元。

3）本月应计提固定资产折旧额 2 000 元，其中，生产车间固定资产折旧 1 500 元，行政管理部门固定资产折旧 500 元。

要求：根据上述业务编制相关会计分录。

【答案及解析】

1）借：生产成本——A 产品　　　　　　　　　　　　　　　　　　　　　4 000

——B 产品		3 000
制造费用——电费		1 000
管理费用——电费		2 000
贷：银行存款		10 000
2）借：制造费用——水费		950
管理费用——水费		550
贷：银行存款		1 500
3）借：制造费用——折旧费		1 500
管理费用——折旧费		500
贷：累计折旧		2 000

【例题 3-17】 接例题 3-10、例题 3-11、例题 3-16，2021 年 4 月，月末将本月发生的制造费用按生产工人工资比例分配计入 A、B 产品成本。

要求：根据生产工人工资比例计算分配计入 A、B 产品的制造费用，并编制相关会计分录。

【答案及解析】

按生产工人工资分配制造费用：

制造费用总额 =4 000+2 000+1 000+950+1 500=9 450（元）。

A 产品生产工人的工资：15 000 元。

B 产品生产工人的工资：12 000 元。

制造费用分配率 = $\dfrac{9\ 450}{15\ 000+12\ 000}$ =0.35。

A 产品分配转入的制造费用 =0.35×15 000=5 250（元）。

B 产品分配转入的制造费用 =0.35×12 000=4 200（元）。

借：生产成本——A 产品		5 250
——B 产品		4 200
贷：制造费用		9 450

5. 完工产品生产成本的计算与结转

产品生产成本计算是指将企业生产过程中为制造产品所发生的各种费用按照成本计算对象进行归集和分配，以便计算各种产品的总成本和单位成本。有关产品成本信息是进行库存商品计价和确定销售成本的依据。

企业应设置产品生产成本明细账，用来归集应计入各种产品的生产费用。通过对材料费用、职工薪酬和制造费用的归集和分配，企业应将各月生产产品所发生的生产费用记入"生产成本"科目中。

如果月末某种产品全部完工，则该种产品生产成本明细账所归集的费用总额就是该种完工产品的总成本，用完工产品总成本除以该种产品的完工总产量即可计算出该种产品的单位成本。

如果月末某种产品全部未完工，则该种产品生产成本明细账所归集的费用总额就是该种在产品的总成本。

如果月末某种产品一部分完工，一部分未完工，此时归集在产品成本明细账中的费用总额还需采取适当的分配方法在完工产品和在产品之间进行分配，然后才能计算出完工产品的总成本和单位成本。完工产品成本的基本计算公式为：

完工产品成本 = 期初在产品成本 + 本期发生的成本 − 期末在产品成本

当产品生产完成并验收入库时，借记"库存商品"科目，贷记"生产成本"科目。

例如，A产品期初生产成本5 000元，本期又投入10 000元用于生产，在产品成本共15 000元。本月完工了12 000元，从"生产成本"贷方转出，转入到"库存商品"借方，则"生产成本"减少12 000元，"库存商品"增加12 000元，期末A在产品成本还有3 000元。期初在库的完工A产品成本8 000元，本月销售A库存产品13 000元，期末结存A库存产品成本7 000元。A库存产品成本和A在产品期末成本合计10 000元，如图3-28所示。

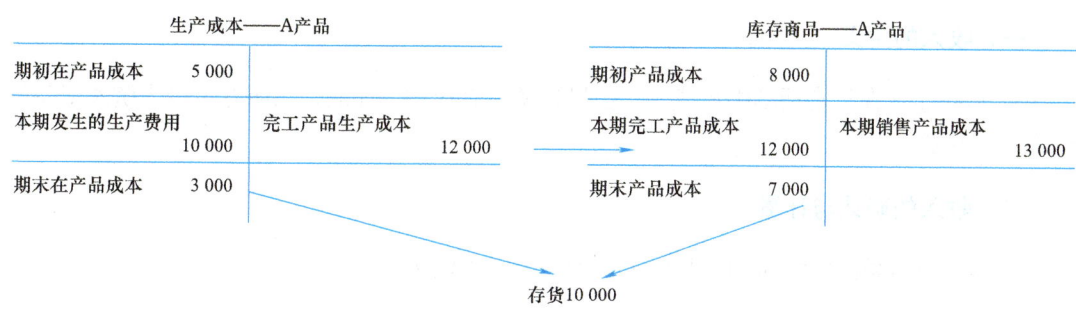

图3-28 结转完工产品成本示例

【例题3-18】 接例题3-10、例题3-11、例题3-16、例题3-17，月末假定本月投产的A、B产品全部完工，结转完工产品的实际成本。

要求：根据业务编制相关的会计分录。

【答案及解析】

A产品的生产成本 = 66 000+15 000+4 000+5 250 = 90 250（元）。

B产品的生产成本 = 34 000+12 000+3 000+4 200 = 53 200（元）。

借：库存商品——A产品　　　　　　　　　　　　　　　　　　90 250
　　　　　　——B产品　　　　　　　　　　　　　　　　　　53 200
　　贷：生产成本——A产品　　　　　　　　　　　　　　　　90 250
　　　　　　——B产品　　　　　　　　　　　　　　　　　　53 200

❄ **本节学习导读分析**：产品的生产过程也是生产资料的消耗过程，主要通过材料费用、人工费用、制造费用的归集和分配、完工产品生产成本的计算与结转来核算产品成本。

第五节　销售过程中的业务

/学习导读/

长财星公司销售生产男士羽绒服，这是它的主营业务；把多余的羽绒和布料进行销售，这是它的日常业务，也叫其他业务；把闲置的设备出租给别的单位使用，这也是它的其他业务。偶尔，长财星公司也会把旧的生产设备变卖掉，这是它的非日常业务。本节将为你解答企业销售过程中的主营业务、其他业务和期间费用的会计核算问题。

销售过程是企业生产经营过程的最后一个阶段。在此阶段企业会及时回笼资金并产生销售费用，需要按规定计算并缴纳税费。

《企业会计准则第 14 号——收入》已于 2017 年 7 月由财政部修订发布，在境内外同时上市的企业以及在境外上市并采用国际财务报告准则或企业会计准则编制财务报表的企业自 2018 年 1 月 1 日起施行；其他境内上市企业自 2020 年 1 月 1 日起施行；执行企业会计准则的非上市企业自 2021 年 1 月 1 日起施行。

一、主营业务收支的核算

（一）收入的定义

收入是指企业在日常活动中形成的、会导致所有者权益增加的、与所有者投入资本无关的经济利益的总流入。

（二）收入的确认与计量

根据收入准则总结出的确认收入的五步法模型如图 3-29 所示。

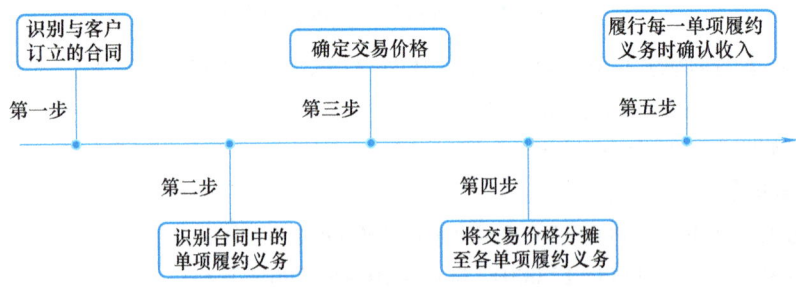

图 3-29　收入准则确认收入的五步法模型

1. 识别与客户订立的合同

（1）收入确认的原则

企业应当在履行了合同中的履约义务，即在客户取得相关商品或服务的控制权时确认收入。其中，取得相关商品的控制权，是指客户能够主导该商品的使用并从中获得几乎全部的经济利益。

（2）收入确认的前提条件

当企业与客户之间的合同同时满足下列条件时，即表示合同存在，企业应当在客户取得相关商品或服务的控制权时确认收入，如图 3-30 所示。

在合同开始日（通常为合同生效日）即满足图中条件的合同，企业在后续期间无须对其进行重新评估，除非有迹象表明相关事实和情况发生重大变化。

在合同开始日不满足图中条件的合同，企业应当对其进行持续评估，并在其满足图中条件时进行会计处理。对于不满足图中条件的合同，企业只有在不再负有向客户转让商品的剩余义务且已向客户收取的对价无须退回时，才能将已收取的对价确认为收入，否则，应将已收取的对价作为负债进行会计处理。

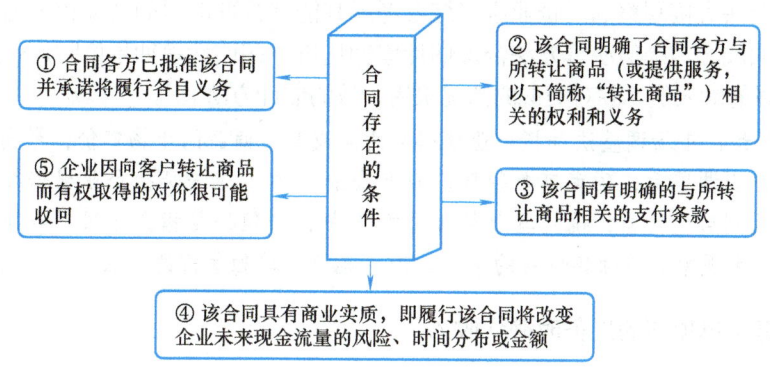

图 3-30　合同存在的条件

2. 识别合同中的单项履约义务

履约义务是指合同中企业向客户转让可明确区分商品的承诺。履约义务既包括合同中明确的承诺，也包括由于企业已公开宣布的政策、特定声明或以往的习惯做法等导致合同订立时客户合理预期企业将履行的承诺。合同开始日，企业应当对合同进行评估，识别该合同所包含的各单项履约义务。

3. 确定交易价格

交易价格是指企业因向客户转让商品而**预期有权收取的对价金额**。企业应当按照分摊至各单项履约义务的**交易价格**计量收入。

企业代第三方收取的款项以及企业预期将退还给客户的款项，应当作为负债进行会计处理，不计入交易价格，如图 3-31 所示。

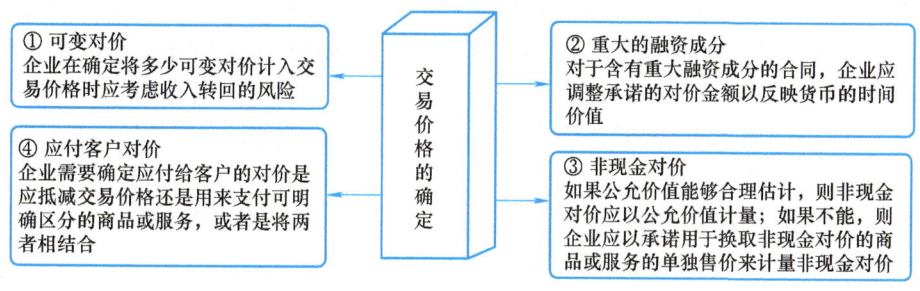

图 3-31　交易价格的确定

4. 将交易价格分摊至各单项履约义务

（1）基本原则

在合同中包含两项或多项履约义务的，企业应当在合同开始日，按照各单项履约义务所承诺商品的单独售价的相对比例分摊交易价格。

（2）单独售价

企业在类似环境下向类似客户单独销售商品的价格，应作为确定该商品**单独售价**的最佳证据。单独售价无法直接观察的,企业应当综合考虑其能够合理取得的全部相关信息,采用市场调整法、成本加成法、余值法等方法合理估计单独售价。在估计单独售价时,企业应当最大限度地采用可观察的输入值,并对类似的情况采用一致的估计方法。

> **学习提示**:市场调整法是指企业根据某商品或类似商品的市场售价,考虑本企业的成本和毛利等进行适当调整后,确定其单独售价的方法;成本加成法是指企业根据某商品的预计成本加上其合理毛利后的价格,确定其单独售价的方法;余值法是指企业根据合同交易价格减去合同中其他商品可观察的单独售价后的余值,确定某商品单独售价的方法。

5. 履行每一单项履约义务时确认收入

企业应当根据实际情况判断履约义务是属于某一时段内履行的履约义务还是属于某一时点履行的履约义务。

(1) 某一时段内履行的履约义务

1) 某一时段内履行的履约义务的确认条件。满足下列条件之一的,属于在某一时段内履行的履约义务,否则为在某一时点履行的履约义务:

① 客户在企业履约的同时即取得并消耗企业履约所带来的经济利益,如**常规性或经常性**的服务。

② 客户能够控制企业履约过程中在建的商品,如在**客户场地上建造的资产**等。

③ 企业履约过程中所产出的商品具有不可替代用途,且该企业在整个合同期间内有权就累计至今已完成的履约部分收取款项,如按客户要求建造的资产、只能由客户使用的专项资产等。

> **学习提示**:具有不可替代用途是指因合同限制或实际可行性限制,企业不能轻易地将商品用于其他用途。

2) 某一时段内履行的履约义务的收入确认方法。企业应当考虑商品的性质,采用产出法或投入法确定恰当的履约进度。

① 产出法是指根据已转移给客户的商品对于客户的价值确定履约进度,主要包括实际测量的完工进度、对已实现的结果进行评估、根据已达到的里程碑、时间进度、已完工或交付的产品等确定履约进度的方法。

② 投入法是指根据企业为履行履约义务的投入确定履约进度,主要包括投入材料的数量、人工工时、机器工时等。

当履约进度不能合理确定时,企业已经发生的成本预计能够得到补偿的,应当按照已经发生的成本金额确认收入,直到能够合理确定履约进度为止。

(2) 某一时点履行的履约义务

对于在某一时点履行的履约义务,企业应当在客户取得相关商品或服务的控制权时点确认收入。其中,在判断客户是否已取得相关商品控制权时,企业应当考虑下列迹象:

① 企业就该商品享有**现时收款权利**,即客户就该商品负有现时付款义务。

② 企业已将该商品的法定**所有权转移**给客户,即客户已拥有该商品的法定所有权。

③ 企业已将该商品**实物转移**给客户,即客户已占有该商品实物。

④ 企业已将该商品所有权上的**主要风险和报酬转移**给客户,即客户已取得该商品所有权上的主要风险和报酬。

⑤ 客户**已接受**该商品。

⑥ 其他表明客户已取得商品控制权的迹象。

6. 合同成本

（1）合同履约成本

企业为履行合同发生的成本，不属于其他企业会计准则规范范围且同时满足下列条件的，应当作为合同履约成本确认为一项资产：

1）该成本与一份当前或预期取得的合同直接相关，包括直接人工、直接材料、制造费用（或类似费用）、明确由客户承担的成本以及仅因该合同而发生的其他成本。

2）该成本增加了企业未来用于履行履约义务的资源。

3）该成本预期能够收回。

（2）合同取得成本

企业为取得合同发生的增量成本，预期能够收回的，应当作为合同取得成本确认为一项资产。但是，该资产摊销期限不超过一年的，可以在**发生时**计入当期损益。

企业为取得合同发生的、除预期能够收回的增量成本之外的其他支出（如无论是否取得合同均会发生的**差旅费**等），应当在发生时计入**当期损益**。但是，明确由客户承担的除外。

（3）摊销和减值

对于确认为资产的合同履约成本和合同取得成本，应当采用与该资产相关的商品收入确认相同的基础进行摊销，计入当期损益。

合同履约成本和合同取得成本的账面价值高于下列两项的差额的，超出部分应当计提减值准备，并确认为资产减值损失：

1）企业通过转让与该资产相关的商品预期能够取得的剩余对价。

2）为转让该相关商品估计将要发生的成本。

（三）账户设置

企业通常设置以下账户对销售业务进行会计核算：

1."主营业务收入"账户

（1）账户性质

"主营业务收入"账户属于损益类账户。

（2）账户用途

该账户用以核算企业确认的销售商品、提供服务等主营业务的收入。

（3）账户结构

该账户贷方登记企业实现的主营业务收入，即主营业务收入的增加额，借方登记期末转入"本年利润"账户的主营业务收入（按净额结转），以及发生销售退回或销售折让时应冲减的本期的主营业务收入。期末结转后，该账户无余额。"主营业务收入"账户的结构如图3-32所示。

（4）明细账的设置

该账户应按照主营业务的种类设置明细账，进行明细分类核算。

> 📢 **学习提示**：主营业务和其他业务的划分并不是绝对的，一个企业的主营业务可能是另一个企业的其他业务，即便在同一个企业，不同时期的主营业务和其他业务的内容也并不是固定不变的。

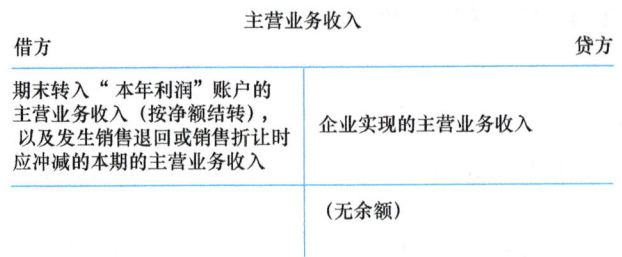

图 3-32 "主营业务收入"账户的结构

2. "应收账款"账户

（1）账户性质

"应收账款"账户属于资产类账户。

（2）账户用途

该账户用以核算企业因销售商品、提供服务等经营活动而产生的应收取的款项。

（3）账户结构

该账户借方登记销售商品以及提供服务等发生的应收账款，包括应收取的价款、税款和代垫款等，贷方登记已经收回的应收账款。期末余额通常在借方，反映企业尚未收回的应收账款；若期末余额在贷方，则反映企业预收的账款。"应收账款"账户的结构如图 3-33 所示。

应收账款	
借方	贷方
期初余额（借或贷） 销售商品以及提供服务等发生的应收账款，包括应收取的价款、税款和代垫款等	已收回的应收账款
余额（企业尚未收回的应收账款）	余额（企业预收的账款）

图 3-33 "应收账款"账户的结构

（4）明细账的设置

该账户应按不同的债务人进行明细分类核算。

3. "应收票据"账户

（1）账户性质

"应收票据"账户属于资产类账户。

（2）账户用途

该账户用以核算企业因销售商品、提供服务等经营活动而收到的商业汇票。

（3）账户结构

该账户借方登记企业收到的应收票据，贷方登记到期收回相应款项的应收票据。期末余额在借方，反映企业持有的商业汇票的票面金额。"应收票据"账户的结构如图 3-34 所示。

应收票据	
借方	贷方
期初余额 企业收到的应收票据	到期收回相应款项的应收票据
余额（企业持有的商业汇票的票面金额）	

图 3-34 "应收票据"账户的结构

（4）明细账的设置

该账户可按开出或承兑商业汇票的单位进行明细核算。

4. "预收账款"账户

（1）账户性质

"预收账款"账户属于负债类账户。

（2）账户用途

该账户用以核算企业按照合同规定预收的款项。预收账款情况不多的，也可以不设置本账户，而将预收的款项直接记入"应收账款"账户的贷方。

（3）账户结构

该账户贷方登记企业向购货单位预收的款项等，借方登记销售实现时按实现的收入转销的预收款项等。期末余额在贷方，反映企业预收的款项；期末余额在借方，反映企业已转销但尚未收取的款项。"预收账款"账户的结构如图 3-35 所示。

预收账款	
借方	贷方
期初余额（借或贷） 按实现的收入转销的预收款项等	向购货单位预收的款项等
余额（企业已转销但尚未收取的款项）	余额（企业预收的款项）

图 3-35 "预收账款"账户的结构

（4）明细账的设置

该账户可按购货单位进行明细核算。

5. "主营业务成本"账户

（1）账户性质

"主营业务成本"账户属于损益类账户。

（2）账户用途

该账户用以核算企业确认销售商品、提供服务等主营业务收入时应结转的相关成本。

（3）账户结构

该账户借方登记主营业务发生的实际成本，贷方登记期末转入"本年利润"账户的主营业务成本以及发生销售退回冲减的当期主营业务成本。期末结转后，该账户无余额。"主营业务成本"账户的结构如图 3-36 所示。

主营业务成本	
借方	贷方
主营业务发生的实际成本	期末转入"本年利润"账户的主营业务成本以及发生销售退回冲减的当期主营业务成本
（无余额）	

图 3-36 "主营业务成本"账户的结构

（4）明细账的设置

该账户可按主营业务的种类设置明细账户，进行明细分类核算。

6．"税金及附加"账户

（1）账户性质

"税金及附加"账户属于损益类账户。

（2）账户用途

该账户用以核算企业经营活动发生的消费税、城市维护建设税、资源税、教育费附加、房产税、车船税、城镇土地使用税、印花税等相关税费。

（3）账户结构

该账户借方登记企业应按规定计算确定的与经营活动相关的税费，贷方登记期末转入"本年利润"账户的与经营活动相关的税费。期末结转后，该账户无余额。"税金及附加"账户的结构如图 3-37 所示。

税金及附加	
借方	贷方
按规定计算确定的与经营活动相关的税费	期末转入本年利润账户的与经营活动相关的税费
（无余额）	

图 3-37 "税金及附加"账户的结构

7．"合同取得成本"账户

（1）账户性质

"合同取得成本"属于资产类账户。

（2）账户用途

该账户核算企业为取得合同发生的、预计能够收回的增量成本。

（3）账户结构

该账户借方登记发生的合同取得成本，贷方登记摊销的合同取得成本。期末余额在借方，反映企业尚未结转的合同取得成本。"合同取得成本"账户的结构如图 3-38 所示。

（4）明细账的设置

该账户按照合同进行明细核算。

第三章 制造业企业主要经济业务的核算

合同取得成本	
借方	贷方
期初余额 发生的合同取得成本	摊销的合同取得成本
余额（企业尚未结转的合同取得成本）	

图 3-38 "合同取得成本"账户的结构

8. "合同履约成本"账户

（1）账户性质

"合同履约成本"属于资产类账户。

（2）账户用途

该账户核算企业为履行当前或预期取得的合同所发生的，不属于其他企业会计准则规范范围且按照收入准则应当确认为一项资产的成本。

（3）账户结构

该账户借方登记发生的合同履约成本，贷方登记摊销的合同取得成本。期末余额在借方，反映企业尚未结转的合同履约成本。"合同履约成本"账户的结构如图3-39所示。

合同履约成本	
借方	贷方
期初余额 发生的合同履约成本	摊销的合同履约成本
余额（企业尚未结转的合同履约成本）	

图 3-39 "合同履约成本"账户的结构

（4）明细账的设置

该账户按照合同分别设置"服务工程""工程施工"等账户进行明细核算。

> 📣 **学习提示**：在新收入准则下关于特殊交易的会计处理还会涉及"应收退货成本""预计负债——应付退货款""合同资产""合同负债"等账户，考虑到内容的难度，本书将不对它们做介绍，接下来的账务处理内容，仅介绍一般情况下销售业务的简单账务处理。

（四）账务处理

1. 一般销售商品或提供服务业务收入的账务处理

销售商品或提供服务实现的收入，应按实际收到、应收或者预收的金额，借记"银行存款""应收账款""应收票据""预收账款"等科目，按确认的营业收入，贷记"主营业务收入"科目。

对于增值税销项税额，一般纳税人应贷记"应交税费——应交增值税（销项税额）"科目，小规模纳税人应贷记"应交税费——应交增值税"科目。

期末，企业应根据本期销售各种商品、提供各种服务等实际成本，计算应结转的主营业务成本，借记"主营业务成本"科目，贷记"库存商品"等科目。

【例题 3-19】 长财星公司为增值税一般纳税人，于 2021 年 4 月 30 日销售一批商品，增值税专用发票上注明的售价为 100 000 元，增值税为 13 000 元，款项尚未收到，但已符合收入的确认条件，因此确认收入。该批商品成本为 70 000 元，不考虑其他因素。

要求：编制与以上业务相关的会计分录。

【答案及解析】

借：应收账款　　　　　　　　　　　　　　　　　　　　　　113 000
　　贷：主营业务收入　　　　　　　　　　　　　　　　　　　100 000
　　　　应交税费——应交增值税（销项税额）　　　　　　　　 13 000
借：主营业务成本　　　　　　　　　　　　　　　　　　　　 70 000
　　贷：库存商品　　　　　　　　　　　　　　　　　　　　　 70 000

2. 已经发出商品但不能确认收入的账务处理

企业按合同发出商品，合同约定客户只有在将商品售出取得价款后才支付货款。企业向客户转让商品的对价未达到"很可能收回"这一收入确认条件。在发出商品时，企业不应确认收入，而应将发出商品的成本借记"发出商品"科目，贷记"库存商品"科目。

如已发出的商品被客户退回，应编制相反的会计分录。

当收到货款或取得收取货款的权利时，企业确认收入，借记"银行存款"或"应收账款"科目，贷记"主营业务收入"科目，同时贷记"应交税费——应交增值税（销项税额）"科目，并结转已转销商品成本，借记"主营业务成本"科目，贷记"发出商品"科目。

3. 税金及附加的账务处理

期末，企业应将按规定计算确定的与经营活动相关的税费，借记"税金及附加"科目，贷记"应交税费"科目。

【例题 3-20】 下列不属于利润表中"税金及附加"项目反映的税金的是（　　）。

A．城市维护建设税　　　B．消费税　　　C．资源税　　　D．增值税

【答案】 D

【解析】 消费税、城市维护建设税、资源税、教育费附加等税费通过利润表中"税金及附加"项目反映，而增值税不通过"税金及附加"项目反映。

二、其他业务收支的核算

（一）其他业务收支的概念

1. 其他业务收入

企业在日常活动中除了主营产品的销售，还可能销售不需要的原材料、随同商品对外销售单独计价的包装物等，从中产生的收入就是其他业务收入。其他业务收入确认和计量的原则比照一般商品销售。

2. 其他业务支出

其他业务支出是指企业确认的除主营业务活动以外的其他**日常经营活动**所发生的支出。

（二）其他业务收入的确认和计量原则

企业销售原材料、包装物等存货也视同销售商品，其收入确认和计量的原则比照一般商品销售。

（三）账户设置

1."其他业务收入"账户

（1）账户性质

"其他业务收入"账户属于损益类账户。

（2）账户用途

该账户用以核算企业确认的除主营业务活动以外的其他经营活动实现的收入，包括出租固定资产、出租无形资产、出租包装物和商品、销售材料等实现的收入。

（3）账户结构

该账户贷方登记企业实现的其他业务收入，即其他业务收入的增加额，借方登记期末转入"本年利润"账户的其他业务收入以及销售退回等冲减的其他业务收入。期末结转后，该账户无余额。"其他业务收入"账户的结构如图 3-40 所示。

借方	其他业务收入	贷方
期末转入"本年利润"账户的其他业务收入以及销售退回等冲减的其他业务收入		企业实现的其他业务收入，即其他业务收入的增加额
		（无余额）

图 3-40 "其他业务收入"账户的结构

（4）明细账的设置

该账户可按其他业务的种类设置明细账，进行明细分类核算。

2."其他业务成本"账户

（1）账户性质

"其他业务成本"账户属于损益类账户。

（2）账户用途

该账户用以核算企业确认的除主营业务活动以外的其他经营活动所发生的成本，包括销售材料的成本、出租固定资产的折旧额、出租无形资产的摊销额、出租包装物的成本或摊销额等。

（3）账户结构

该账户借方登记企业发生的其他业务的成本，贷方登记期末转入"本年利润"账户的其他业务成本以及销售退回冲减的其他业务成本。期末结转后，该账户无余额。"其他业务成本"账户的结构如图 3-41 所示。

其他业务成本

借方	贷方
企业发生的其他业务的成本	期末转入"本年利润"账户的其他业务成本以及销售退回冲减的其他业务成本
（无余额）	

图 3-41 "其他业务成本"账户的结构

（4）明细账的设置

该账户可按其他业务的种类设置明细账，进行明细分类核算。

（四）账务处理

1．其他业务收入的账务处理

当企业发生其他业务收入时，按已收取或应收的款项借记"银行存款""应收账款""应收票据"等科目，按确定的收入金额，贷记"其他业务收入"科目，同时确认有关税金。

在确认销售商品收入的金额时，应注意下列因素：

（1）现金折扣

现金折扣是指企业为尽快回收资金，对客户提前付款的行为给予的一种优惠。在确定销售商品收入时不考虑预计可能发生的现金折扣，现金折扣实际发生时将其计入**财务费用**。

【例题 3-21】 长财星公司销售 100 万元的商品，合同约定 30 天内收款，为了鼓励客户提前付款而设置了现金折扣条件（2/10，1/20，$n/30$），即若客户 10 天内付款，则可以享受 2% 的折扣，只需付款 98 万元，折扣的 2 万元作为长财星公司的财务费用；若客户 20 天内付款，则只需付款 99 万元，折扣的 1 万元作为长财星公司的财务费用；超过 20 天付款没有折扣，要支付全款。

（2）销售折让

销售折让是指企业因销售商品质量不合格等原因而在售价上给予的减让。已经确认销售收入，且不属于资产负债表日后事项的销售折让应在实际发生时**冲减当期收入**。

【例题 3-22】 长财星公司销售商品 100 万元给客户，客户发现商品有瑕疵，于是企业同意给予价格折让 5 万元，此时企业只收客户 95 万元，也只按照 95 万元确认收入。

（3）商业折扣

商业折扣是指企业根据市场供需情况，或针对不同的顾客，在商品标价上给予的扣除。因此，销售商品收入的金额应是**扣除商业折扣后**的金额。

【例题 3-23】 长财星公司为了促销而打折，平时卖 10 元/件的商品促销只卖 8 元/件，此时，应按照 8 元/件确认收入。

2．其他业务成本的账务处理

在结转其他业务收入的同一会计期间，企业应根据本期需要结转的其他业务成本金额，借记"其他业务成本"科目，贷记"原材料""累计折旧""应付职工薪酬"等科目。

【例题 3-24】　　长财星公司为增值税一般纳税人，于 2021 年 4 月 30 日销售闲置材料一批，价款为 50 000 元，适用的增值税税率为 13%，相关销售价款通过银行存款结算，该批材料成本为 30 000 元。不考虑其他因素。

要求：编制与以上业务相关的会计分录。

【答案及解析】

借：银行存款　　　　　　　　　　　　　　　　　　　　　　　　56 500
　　贷：其他业务收入　　　　　　　　　　　　　　　　　　　　50 000
　　　　应交税费——应交增值税（销项税额）（50 000×13%）　　 6 500
借：其他业务成本　　　　　　　　　　　　　　　　　　　　　　30 000
　　贷：原材料　　　　　　　　　　　　　　　　　　　　　　　30 000

三、期间费用的核算

（一）期间费用概述

期间费用是指企业**日常活动**中发生的不能计入特定核算对象，而应计入发生当期损益的费用。期间费用包括管理费用、销售费用和财务费用。

1. 管理费用

管理费用是指企业为组织和管理生产经营活动而发生的各种费用，包括企业在**筹建期间**内发生的开办费、董事会和行政管理部门在企业的经营管理中发生的以及应由企业统一负担的公司经费（包括行政管理部门职工薪酬、物料消耗、低值易耗品摊销、办公费和差旅费等）、董事会费（包括董事会成员津贴、会议费和差旅费等）、聘请中介机构费、咨询费（含顾问费）、诉讼费、业务招待费、技术转让费、排污费，以及企业生产部门（车间）和行政管理部门发生的固定资产修理费用等后续支出。

2. 销售费用

销售费用是指企业在销售商品和材料、提供服务的过程中发生的各种费用，包括保险费、包装费、展览费和广告费、商品维修费、预计产品质量保证损失、运输费、装卸费等，以及为销售本企业商品而专设的销售机构（含销售网点、售后服务网点等）的职工薪酬、业务费、折旧费等，企业发生的与**专设销售机构**相关的固定资产修理费用等后续支出也属于销售费用。

3. 财务费用

财务费用是指企业为筹集生产经营所需资金等而发生的**筹资**费用，包括利息支出（减利息收入）、汇兑损益以及相关的手续费、企业发生或收到的现金折扣等。

（二）账户设置

企业通常设置以下账户对期间费用业务进行会计核算。

1."管理费用"账户

(1)账户性质

"管理费用"账户属于损益类账户。

(2)账户用途

该账户用以核算企业为组织和管理生产经营活动而发生的各种费用。

(3)账户结构

该账户借方登记企业发生的各项管理费用,贷方登记期末转入"本年利润"账户的管理费用。期末结转后,该账户无余额。"管理费用"账户的结构如图 3-42 所示。

管理费用	
借方	贷方
企业发生的各项管理费用	期末转入"本年利润"账户的管理费用
(无余额)	

图 3-42 "管理费用"账户的结构

(4)明细账的设置

该账户可按费用项目设置明细账,进行明细分类核算。

2."销售费用"账户

(1)账户性质

"销售费用"账户属于损益类账户。

(2)账户用途

该账户用以核算企业发生的各项销售费用。

(3)账户结构

该账户借方登记企业发生的各项销售费用,贷方登记期末转入"本年利润"账户的销售费用。期末结转后,该账户无余额。"销售费用"账户的结构如图 3-43 所示。

销售费用	
借方	贷方
企业发生的各项销售费用	期末转入"本年利润"账户的销售费用
(无余额)	

图 3-43 "销售费用"账户的结构

(4)明细账的设置

该账户可按费用项目设置明细账,进行明细分类核算。

3.财务费用

"财务费用"账户已经在"负债筹资业务"中介绍,此处不再赘述。

（三）账务处理

1. 管理费用的账务处理

企业在筹建期间内发生的开办费，包括人员工资、办公费、培训费、差旅费、印刷费、注册登记费以及不计入固定资产成本的借款费用等，应在实际发生时，借记"管理费用"科目，贷记"应付利息""银行存款"等科目。

行政管理部门人员的职工薪酬，借记"管理费用"科目，贷记"应付职工薪酬"科目。

行政管理部门计提的固定资产折旧，借记"管理费用"科目，贷记"累计折旧"科目。

行政管理部门发生的办公费、水电费、业务招待费、聘请中介机构费、咨询费、诉讼费、技术转让费等，借记"管理费用"科目，贷记"银行存款"等科目。

【例题3-25】 2021年4月，长财星公司用银行存款支付本月应负担的业务招待费2 000元。

要求：编制相关会计分录。

【答案及解析】

借：管理费用　　　　　　　　　　　　　　　　　　　　　　　　　　　　2 000
　　贷：银行存款　　　　　　　　　　　　　　　　　　　　　　　　　　2 000

2. 销售费用的账务处理

企业在销售商品过程中发生的包装费、保险费、展览费和广告费、运输费、装卸费等费用，借记"销售费用"科目，贷记"库存现金""银行存款"等科目。

企业发生的为销售本企业商品而专设的销售机构的职工薪酬、业务费、折旧费等费用，借记"销售费用"科目，贷记"应付职工薪酬""银行存款""累计折旧"等科目。

【例题3-26】 2021年4月，长财星公司开出转账支票支付当月广告费5 000元。

要求：编制相关会计分录。

【答案及解析】

借：销售费用　　　　　　　　　　　　　　　　　　　　　　　　　　　　5 000
　　贷：银行存款　　　　　　　　　　　　　　　　　　　　　　　　　　5 000

3. 财务费用的账务处理

企业发生的财务费用，借记"财务费用"科目，贷记"银行存款""应付利息"等科目。发生的应冲减财务费用的利息收入、汇兑损益、现金折扣，借记"银行存款""应付账款"等科目，贷记"财务费用"科目，其中，发生的利息收入也可以按相反分录红字冲回。

【例题3-27】 2021年4月，长财星公司计提当月应负担的短期借款利息800元。

要求：编制相关会计分录。

【答案及解析】

借：财务费用　　　　　　　　　　　　　　　　　　　　　　　　　　　　800
　　贷：应付利息　　　　　　　　　　　　　　　　　　　　　　　　　　800

✳ **本节学习导读分析**：销售过程是企业生产经营过程的最后一个阶段，这一阶段主要是确认主营业务收入、其他业务收入，并结转主营业务成本、其他业务成本，同时结转商品销售过程中发生的各种期间费用（管理费用、销售费用和财务费用），并按照税法的规定计算缴纳各种税费。

第六节　利润的形成与分配过程中的业务

> **/学习导读/**
>
> 企业经历了一段时间的经营过程，发生了成本，取得了收入，获得最终的经营成果——利润。在会计核算中，利润不可被简单视为企业"全部所得减去全部支出"而赚到的钱。"利润概念如何被细分""利润怎么计算""利润分配的方式以及会计处理"等，都是本节将要学习的内容。

一、利润形成业务的核算

（一）利润的构成

利润是指企业在一定会计期间的经营成果，包括收入减去费用后的**净额**、**直接**计入当期利润的利得和损失等。利润由**营业利润**、**利润总额**和**净利润**三个层次构成。

1．营业利润

营业利润的计算公式如下：

营业利润 = 营业收入 - 营业成本 - 税金及附加 - 销售费用 - 管理费用 - 财务费用 - 研发费用 + 净敞口套期收益（- 净敞口套期损失）- 资产减值损失 + 公允价值变动收益（- 公允价值变动损失）+ 投资收益（- 投资损失）+ 其他收益（- 其他损失）- 信用减值损失 + 资产处置收益（- 资产处置损失）

其中：

营业收入 = 主营业务收入 + 其他业务收入

营业成本 = 主营业务成本 + 其他业务成本

2．利润总额

利润总额又称税前利润，是指营业利润加上营业外收入减去营业外支出后的金额。其计算公式如下：

利润总额 = 营业利润 + 营业外收入 - 营业外支出

其中：营业外收入是指企业确认的与其日常活动无直接关系的各项利得；营业外支出是指企业发生的与其日常活动无直接关系的各项损失。

3．净利润

净利润又称**税后利润**，是利润总额扣除所得税费用后的净额。其计算公式如下：

净利润 = 利润总额 - 所得税费用

【例题 3-28】　长财星公司 2021 年 4 月份有关的损益类项目资料如下：主营业务收入为 1 630 000 元，其他业务收入为 70 000 元，主营业务成本为 970 000 元，其他业务成本为

30 000元，税金及附加为20 000元，管理费用为70 000元，财务费用为34 000元，资产减值损失为5 000元，营业外收入为50 000元，公允价值变动收益为40 000元，投资收益为15 000元，销售费用为40 000元，营业外支出为20 000元，企业适用所得税税率为25%（不考虑纳税调整）。

要求：根据以上资料，回答第1）～5）题。

1) 长财星公司4月份的营业收入为（   ）元。
   A. 1 700 000   B. 540 000   C. 580 000   D. 1 490 000

【答案】 A

【解析】 营业收入=主营业务收入+其他业务收入=1 630 000+70 000=1 700 000（元）。

2) 长财星公司4月份的期间费用总额为（   ）元。
   A. 160 000   B. 144 000   C. 122 000   D. 180 000

【答案】 B

【解析】 期间费用=销售费用+管理费用+财务费用=40 000+70 000+34 000=144 000（元）。

3) 长财星公司4月份的营业利润为（   ）元。
   A. 493 000   B. 586 000   C. 356 750   D. 571 000

【答案】 B

【解析】 营业利润=营业收入-营业成本-税金及附加-销售费用-管理费用-财务费用-资产减值损失+公允价值变动收益+投资收益=(1 630 000+70 000)-(970 000+30 000)-20 000-40 000-70 000-34 000-5 000+40 000+15 000=586 000（元）。

4) 长财星公司4月份的利润总额为（   ）元。
   A. 616 000   B. 586 000   C. 356 750   D. 601 000

【答案】 A

【解析】 利润总额=营业利润+营业外收入-营业外支出=586 000+50 000-20 000=616 000（元）。

5) 长财星公司4月份的净利润为（   ）元。
   A. 493 000   B. 400 000   C. 462 000   D. 450 750

【答案】 C

【解析】 净利润=利润总额-所得税费用=616 000-616 000×25%=462 000（元）。

📢 **学习提示**：应交所得税是指企业按照企业所得税法的规定计算确定的，针对当期发生的交易和事项应缴纳给税务部门的所得税金额，即当期的应交所得税。应纳税所得额是在企业税前会计利润的基础上调整确定的。公式如下：

$$应纳税所得额 = 税前会计利润 + 纳税调整增加额 - 纳税调整减少额$$

$$应交所得税 = 应纳税所得额 \times 所得税税率$$

纳税调整增加额主要包括税法规定允许扣除的项目中，企业已计入当期费用但超过税法规定扣除标准的金额（如超过税法规定标准的业务招待费、职工福利费等）以及企业已计入当期损失但税法规定不允许扣除项目的金额（如税收滞纳金、罚款、罚金等）。

纳税调整减少额主要包括按税法规定允许弥补的亏损和准予免税的项目的金额（如税法规定属于免税收入的国债利息收入）。对本部分内容简单了解即可。

（二）账户设置

企业进行利润形成的核算时，除了使用"主营业务收入""其他业务收入""税金及附加""财务费用""管理费用""销售费用"等账户外，通常还可能要用到以下账户：

1．"投资收益"账户

（1）账户性质

"投资收益"账户属于损益类账户。

（2）账户用途

该账户用以核算企业确认的投资收益或投资损失。

（3）账户结构

该账户贷方登记企业实现的投资收益和期末转入"本年利润"账户的投资净损失，借方登记企业发生的投资损失和期末转入"本年利润"账户的投资净收益。期末结转后，该账户无余额。"投资收益"账户的结构如图 3-44 所示。

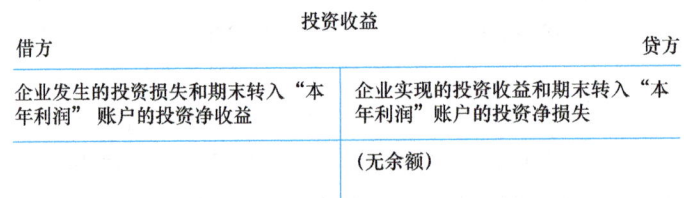

图 3-44 "投资收益"账户的结构

（4）明细账的设置

该账户可按投资项目设置明细账，进行明细分类核算。

2．"资产减值损失"账户

（1）账户性质

"资产减值损失"账户属于损益类账户。

（2）账户用途

该账户用以核算企业因计提各项资产减值准备所形成的损失。

（3）账户结构

企业计提各种减值准备时，应借记"资产减值损失"科目，贷记"存货跌价准备""固定资产减值准备""无形资产减值准备"等科目；企业计提存货跌价准备后，相关存货的价值又得以恢复的，应在原已计提的减值准备金额内，按恢复增加的金额，借记"存货跌价准备"科目，贷记"资产减值损失"科目；但"长期股权投资减值准备""固定资产减值准备""无形资产减值准备"在减值后，相关资产的价值又得以恢复的，不得转回已计提的减值准备。期末应将"资产减值损失"账户的余额转入"本年利润"账户，结转后该账户无余额。"资产减值损失"账户的结构如图 3-45 所示。

（4）明细账的设置

该账户可按资产类别设置明细账，进行明细分类核算。

资产减值损失	
借方	贷方
本期确认的资产减值损失	本期转回的资产减值损失及结转至"本年利润"账户借方的金额
（无余额）	

图 3-45 "资产减值损失"账户的结构

3. "营业外收入"账户

（1）账户性质

"营业外收入"账户属于损益类账户。

（2）账户用途

该账户用以核算营业外收入的取得及结转情况。

（3）账户结构

该账户贷方登记企业确认的营业外收入，借方登记期末转入"本年利润"科目的营业外收入。期末结转后，该账户无余额。"营业外收入"账户的结构如图 3-46 所示。

营业外收入	
借方	贷方
期末转入"本年利润"科目的营业外收入	企业确认的营业外收入
	（无余额）

图 3-46 "营业外收入"账户的结构

（4）明细账的设置

该账户可按营业外收入项目设置明细账，进行明细核算。

4. "营业外支出"账户

（1）账户性质

"营业外支出"账户属于损益类账户。

（2）账户用途

该账户用以核算营业外支出的发生及结转情况。

（3）账户结构

该账户借方登记确认的营业外支出；贷方登记期末转入"本年利润"科目的营业外支出。期末结转后，该账户无余额，如图 3-47 所示。

（4）明细账的设置

该账户可按支出项目设置明细账，进行明细核算。

营业外支出	
借方	贷方
确认的营业外支出	期末转入"本年利润"科目的营业外支出
（无余额）	

图 3-47 "营业外支出"账户的结构

5. "本年利润"账户

（1）账户性质

"本年利润"账户属于所有者权益类账户。

（2）账户用途

该账户用以核算企业当期实现的净利润（或发生的净亏损）。企业期末结转利润时，应将各损益类账户的金额转入该账户，结平各损益类账户。

（3）账户结构

该账户贷方登记会计期末转入的主营业务收入、其他业务收入、营业外收入和投资收益等，借方登记会计期末转入的主营业务成本、税金及附加、其他业务成本、管理费用、财务费用、销售费用、营业外支出、投资损失和所得税费用等。上述结转完成后，该账户余额如在贷方，则反映当期实现的净利润；余额如在借方，则反映当期发生的净亏损。"本年利润"账户的结构如图 3-48 所示。年度终了，应将本年度实现的净利润（或发生的净亏损）转入"利润分配——未分配利润"账户贷方（或借方），结转后本账户无余额，如图 3-49 所示。

本年利润			本年利润	
借方	贷方		借方	贷方
会计期末转入的各项支出	会计期末转入的各项收入		年末转入"利润分配——未分配利润"科目的净利润	年末转入"利润分配——未分配利润"科目的净亏损
余额（当期发生的净亏损）	余额（当期实现的净利润）		（无余额）	

图 3-48 "本年利润"账户的结构　　　　图 3-49 "本年利润"账户期末结转

（4）明细账的设置

该账户不进行明细核算。

6. "所得税费用"账户

（1）账户性质

"所得税费用"账户属于损益类账户。

（2）账户用途

该账户用以核算企业确认的应从当期利润总额中扣除的所得税费用。

（3）账户结构

该账户借方登记企业应计入当期损益的所得税税额，贷方登记企业期末转入"本年利润"

账户的所得税税额。期末结转后，该账户无余额。"所得税费用"账户的结构如图3-50所示。

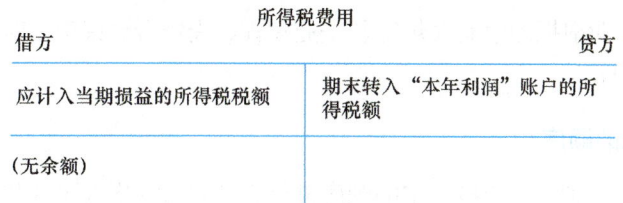

图3-50 "所得税费用"账户的结构

（三）账务处理

会计期末计算当期所形成的净利润，要通过以下几方面进行：

1. 结转各项收入

会计期末结转各项收入时，借记"主营业务收入""其他业务收入""营业外收入""投资收益"等科目，贷记"本年利润"科目。

2. 结转各项支出

结转各项支出时，借记"本年利润"科目，贷记"主营业务成本""税金及附加""其他业务成本""管理费用""财务费用""销售费用""资产减值损失""营业外支出"等科目。

3. 计算并结转所得税费用

计算所得税费用时，借记"所得税费用"科目，贷记"应交税费——应交所得税"科目；结转所得税费用时，借记"本年利润"科目，贷记"所得税费用"科目。

📢 **学习提示**：图3-51是对营业利润、利润总额、净利润的形成过程的简单说明（所得税税率为25%）。

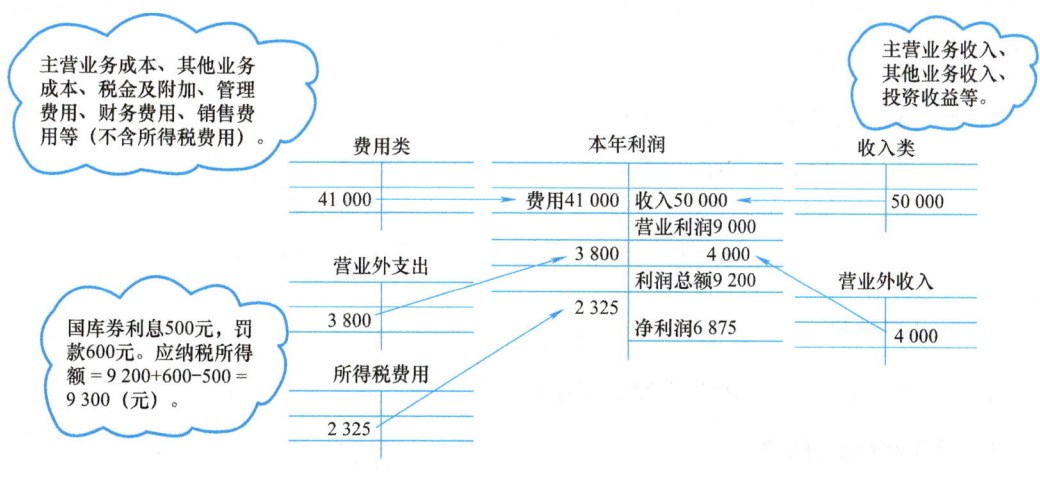

图3-51 利润的形成过程

二、利润分配业务的核算

利润分配是指企业根据国家有关规定和企业章程、投资者协议等，对企业当年可供分配的利润所进行分配的过程。

（一）利润分配的顺序

企业向投资者分配利润，应按一定的顺序进行。按照《中华人民共和国公司法》的有关规定，利润分配应按下列顺序进行：

1．计算可供分配的利润（弥补以前年度亏损）

企业在利润分配前，应根据本年净利润（或净亏损）与年初未分配利润（或未弥补亏损）、其他转入的金额（如盈余公积弥补亏损）等项目，计算可供分配的利润，即

$$可供分配的利润 = 当年实现的净利润（或净亏损）+ 年初未分配利润（或未弥补亏损）+ 其他转入$$

📢 **学习提示**：如果可供分配的利润为负数（即累计亏损），则不能进行后续分配；如果可供分配的利润为正数（即累计盈利），则可进行后续分配。

2．提取法定盈余公积

按照《中华人民共和国公司法》的有关规定，公司应当按照当年净利润（抵减年初累计亏损后）的 **10% 提取法定盈余公积**，提取的法定盈余公积累计额**达到注册资本的 50%** 时，可以不再提取。

3．提取任意盈余公积

公司提取法定盈余公积后，**经股东会或者股东大会**决议，还可以从净利润中提取任意盈余公积。

📢 **学习提示**：企业提取盈余公积时，并不是依据可供分配的利润进行提取，而是依据"当年净利润（抵减年初累计亏损后）"，按法定比率计提法定盈余公积，按股东大会议定比率计提任意盈余公积，任意盈余公积是否计提，完全取决于股东会或股东大会的决定。

4．向投资者分配利润（或股利）

企业可供分配的利润扣除提取的盈余公积后，形成可向投资者分配的利润，即

$$可向投资者分配的利润 = 可供分配的利润 - 提取的盈余公积$$

企业可采用现金股利、股票股利和财产股利等形式向投资者进行分配。

（二）账户设置

企业通常设置以下账户对利润分配业务进行会计核算：

1．"利润分配"账户

（1）账户性质

"利润分配"账户属于所有者权益类账户。

（2）账户用途

该账户用以核算企业利润的分配（或亏损的弥补）和历年分配利润（或弥补亏损）后的余额。

（3）账户结构

该账户借方登记实际分配的利润额，包括提取的盈余公积和分配给投资者的利润，以及年末从"本年利润"账户转入的全年发生的净亏损，贷方登记用盈余公积弥补的亏损额等其他转入数以及年末从"本年利润"账户转入的全年实现的净利润。年末，应将"利润分配"账户下的其他明细账户的余额转入"未分配利润"明细账户，结转后，除"未分配利润"明细账户可能有余额外，其他各个明细账户均无余额。"未分配利润"明细账户的贷方余额为历年累积的未分配利润（即可供以后年度分配的利润），借方余额为历年累积的未弥补亏损（即留待以后年度弥补的亏损）。"利润分配"账户的结构如图 3-52 所示。

利润分配

借方	贷方
① 实际分配的利润 ② 年末从"本年利润"账户贷方转入的全年累计的净亏损	期初余额（贷或借） ① 用盈余公积弥补的亏损额等其他转入数 ② 年末从"本年利润"账户借方转入的全年实现的净利润
余额（企业未弥补亏损）	余额（企业未分配利润）

图 3-52 "利润分配"账户的结构

（4）明细账的设置

该账户应当分别按"提取法定盈余公积""提取任意盈余公积""应付现金股利或利润""转作股本的股利""盈余公积补亏""未分配利润"等设置明细账，进行明细核算。

2."盈余公积"账户

（1）账户性质

"盈余公积"账户属于所有者权益类账户。

（2）账户用途

该账户用以反映和监督盈余公积的形成与使用情况。

（3）账户结构

该账户贷方登记按规定提取的盈余公积金额，借方登记用于弥补亏损和转增资本的实际盈余公积金额。期末余额在贷方，反映企业结存的盈余公积金额。"盈余公积"账户的结构如图 3-53 所示。

盈余公积

借方	贷方
用于弥补亏损和转增资本的实际盈余公积金额	按规定提取的盈余公积金额
	余额（企业结存的盈余公积金额）

图 3-53 "盈余公积"账户的结构

（4）明细账的设置

该账户应当分别按"法定盈余公积""任意盈余公积"进行明细核算。

3．"应付股利"账户

（1）账户性质

"应付股利"账户属于负债类账户。

（2）账户用途

该账户用以核算企业分配的现金股利或利润。

（3）账户结构

该账户贷方登记应付给投资者的股利或利润，即应付股利的增加额，借方登记实际支付给投资者的股利或利润，即应付股利的减少额。期末余额在贷方，反映企业应付未付的现金股利或利润。"应付股利"账户的结构如图 3-54 所示。

应付股利	
借方	贷方
实际支付给投资者的股利或利润	期初余额 应付给投资者的股利或利润
	余额（企业应付未付的现金股利或利润）

图 3-54 "应付股利"账户的结构

（4）明细账的设置

该账户可按投资者设置明细账进行明细核算。

（三）账务处理

1．净利润转入利润分配

会计期末，企业应将当年实现的净利润转入"利润分配——未分配利润"科目，即借记"本年利润"科目，贷记"利润分配——未分配利润"科目。如为净亏损，则做相反的会计分录。

结转前，如果"利润分配——未分配利润"明细科目的余额在借方，则上述结转当年所实现净利润的分录同时反映了当年实现的净利润自动弥补以前年度亏损的情况。因此，在用当年实现的净利润弥补以前年度亏损时，不需要另行编制会计分录。

2．提取盈余公积

企业提取法定盈余公积时，借记"利润分配——提取法定盈余公积"科目，贷记"盈余公积——法定盈余公积"科目；提取任意盈余公积时，借记"利润分配——提取任意盈余公积"科目，贷记"盈余公积——任意盈余公积"科目。

3．向投资者分配利润或股利

企业根据股东大会或类似机构审议批准的利润分配方案，按应支付的现金股利或利润，借记"利润分配——应付现金股利或利润"科目,贷记"应付股利"等科目;对于股票股利,应在办妥增资手续后,按转作股本的金额,借记"利润分配——转作股本的股利"科目,贷记"股本"等科目。

董事会或类似机构通过的利润分配方案中拟分配的现金股利或利润,不做账务处理,但应在附注中披露。

4．盈余公积补亏

企业发生的亏损,除用当年实现的净利润弥补外,还可使用累积的盈余公积弥补。以盈余公积弥补亏损时,借记"盈余公积"科目,贷记"利润分配——盈余公积补亏"科目。

5．企业未分配利润的形成

年度终了,企业应将"利润分配"科目所属其他明细科目的余额转入该科目"未分配利润"明细科目。结转盈余公积补亏时,借记"利润分配——盈余公积补亏"科目,贷记"利润分配——未分配利润"科目;结转已分配的利润时,借记"利润分配——未分配利润"科目,贷记"利润分配——提取法定盈余公积""利润分配——提取任意盈余公积""利润分配——应付现金股利或利润""利润分配——转作股本的股利"等科目。

结转后,"利润分配"科目中除"未分配利润"明细科目外,所属其他明细科目无余额。"未分配利润"明细科目的贷方余额表示累计未分配的利润,该科目如果出现借方余额,则表示累计未弥补的亏损。

【例题3-29】 假设长财星公司2021年度实现净利润500 000元。公司股东会做出决议:
1)按实现的净利润的10%提取法定盈余公积。
2)按实现的净利润的5%提取任意盈余公积。
3)向投资者分配利润300 000元。
除此之外无其他分配。
要求:编制相关会计分录。

【答案及解析】
1)将本年实现的净利润转入"利润分配"账户。
  借:本年利润   500 000
    贷:利润分配——未分配利润   500 000
2)提取法定盈余公积。
  借:利润分配——提取法定盈余公积   50 000
    贷:盈余公积——法定盈余公积   50 000
3)提取任意盈余公积。
  借:利润分配——提取任意盈余公积   25 000
    贷:盈余公积——任意盈余公积   25 000
4)向投资者分配利润。
  借:利润分配——应付现金股利或利润   300 000
    贷:应付股利   300 000

5）利润分配结束后，将"利润分配"账户其他明细账户的余额结清，转入"利润分配——未分配利润"明细账户。

借：利润分配——未分配利润　　　　　　　　　　　　　　375 000
　　贷：利润分配——提取法定盈余公积　　　　　　　　　　50 000
　　　　——提取任意盈余公积　　　　　　　　　　　　　25 000
　　　　——应付现金股利或利润　　　　　　　　　　　　300 000

❄ **本节学习导读分析**：利润是一个综合指标，是企业在一定会计期间的经营成果。利润由营业利润、利润总额和净利润三个层次构成，其中，利润总额=营业利润+营业外收入-营业外支出；净利润=利润总额-所得税费用。净利润的分配顺序依次为弥补以前年度亏损，提取法定盈余公积，提取任意盈余公积，向投资者分配利润或股利。

本章导读分析

通过本章的学习，江月微明白了面对一个具体经济业务，会计要对其进行理解。要围绕经济业务设置会计账户，弄清会计账户的期初期末余额、借方发生额、贷方发生额所表示的具体内容，明白经济业务对会计账户中的金额的增减变化的影响，并用借贷记账法编制会计分录。企业就是这样运用会计专门的语言和方法对会计业务进行核算的。

实 务 案 例

从2015年至今，日企高层管理人员因为各种原因频频出来道歉，先是东洋橡胶，再是高田汽车，再到东芝的领导们齐刷刷地低头向公众鞠躬。有140多年历史的东芝，被指自2008年以来持续地做假账，让企业凭空多出了1 518亿日元的利润。东芝的问题表露出了日本企业目前的困境，据《日本经济新闻》报道，日本证券监管机构在接到来自东芝内部的举报后，从2015年2月开始暗中调查该公司的财务造假问题。日本证券监管机构认定，东芝未能实时计录亏损，涉嫌违反日本《金融商品交易法》。受到外界巨大压力的东芝不得不聘请由专业律师和会计师组成的第三方团队，对该公司进行独立审计。

日本放送协会（NHK）报道称，据知情人士透露，外聘的第三方机构发现，东芝的财务造假是"系统性的"，在质询了公司内部大约200名管理层人员之后，审计机构指出，东芝在很多业务上都涉嫌财务造假，如基础设施建设业务、半导体业务以及个人电脑业务。审计机构得出的结论是，东芝应该下调过去5年的营业利润1 500亿日元（约为12亿美元），而此前日本共同社的一篇报道认为，东芝虚报的集团利润总额很可能超过1 700亿日元，是该公司此前公布的548亿日元的3倍多。

东芝没有如实对经济业务进行会计核算，没有正确计算经营成果，导致会计信息失真，给企业造成了非常巨大的不良影响。作为未来的会计，一定要树立诚信做人，坚持准则，不做假账的信念和崇高的职业道德观，根据实际经济业务设置账户，真实核算，正确计算经营成果，给企业会计信息使用者提交一份满意的答卷。

思维导图

- 制造业企业主要经济业务的核算（一）
  - 资金筹集过程中的业务
    - 所有者权益资金筹集业务的核算
      - 所有者权益概述 —— 资产扣除负债后由所有者享有的剩余权益
      - 所有者投入资本的构成
        - 投资主体不同：国家资本金、法人资本金、个人资本金、外商资本金
        - 投资形式不同：货币资金、实物等其他投资
      - 账户设置 —— 实收资本（或股本）、资本公积、银行存款等
      - 账务处理 —— 取得投资计入资产类科目借方及权益类科目贷方，可能出现的差额计入资本公积
    - 负债资金筹集业务的核算
      - 构成
        - 短期借款：借款期限1年以下(含1年)
        - 长期借款：借款期限1年以上(不含1年)
      - 账户设置 —— 短期借款、长期借款、应付利息、财务费用
      - 账务处理 —— 取得借款计入负债贷方科目，偿还借款计入负债借方科目，期末计息借记"财务费用"等科目，贷记"应付利息"等科目
  - 供应过程中的业务
    - 固定资产购置业务的核算
      - 概念与特征 —— 强调"持有"，期限超过一个会计年度
      - 外购成本
        - 价款、相关税费、安装费、运输费、装卸费、专业人员服务费等
        - 一笔款项购入多项没有单独标价的，按公允价值比例确定；融资性质的按现值确定
      - 账户设置 —— 在建工程、工程物资、固定资产等
      - 账务处理 —— 按成本借记"固定资产""在建工程""应交税费"等科目，贷记"银行存款"等科目
    - 材料采购业务的核算
      - 概述 —— 原料及主要材料、外购半成品（外购件）、辅助材料等
      - 外购成本
        - 全部合理必要支出：价款、相关税费、运输费、装卸费、保险费等
        - 运输费、装卸费、保险费等可先进行归集，期末再分摊
      - 账户设置 —— 原材料、在途物资、应付账款、应付票据、预付账款等
      - 账务处理 —— 货单同到按实际入账，货到单未到暂估入账，单到货未到按单计入在途

制造业企业主要经济业务的核算（二）

生产过程中的业务

- **业务概述**
  - 概述——生产资料的耗费过程
  - 构成
    - 直接材料
    - 直接人工
    - 制造费用
- **费用归集和分配**
  - 账户设置——生产成本、制造费用、库存商品、应付职工薪酬等
  - 财务处理
    - 材料费用的归集与分配
    - 职工薪酬的归集与分配
    - 制造费用的归集与分配
    - 固定资产折旧

销售过程中的业务

- **主营业务收支的核算**
  - 定义——强调"日常活动"
  - 确认：1.识别与客户订立的合同；2.识别合同中的单项履约义务；3.确定交易价格；4.将交易价格分摊至各单项履约义务；5.履行每一单项履约义务时确认收入
  - 合同成本
    - 合同履约成本
      - 成本与一份当前或预期取得的合同直接相关
      - 成本增加了企业未来用于履行履约义务的资源
      - 成本预期能够收回
    - 合同取得成本——增量成本中预期能够收回的，确认为一项资产
    - 摊销和减值
  - 账户设置：主营业务收入、应收账款、应收票据、预收账款、主营业务成本、税金及附加、合同取得成本、合同履约成本
  - 账务处理
    - 销售实现借记"银行存款""应收账款""应收票据""预收账款"，贷记"主营业务收入""应交税费"科目
    - 发出商品不确认收入，借记"发出商品"科目，贷记"库存商品"科目
    - 期末结转成本借记"主营业务成本"科目，贷记"库存商品""发出商品"等科目
    - 期末计提税费借记"税金及附加"科目，贷记"应交税费"等科目

- **其他业务收支的核算**
  - 定义：材料、包装物等销售
  - 确认：比照一般商品销售原则
  - 账户设置：其他业务收入、其他业务成本等
  - 账务处理
    - 销售实现借记"银行存款""应收账款"等科目，贷记"其他业务收入""应交税费"科目
    - 期末结转成本借记"其他业务成本"科目，贷记"原材料"等科目
    - 现金折扣计费用，销售折让冲收入，商业折扣按净额计量

- **期间费用的核算**
  - 分类
    - 管理费用
    - 销售费用
    - 财务费用
  - 账户设置：管理费用、销售费用、财务费用
  - 财务处理
    - 费用发生时借记"管理费用""销售费用""财务费用"科目，贷记"银行存款"等科目
    - 利息收入借记"银行存款"科目，贷记"财务费用"科目或按相反分录红字冲回

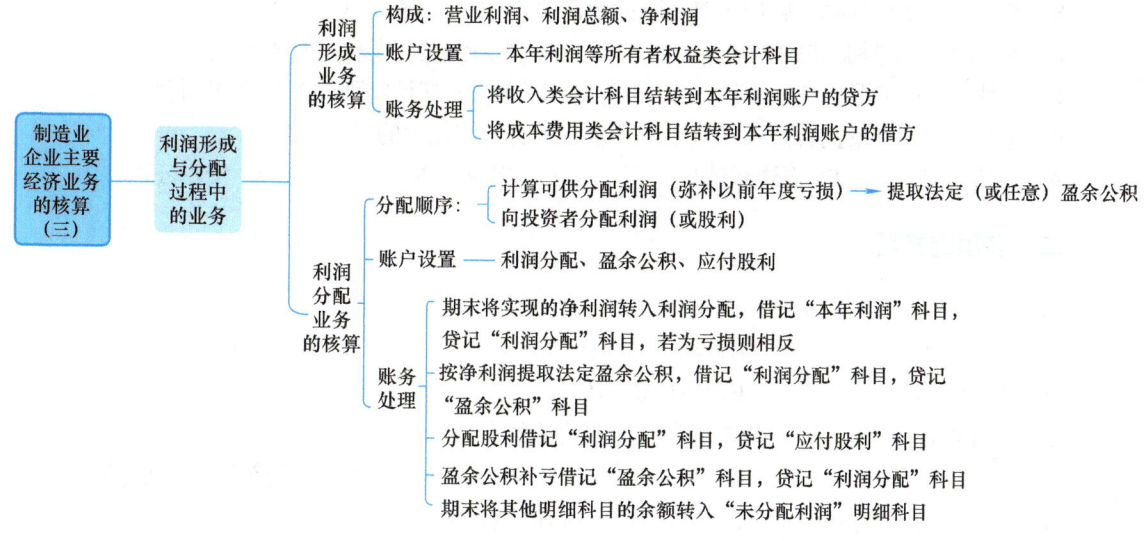

复习思考题

一、单项选择题

1. 下列各账户中，期末可能有余额在借方的是（　　）。
   A．制造费用　　　　B．管理费用　　　　C．销售费用　　　　D．主营业务成本

2. 下列各项应计入采购成本的是（　　）。
   A．市内采购材料的运杂费　　　　B．运输途中的合理损耗
   C．采购人员的差旅费　　　　　　D．专设采购机构的经费

3. 长财星公司购进材料100t，货款计100 000元，途中发生定额内损耗1 000元，并以银行存款支付该材料的运杂费1 000元，保险金5 000元，增值税进项税为17 000元。则该材料的采购成本为（　　）元。
   A．100 000　　　B．105 000　　　C．106 000　　　D．123 000

4. 下列各项目中，应计入"制造费用"账户的是（　　）。
   A．生产产品耗用的材料　　　　　B．生产车间机器设备的折旧费
   C．生产工人的工资　　　　　　　D．行政管理人员的工资

5. "期间费用"账户期末应（　　）。
   A．有借方余额　　　　　　　　　B．有贷方余额
   C．有时在借方，有时在贷方出现余额　　D．无余额

6. "生产成本"账户的期末借方余额表示（　　）。
   A．完工产品成本　B．半成品成本　C．本月生产成本合计　D．期末在产品成本

7. 企业计算应交所得税时，应借记的科目是（　　）。
   A．“利润分配”　B．“所得税费用”　C．“应交税费”　D．“税金及附加”

8. 某企业"本年利润"账户 5 月末账面余额为 58 万元,表示( )。
   A．5 月份实现的利润总额   B．5 月份累计实现的营业利润
   C．5 月份累计实现的利润总额   D．5 月份累计实现的产品销售利润
9. 企业实际收到投资者投入的资金属于企业所有者权益中的( )。
   A．固定资产   B．银行存款   C．实收资本   D．资本公积

二、多项选择题

1. 企业的资本按照投资主体的不同分为( )。
   A．国家资本金   B．法人资本金   C．个人资本金
   D．境外资本金   E．集体资本金
2. 下列各项,构成工业企业外购存货入账价值的有( )。
   A．买价   B．运杂费   C．运输途中的合理损耗
   D．入库前的挑选整理费   E．购入材料支付的增值税
3. 企业根据合同规定向销货方预付货款时,应( )。
   A．借记"预付账款"   B．贷记"银行存款"   C．借记"银行存款"
   D．贷记"预付账款"   E．借记"预收账款"
4. 若企业预付货款小于采购货物的货款及增值税时,补付货款时,应( )。
   A．借记"预付账款"   B．贷记"银行存款"   C．借记"应付账款"
   D．贷记"应付账款"   E．借记"预收账款"
5. 下列各项中,应计入企业产品成本的有( )。
   A．生产工人的工资   B．车间管理人员的工资
   C．企业行政管理人员的工资   D．在建工程人员的工资
   E．销售部门人员的工资
6. 下列选项中影响营业利润的指标有( )。
   A．主营业务收入   B．其他业务收入   C．主营业务成本
   D．营业税金及附加   E．营业外收入
7. 期末损益类账户结转时,"本年利润"账户贷方的对应账户分别为( )。
   A．主营业务收入   B．主营业务成本   C．其他业务收入
   D．主营业务税金及附加   E．财务费用
8. 下列经济业务中,引起资产和负债同时减少的业务有( )。
   A．用银行存款偿还所欠的购货款   B．用现金支付福利费
   C．用银行存款归还银行短期借款   D．以现金发放职工工资
   E．用银行存款缴纳税金
9. 下列应计入材料采购成本的有( )。
   A．采购人员的差旅费   B．材料买价
   C．运输途中的合理损耗   D．市内采购材料的运杂费
   E．材料入库前的挑选整理费
10. 下列费用中,属于生产过程中发生的费用有( )。

A. 车间机器设备折旧费 B. 材料采购费用
C. 生产工人工资 D. 生产产品耗用的材料费
E. 车间照明用电费

三、判断题

1. "应交税费"账户，用来核算企业按照税法规定计算应缴纳的各种税费，属于损益类账户中的费用账户。（ ）
2. "预付账款"账户是负债类账户。（ ）
3. "累计折旧"账户是资产类账户，因此，当折旧增加时应记入"累计折旧"账户的借方。（ ）
4. 成本类账户期末一般无余额。（ ）
5. "在途物资"账户期末如有借方余额，表示在途材料的实际成本。（ ）
6. 材料采购费用一般直接体现在当期损益中，因此采购费用属于期间费用。（ ）
7. 企业职工工资和福利费应计入产品生产成本。（ ）
8. "累计折旧"账户是用来记录固定资产减少额的。（ ）
9. 生产车间领用的原材料用于产品生产的应记入"生产成本"账户的借方。（ ）
10. 行政管理部门领用的原材料应记入"制造费用"账户的借方。（ ）

四、计算与分析题

2021年度，明光公司主营业务收入400 000元，主营业务成本200 000元，税金及附加8 100元；其他业务收入200元，其他业务成本100元；营业外收入1 000元，营业外支出2 000元；期间费用共计2 000元，其中，管理费用1 000元，销售费用500元，财务费用500元；本年度获得投资收益1 000元，适用的所得税税率为25%，公司按照净利润的10%提取法定盈余公积，按照净利润的50%支付现金股利。要求计算2021年年底的如下项目：

1）营业利润。
2）利润总额。
3）所得税费用。
4）转入本年利润账户借方的金额。
5）转入本年利润账户贷方的金额。
6）净利润。
7）按净利润的10%提取的法定盈余公积。
8）按净利润的50%支付的现金股利。
9）未分配利润。

五、账务处理题

1. 练习资金筹集过程中的业务的核算

某企业2021年7月发生下列经济业务：

1）收到某公司投入的原材料一批，总成本 20 000 元。

2）向银行借入 3 个月期借款 200 000 元，款项已收到并存入银行。

3）向银行借入 3 年期借款 800 000 元，款项已收到并存入银行。

4）从银行存款中支付本季度短期借款利息 32 000 元，其中，本季度前两个月已预提短期借款利息 21 000 元。

5）收到某公司投入本企业的商标权一项，投资双方确认的价值为 180 000 元。

要求：根据上述经济业务编制会计分录。

2．练习供应过程中的业务的核算

某企业 2021 年 10 月份发生下列经济业务：

1）购进 1 台设备，买价 80 000 元，增值税进项税额 10 400 元，运输费 400 元，包装费 300 元，所有款项均以银行存款支付，设备已交付使用。

2）向大明工厂购进甲材料 1 500kg，单价 30 元，共计 45 000 元，增值税进项税额 5 850 元；乙材料 2 000kg，单价 15 元，共计 30 000 元，增值税进项税额 3 900 元，材料未入库，全部款项以银行存款支付。

3）用银行存款支付上述甲、乙材料的运杂费 7 000 元（按材料重量比例分摊运杂费）。

4）向宏天工厂购进丙材料 3 000kg，单价 25 元，计 75 000 元，增值税进项税额 9 750 元，款项尚未支付，材料未入库。

5）用现金支付丙材料的运费及装卸费 3 000 元。

要求：根据上述经济业务编制会计分录（运杂费和挑选整理费按材料重量比例分摊）。

3．练习生产过程中的业务的核算

某企业 2021 年 11 月份发生下列经济业务：

1）从银行存款中提取现金 67 000 元备发工资。

2）用银行存款支付车间机器设备的大修理费 1 000 元。

3）用银行存款支付本月水电费共计 5 200 元，其中各车间分配 3 700 元，厂部分配 1 500 元。

4）按规定标准计提本月固定资产折旧费 4 830 元，其中生产车间固定资产折旧费为 3 800 元，行政管理部门固定资产折旧费 1 030 元。

要求：根据上述经济业务编制会计分录。

4．练习销售过程和利润的形成与分配过程中的业务的核算

某企业 2021 年 12 月发生下列经济业务：

1）销售 A 产品 10 件，单价 1 920 元，货款 19 200 元，增值税销项税额 2 496 元，款项已存入银行。

2）用银行存款支付销售费用 1 350 元。

3）结转已销产品生产成本，其中 A 产品 12 476 元，B 产品 69 000 元。

4）计算应交城市维护建设税 1 000 元，教育费附加 610 元。

5）销售丙材料 200kg，单价 26 元，共计 5 200 元，货款已存入银行，这部分材料的采购成

本为 4 900 元。

要求：根据上述经济业务编制会计分录。

六、思考题

1. 制造业企业的经济业务主要包括哪些内容？它们之间的关系是怎样的？
2. 在材料采购交易或事项的处理过程中，对进项税额应怎样处理？
3. 企业对固定资产应怎样进行确认和计量？

第四章

会计凭证

本章导读

通过第三章的学习,江月微掌握了制造业企业基本经济业务的账务处理方法。某天,江月微来到长财星公司财务处实习时,看见一册册装订好的会计凭证,打开以后,恰巧翻到了长财星公司购买生产设备的业务凭证,记账凭证后面还附有购买生产设备的相关发票等附件。这到底是怎么回事呢?让我们和江月微一起学习相关知识吧。

第一节　会计凭证概述

/学习导读/

销售人员因为业务需要而支付业务招待费用时,取得的相关发票是原始凭证,原始凭证证明了相关经济业务的存在。销售人员拿发票去财务部门报销,会计人员将发票、报销单和其他相关单据一起作为附件编制会计分录,便形成了记账凭证。记账凭证是会计分录的载体。通过本章的学习,同学们将会更系统地认识会计凭证的"真面目"。

一、会计凭证的概念及作用

(一)会计凭证的概念

会计凭证是指记录经济业务发生或者完成情况的书面证明,是**登记账簿的依据**。

会计主体办理任何一项经济业务,都必须由执行和完成该项经济业务的有关人员取得或填制会计凭证。会计人员需要在会计凭证上记录经济业务的发生日期、具体内容以及数量和金额,并签名或盖章,对经济业务的合法性、真实性和正确性负责。

(二)会计凭证的作用

1. 记录经济业务,提供记账依据

会计凭证是记账的依据,通过会计凭证的填制和审核,以及按一定方法对会计凭证进行整理、分类、汇总,可以为会计记账提供真实、可靠的依据。通过会计凭证的及时传递,可以对经济业务适时地进行记录。

2．明确经济责任，强化内部控制

通过会计凭证的填制和审核，一方面可以明确各职能部门、各经办人员的经济责任，有利于单位落实经济责任制。另一方面，可以促使相关人员严格遵守有关法律法规和制度，在其职权范围内各负其责、相互监督，强化内部控制。通过会计凭证的审核，还可以及时发现经营管理中的薄弱环节，总结经验教训，以便采取措施，改进工作。

3．监督经济活动，控制经济运行

通过会计凭证的审核，可以检查经济业务的发生是否符合有关的法律法规和制度，是否符合业务经营、财务收支的方针和计划以及预算管理的规定，以确保经济业务的合理性、合法性和真实性，监督经济业务的发生、发展，控制经济业务的实施。如果出现问题，也能及时发现，从而积极采取措施予以纠正，对经济活动进行事前、事中、事后控制，保证经济活动的健康运行，有效发挥会计的监督作用。

二、会计凭证的分类

会计凭证按其填制的程序和用途不同来划分，可以分为**原始凭证**和**记账凭证**两类。

（一）原始凭证

原始凭证是指在经济业务发生或完成时取得或填制的，用以记录或证明经济业务的发生或完成情况的凭据。

（二）记账凭证

记账凭证是指会计人员根据审核无误的原始凭证，按照经济业务的内容加以归类，并据以确定会计分录以后所填制的会计凭证，通常作为登记账簿的直接依据。

记账凭证的作用主要是确定会计分录、进行账簿登记、反映经济业务的发生或完成情况、监督企业的经济活动及明确相关人员的责任。

❋ **本节学习导读分析**：会计凭证分为原始凭证和记账凭证，原始凭证是编制记账凭证的依据，是会计核算的基础；记账凭证记录会计信息，是会计核算的起点。

第二节 原 始 凭 证

/学习导读/

长财星公司向设备厂采购了一台生产设备，设备厂给其开具了增值税专用发票。长财星公司对设备验收合格后，给设备厂开具了一张转账支票。增值税专用发票和转账支票在会计核算中叫什么？有什么作用呢？

一、原始凭证的分类

原始凭证可以按照不同的标准进行分类，分类标准主要有取得来源、填制的手续和内容、格式等，如图 4-1 所示。

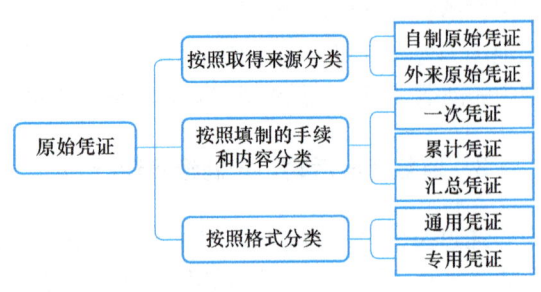

图 4-1 原始凭证的分类

（一）按照取得来源分类

原始凭证按照取得来源可分为**自制原始凭证**和**外来原始凭证**。

1. 自制原始凭证

自制原始凭证是指由本单位有关部门和人员在执行或完成某项经济业务时填制的，仅供本单位内部使用的原始凭证。例如，外购原材料时由仓储部门填制的**收料单**、车间领用原材料时填写的**领料单**（见表 4-1）、为了成本控制避免浪费而产生的比领料单多了一项"限额"的**限额领料单**、发出产品时由仓储部门填写的**出库单**、职工出差预借款项时由职工填写的**借款单**（见表 4-2）、人力资源管理部门编制的**工资发放明细表**、财务部门编制的**固定资产折旧计算表**等。

表 4-1 领料单格式

领　料　单

领料部门：						发料仓库：
用途：			年　月　日			编号：
编号	材料名称	规格	单位	请领数量	实发数量	备注
097	内胆布	320T	m	3 000	3 000	
制单：		审核：		领料人：		发料人：

表 4-2 借款单格式

借　款　单

年　月　日

借款人姓名	吴刚	部门	销售部
借款金额	1 000.00		
借款理由	出差		
批准人	王宇	归还时间	2021.2.20

2. 外来原始凭证

外来原始凭证是指在经济业务发生或完成时，从其他单位或个人直接取得的原始凭证。例如，购买原材料取得的**增值税专用发票**（见表 4-3），银行转来的各种**结算凭证**，对外支付款项时取得的**收据**，职工出差取得的**飞机票**、**车船票**等。

表 4-3　增值税专用发票（第三联）格式

220018216X						No 0026684X	
						开票日期：2021 年 2 月 20 日	
购买方	名称：西安跃进股份有限公司 纳税人识别号：76309820398717X 地址、电话：西安市雁塔区锦业路 4 号 029-6533988X 开户行及账号：中国建设银行股份有限公司西安锦业路支行				密码区	-58/+7*-/5304>>0+23>2>7<83 -<4/399130>*612<88/585>899 044+463-<*0-18/9+80<-24>2+ 75/7038399301+<427-28946/>	
货物或应税劳务、服务名称		规格型号	单位	数量	单价	金额	税率	税额
男款羽绒服		M355	件	500	600.00	¥300 000.00	13%	39 000.00
合　计						¥300 000.00		¥39 000.00
价税合计（大写）		⊗ 叁拾叁万玖仟元整				（小写）¥339 000.00		
销售方	名称：长财星有限责任公司 纳税人识别号：91220101756198753X 地址、电话：吉林省长春市南关区 62 号 0431-7789653X 开户行及账号：中国银行净月支行				备注		
收款人：韩月　　　复核：王宇　　　开票人：刘薇　　　销售方：（章）							

【例题 4-1】 下列原始凭证中，属于外来原始凭证的是（　　）。

A．收料单　　　　　　　　B．限额领料单
C．购货发票　　　　　　　D．工资发放明细表

【答案】 C
【解析】 购货发票属于外来原始凭证。

（二）按照填制的手续和内容分类

原始凭证按照填制的手续和内容可分为**一次凭证**、**累计凭证**和**汇总凭证**。

1．一次凭证

一次凭证是指**一次**填制完成，**只记录一笔经济业务且仅一次有效的原始凭证**。我们平时所涉及的大部分原始凭证都是一次凭证，比如发票、收据、支票存根、银行结算凭证等。

2．累计凭证

累计凭证是指在一定时期内**多次记录**发生的同类型经济业务且多次有效的原始凭证。其特点是在一张凭证内可以连续登记相同性质的经济业务，随时结出累计数和结余数，并按照费用限额进行费用控制，期末按实际发生额记账。最具有代表性的累计凭证是"限额领料单"，如表 4-4 所示。

表 4-4　限额领料单格式

限额领料单

领料部门：生产车间　　　　　　　　　　　　　　　　　　　　　发料仓库：2 号
用　　途：B 产品生产　　　　　　2021 年 2 月　　　　　　　　　编　　号：008

材料类别	材料编号	材料名称及规格	计量单位	领料限额	实际领用	单价（元）	金额（元）	备注
鸭绒	0348	白鸭绒 95 分	份	500	480	650	312 000	
日期	请领		实发			限额结余	退料	
	数量	签章	数量	发料人	领料人		数量	退库单
2 月 3 日	200		200	姜同	王立	300		
2 月 12 日	100		100	姜同	王立	200		
2 月 12 日	180		180	姜同	王立	20		
合计	480		480			20		

供应部门负责人签章：李微　　　　生产计划部门负责人签章：佟伟　　　　仓库负责人签章：刘俊

3．汇总凭证

汇总凭证也称原始凭证汇总表，是指对一定时期内反映经济业务内容相同的若干张原始凭证按照一定标准**综合填制**的原始凭证。它合并了同类型经济业务，简化了记账工作。常见的汇总凭证有发出材料汇总表（见表 4-5）、工资结算汇总表、差旅费报销单等。

表 4-5　发出材料汇总表格式

发出材料汇总表

2021 年 2 月　　　　　　　　　　　　（数量单位：kg　金额单位：元）

项目	甲材料		乙材料		丙材料		金额合计
	数量	金额	数量	金额	数量	金额	
生产领料：							
A 产品	2 150	215 000	1 200	100 000			315 000
B 产品	340	34 000	2 381	200 000			234 000
车间一般耗用					125	2 500	2 500
管理部门耗用					100	2 000	2 000
合计		249 000		300 000		4 500	553 500

📢 **学习提示**：外来原始凭证往往是一次凭证，自制原始凭证往往是累计凭证或汇总凭证。

（三）按照格式分类

原始凭证按照格式的不同可分为**通用凭证**和**专用凭证**。

1．通用凭证

通用凭证是指由有关部门统一印制、在一定范围内使用的具有统一格式和使用方法的原始凭证。常见的通用凭证有全国通用的增值税专用发票、银行转账结算凭证等。通用凭证的使用范围，可以是某一地区、某一行业，也可以是全国。例如，全国统一的异地结算银行凭证、部门统一规定的发票、地区统一的汽车票等。

2．专用凭证

专用凭证是指由单位自行印制、仅在本单位内部使用的原始凭证。例如，企业内部使用的收料单、领料单、工资发放明细表、固定资产折旧计算表等。

【例题 4-2】 差旅费报销单属于原始凭证中的（　　）。

A．自制原始凭证　　B．外来原始凭证　　C．专用凭证　　D．通用凭证

【答案】 A、C

【解析】 同一张原始凭证根据分类标准的不同可以归属不同的类别，按照取得来源分类，差旅费报销单属于自制原始凭证；按照格式分类，差旅费报销单属于专用凭证。

二、原始凭证的基本内容

原始凭证的格式和内容因经济业务和经营管理的要求不同而有所差异，但应当具备以下基本内容（也称为原始凭证要素）：

1）凭证的名称。
2）填制凭证的日期。
3）填制凭证的单位名称和填制人姓名。
4）经办人员的签名或者盖章。
5）接受凭证的单位名称。
6）经济业务内容。
7）数量、单价和金额。

原始凭证基本内容示例如图 4-2 所示。

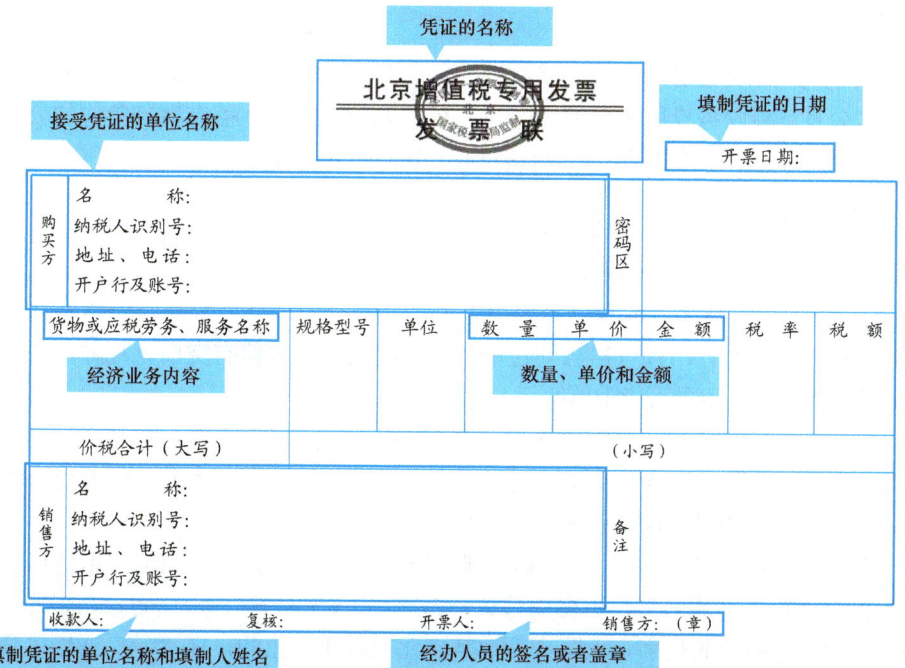

图 4-2　原始凭证基本内容示例

三、原始凭证的填制要求

（一）原始凭证填制的基本要求

1．记录真实

记录要真实，就是要实事求是地填写经济业务内容、原始凭证填制日期、数量、金额等，这些信息必须真实并符合实际情况。对于实物数量和金额的计算，要**准确无误**，不得匡算或估计，确保凭证所记录的内容真实、可靠。

2．内容完整

原始凭证的各项目内容必须详尽地**填写齐全，不得遗漏或省略**，而且凭证填写的手续必须完备，符合内部牵制原则。凡填有大写和小写金额的原始凭证，大写与小写金额必须相符。购买实物的原始凭证，必须有验收证明。支付款项的原始凭证，必须有收款单位和收款人的收款证明。一式几联的原始凭证，应当注明各联次的用途，只能以一联作为报销凭证。一式几联的发票和收据，必须用双面复写纸（收据本身具备复写纸功能的除外）套写或套打，并连续编号。原始凭证作废时应当加盖"作废"戳记，将所有联次一起保存，不得撕毁。发生销货退回的，除填制退货发票外，还必须有退货验收证明；退款时，必须取得对方的收款收据或者汇款银行的凭证，不得以退货发票代替收据。职工因公出差借款的借据，必须附在记账凭证之后；收回借款时，应当另开收据或者退还借据副本，不得退还原借据。经上级有关部门批准的经济业务，应当将批准文件作为原始凭证附件；如果批准文件需要单独归档的，应当在凭证上注明批准机关名称、日期和文件字号。

3．手续完备

单位自制的原始凭证必须有经办单位相关负责人的签名或盖章；对外开出的原始凭证必须加盖本单位公章或者财务专用章；从外部取得的原始凭证，必须盖有填制单位的公章或者财务专用章；从个人取得的原始凭证，必须有填制人员的签名或盖章。

4．书写清楚、规范

填制原始凭证，字迹必须清晰、工整，并符合下列要求。

1）阿拉伯数字应当逐个填写，不得写连笔字。阿拉伯数字金额前面应当书写货币币种符号，如人民币符号"￥"。币种符号与阿拉伯数字金额之间**不得留有空白**。凡阿拉伯数字前写有币种符号的，数字后面不再写货币单位。

2）所有以元（或其他货币种类的货币基本单位，下同）为单位的阿拉伯数字，除表示单价等情况外，一律填写到角、分；无角、分的，角位和分位可分别写"0"，或者符号"—"；有角无分的，分位应当写"0"，不得用符号"—"代替。

3）汉字大写金额如零、壹、贰、叁、肆、伍、陆、柒、捌、玖、拾、佰、仟、万、亿等，一律用正楷或者行书字体书写，不得用〇、一、二、三、四、五、六、七、八、九、十等简化字代替，不得任意自造简化字。大写金额数字到元或者角为止的，在"元"或者"角"字之后应当写"整"字或者"正"字，大写金额前未印有"人民币"字样的，应加写"人民币"三个字且其与大写金额之间不得留有空白。例如，小写金额为 ¥3 208.40，汉字大写金额应写成"人民币叁仟贰佰零捌元肆角整"；大写金额数字有分的，"分"字后面不写"整"或者"正"字，例如，小写金额为 ¥106.34，汉字大写金额应写成"人民币壹佰零陆元叁角肆分"。

4）阿拉伯数字金额中间有"0"时，汉字大写金额要写"零"字，如小写金额为 ¥7 073.06，大写金额应写成"人民币柒仟零柒拾叁元零陆分"；阿拉伯数字金额中间连续有几个"0"时，汉字大写金额中可以只写一个"零"字，如小写金额为 ¥3 005.00，大写金额应写成"人民币叁仟零伍元整"；阿拉伯金额数字元位是"0"，或者数字中间连续有几个"0"、元位也是"0"但角位不是"0"时，汉字大写金额可以只写一个"零"字，也可以不写"零"字，如小写金额为 ¥5 700.54，大写金额可写成"人民币伍仟柒佰元零伍角肆分"，或者写成"人民币伍仟柒佰元伍角肆分"。

5）凡填写大写和小写金额的原始凭证，大写与小写的金额必须相符。

5. 连续编号

各种原始凭证要连续编号，以便检查。如果凭证已预先印定编号，如发票、支票，应按编号连续使用，在因错作废时，应加盖"作废"戳记，并妥善保管，不得撕毁。

6. 不得涂改、刮擦、挖补

各种凭证不得随意涂改、刮擦、挖补，若填写错误，应采用规定的方法予以更正。原始凭证**金额**有错误的，应当由**出具单位重开**，**不得**在原始凭证上**更正**。原始凭证有其他错误的，应当由出具单位重开或更正，更正处应当加盖出具单位公章或财务专用章。

7. 填制及时

各种原始凭证一定要及时填写，并按规定的程序及时送交会计机构的会计人员进行审核。

【例题 4-3】 对于金额有误的原始凭证处理方法中正确的是（   ）。
A．由出具单位在凭证上更正并加盖出具单位印章
B．由出具单位在凭证上更正并由经办人员签名
C．由出具单位在凭证上更正并由单位负责人签名
D．由出具单位重新开具凭证
【答案】 D
【解析】 原始凭证金额有错误的，应当由出具单位重开，不得在原始凭证上更正。

（二）自制原始凭证的填制要求

不同的自制原始凭证，填制要求也有所不同。

1. 一次凭证的填制

一次凭证应在经济业务发生或完成时，由相关业务人员**一次**填制完成。该凭证往往只能反映一项经济业务，或者同时反映若干项同一性质的经济业务。

2. 累计凭证的填制

累计凭证应在每次经济业务完成后，由相关人员在同一张凭证上重复填制完成。该凭证能

在一定时期内不断重复地反映同类经济业务的完成情况。

3．汇总凭证的填制

汇总凭证应由相关人员在汇总一定时期内反映同类经济业务的原始凭证后填制完成。该凭证只能将**类型相同**的经济业务**进行汇总**，不能汇总两类或两类以上的经济业务。

> **学习提示**：一张原始凭证所列的支出需要由几个单位共同负担时，应当由保存该原始凭证的单位开具原始凭证分割单给其他应负担的单位。

四、原始凭证的审核

为了如实反映经济业务的发生和完成情况，充分发挥会计的监督职能，保证会计信息的真实性和完整性，会计人员必须对原始凭证进行严格审核。

审核的内容主要包括以下几项：

1．审核原始凭证的真实性

真实性的审核包括凭证日期的真实性、业务内容的真实性及数据的真实性等。对于外来原始凭证，必须盖有填制单位的公章或财务专用章和填制人员签章才能采用；对自制原始凭证，必须有经办部门和经办人员的签名或者盖章才能采用。此外，对于通用原始凭证，还应审核凭证本身的真实性，防止作假。

2．审核原始凭证的合法性、合理性

审核原始凭证所记录的经济业务是否符合国家法律法规的规定，是否履行了规定的凭证传递程序和审核程序；并审核原始凭证所记录的经济业务是否符合企业生产经营活动的需要，是否符合有关计划和预算管理的规定等。

3．审核原始凭证的完整性

审核原始凭证各项基本要素是否填写齐全，日期是否完整，数字是否清晰，文字是否工整，有关人员签章是否齐全，凭证联次是否正确，有无漏项等。

4．审核原始凭证的正确性

审核原始凭证记载的各项内容是否正确，包括以下内容：

1）接受原始凭证的单位的名称是否正确。
2）金额的填写和计算是否正确。
3）更正是否正确。

【例题 4-4】 会计人员对不真实、不合法的原始凭证，应当（　　）。
A．予以退回　　B．予以纠正　　C．不予接受　　D．不予接受，并向单位负责人报告

【答案】 D

【解析】 对于不真实、不合法的原始凭证，会计机构、会计人员有权不予接受，并向单位负责人报告。

> **本节学习导读分析**：增值税专用发票和转账支票都是用来证明经济业务真实发生的原

始凭证。在学习导读的示例中,增值税专用发票证明购买设备,转账支票证明付款。有了它们,才能进行会计核算。

第三节 记 账 凭 证

> **/学习导读/**
>
> 长财星公司的采购人员完成采购后,应该把采购设备的发票等相关原始凭证交给会计人员,负责设备验收的验收人员也应该把验收单交给会计人员。出纳应该把转账支票存根联交给会计人员,此时会计人员应该如何处理?本节将学习记账凭证的相关知识。

一、记账凭证的分类

记账凭证可以按照不同的标准进行分类,如图4-3所示。

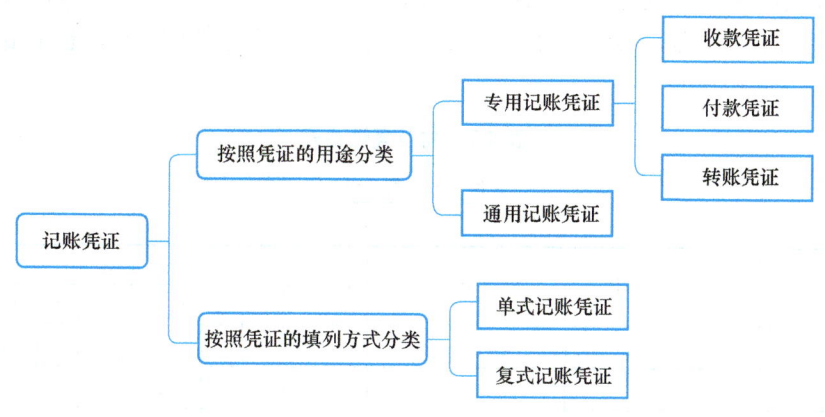

图4-3 记账凭证的分类

(一)按照凭证的用途分类

1. 专用记账凭证

专用记账凭证是指分类反映经济业务的记账凭证。按其反映的**经济业务内容**是否与现金、银行存款的收付有关,可分为收款凭证、付款凭证和转账凭证。

(1)收款凭证

收款凭证是指用于记录**库存现金和银行存款收款业务**的记账凭证。收款凭证又分为库存现金收款凭证和银行存款收款凭证。收款凭证根据有关库存现金和银行存款收款业务的原始凭证填制,是登记现金日记账、银行存款日记账以及有关明细账和总账的依据,**也是出纳人员收讫款项的依据**,如表4-6所示。

表 4-6　收款凭证格式

收　款　凭　证

借方科目：　　　　　　　　　　　　　　年　月　日　　　　　　　　　　　　　　字第　号

摘要	贷方总账科目	明细科目	√	金额									
				千	百	十	万	千	百	十	元	角	分
合计													

附单据　张

财务主管　　　　　　　　记账　　　　　　　　出纳　　　　　　　　审核　　　　　　　　制单

📢 **学习提示**：收款凭证的判别可以只看记录的会计分录借方，借方有"银行存款"或"库存现金"科目的凭证，就是收款凭证，但提现和存现业务的凭证除外。

（2）付款凭证

付款凭证是指用于记录**库存现金和银行存款付款业务**的记账凭证。付款凭证又分为库存现金付款凭证和银行存款付款凭证。付款凭证根据有关库存现金和银行存款付款业务的原始凭证填制，是登记现金日记账、银行存款日记账以及有关明细账和总账的依据，**也是出纳人员支付款项的依据**，如表 4-7 所示。

表 4-7　付款凭证格式

付　款　凭　证

贷方科目：　　　　　　　　　　　　　　年　月　日　　　　　　　　　　　　　　字第　号

摘要	借方总账科目	明细科目	√	金额									
				千	百	十	万	千	百	十	元	角	分
合计													

附单据　张

财务主管　　　　　　　　记账　　　　　　　　出纳　　　　　　　　审核　　　　　　　　制单

📢 **学习提示**：付款凭证的判别可以只看记录的会计分录贷方，贷方有"银行存款"或"库存现金"科目的凭证，就是付款凭证，包括提现和存现业务。

（3）转账凭证

转账凭证是指用于记录**不涉及库存现金和银行存款业务**的记账凭证，是登记明细账和总账等有关账簿的依据。它是根据有关转账业务（与库存现金和银行存款无关的经济业务）的原始凭证填制的，如表 4-8 所示。

表 4-8　转账凭证格式

转　账　凭　证

年　月　日　　　　　　　　　　　　　　　　　　字第　号

摘要	总账科目	明细科目	√	借方金额（千百十万千百十元角分）	√	贷方金额（千百十万千百十元角分）
合计						

财务主管　　　　　记账　　　　　出纳　　　　　审核　　　　　制单

附单据　　张

📢 **学习提示**：转账凭证的判别可以只看记录的会计分录，整张凭证借贷方都没有"银行存款"或"库存现金"科目的凭证就是转账凭证。

2. 通用记账凭证

通用记账凭证是指**用来反映所有经济业务的记账凭证**，为各类经济业务所共同使用，在实现会计电算化以前，适合规模小、业务量不多的单位。其格式与转账凭证基本相同，如表4-9所示。

表 4-9　通用记账凭证格式

记　账　凭　证

年　月　日　　　　　　　　　　　　　　　　　　字第　号

摘要	总账科目	明细科目	√	借方金额（千百十万千百十元角分）	√	贷方金额（千百十万千百十元角分）
合计						

财务主管　　　　　记账　　　　　出纳　　　　　审核　　　　　制单

附单据　　张

📢 **学习提示**：在手工记账条件下，收款凭证、付款凭证和转账凭证的划分，有利于区别不同经济业务，进行分类管理，有利于经济业务的检查。但工作量大，适用于规模较大、收付款业务较多的单位。对于经济业务较少的单位则可以采用通用记账凭证来记录所有的经济业务。在财务软件记账条件下，使用通用记账凭证的情况较为普通。

（二）按照凭证的填列方式分类

1. 单式记账凭证

单式记账凭证是指只填列经济业务所涉及的一个会计科目及其金额的记账凭证。填列借方科目的称为借项记账凭证，填列贷方科目的称为贷项记账凭证，如表 4-10、表 4-11 所示。

表 4-10 借项记账凭证格式

对应科目： 　　　　　　　　　　　　　年　月　日　　　　　　　　　　　　　记字第　号

摘要	总账科目	明细科目	金额	账页
合计				

财务主管　　　　　　　记账　　　　　　　出纳　　　　　　　审核　　　　　　　制单

表 4-11 贷项记账凭证格式

对应科目： 　　　　　　　　　　　　　年　月　日　　　　　　　　　　　　　记字第　号

摘要	总账科目	明细科目	金额	账页
合计				

财务主管　　　　　　　记账　　　　　　　出纳　　　　　　　审核　　　　　　　制单

单式记账凭证便于汇总计算每一个会计科目的发生额，有利于会计的分工记账。但是，单式记账凭证的制证工作量大，且不能在一张凭证上反映经济业务的全貌，内容分散，也不便于查账。单式记账凭证一般适用于业务量较大，会计部门内部分工较细的单位。单式记账凭证的编制原理，仍然是借贷记账法，属于复式记账法，而不是单式记账法。只不过对于同一笔经济业务，至少要填制两张单式记账凭证。

2．复式记账凭证

复式记账凭证是指将每一笔经济业务所涉及的全部科目及其发生额均在同一张记账凭证中反映的凭证。

复式记账凭证在实务中被普遍采用。复式记账凭证可以集中反映一项经济业务的科目对应关系，便于了解有关经济业务的全貌，减少凭证数量，节约纸张。但是，采用复式凭证不便于同时汇总计算每一个科目的发生额，也不利于会计的分工记账。

二、记账凭证的基本内容

记账凭证是登记账簿的依据，因其所反映经济业务的内容不同、各单位规模大小及其对会计核算繁简程度的要求不同，其内容有所差异，但应当具备以下基本内容：

1）**填制凭证的日期**。记账凭证的填制日期与原始凭证的填制日期可能相同也可能不同。记账凭证应及时填制，一般稍后于原始凭证的填制。

　📢 学习提示：原始凭证的日期是业务真实发生的时间，记账凭证的日期是根据原始凭证编制会计分录的时间。因此，记账凭证的日期只能是原始凭证日期当天或以后。

2）**凭证编号**。记账凭证要根据经济业务发生的先后顺序按月连续编号。

　📢 学习提示：会计实务中，一般每个月从 1 号凭证开始编号。若采用收、付、转凭证，则收、付、转凭证分别每个月从1号凭证开始编号，如收字1号、付字1号、转字1号；通用凭证则是记字1号。

3) **经济业务摘要**。摘要应能清晰地揭示经济业务的内容，同时要简明扼要。

4) **会计科目**。会计科目包括一级科目和明细科目。

5) **金额**。金额要与原始凭证的金额相符。

6) **所附原始凭证张数**。原始凭证是编制记账凭证的依据，缺少它就无从审核记账凭证正确与否。

7) **签章**。填制凭证人员、稽核人员、记账人员、会计机构负责人、会计主管人员要签名或者盖章。收款和付款记账凭证还应当由**出纳人员**签名或者盖章。

📢 学习提示：由于转账凭证不涉及库存现金和银行存款的业务，所以出纳无须签名或者盖章。

三、记账凭证的填制要求

（一）记账凭证填制的基本要求

记账凭证根据审核无误的原始凭证或原始凭证汇总表填制。记账凭证的填制除了要做到内容完整、书写清楚和规范外，还必须符合以下要求：

1) 除**结账和更正错账**可以**不附原始凭证**外，其他记账凭证必须附原始凭证。

2) 记账凭证可以根据每一张原始凭证填制，或根据若干张同类原始凭证汇总填制，也可以根据原始凭证汇总表填制；但不得将不同内容和类别的原始凭证汇总填制在一张记账凭证上。

3) 记账凭证应连续编号。记账凭证应由主管该项业务的会计人员，按业务发生的顺序并按不同的凭证种类采用"字号编号法"连续编号。如果一笔经济业务需要填制2张以上（含2张）记账凭证的，可以采用"分数编号法"编号。例如，一笔经济业务需编制3张转账凭证，该转账凭证的顺序号为5号，则这笔业务可编制成 $5\frac{1}{3}$、$5\frac{2}{3}$、$5\frac{3}{3}$，前面的数字5表示凭证顺序，分数的分母3表示该号凭证共有3张，分子表示3张凭证中的第1张、第2张和第3张。为便于监督，反映付款凭证业务的会计凭证不得由出纳人员编号。

4) 填制记账凭证时若发生错误，应当重新填制。已经登记入账的记账凭证在当年内发现填写错误时，可以用红字填写一张与原内容相同的记账凭证，在摘要栏注明"注销某月某日某号凭证"字样，同时再用蓝字重新填制一张正确的记账凭证，注明"订正某月某日某号凭证"字样。如果会计科目没有错误，只是金额错误，也可以将正确数字与错误数字之间的差额另编一张调整的记账凭证，调增金额用蓝字，调减金额用红字。发现以前年度记账凭证有错误的，应当用蓝字填制一张更正的记账凭证。

5) 记账凭证填制完成后，如有空行，应当自金额栏最后一笔金额数字下的空行处至合计数上的空行处划线注销。

【例题4-5】下列记账凭证中，可以不附原始凭证的是（　　）。
A．所有收款凭证　　B．所有付款凭证　　C．所有转账凭证　　D．用于结账的记账凭证
【答案】D

【解析】 除了结账和更正错误的记账凭证可以不附原始凭证外，其他记账凭证必须附有原始凭证。

（二）收款凭证的填制要求

收款凭证左上角的"借方科目"按收款的性质填写"库存现金"或"银行存款"；日期填写的是填制本凭证的日期；收款凭证右上角填写填制收款凭证的顺序号；"摘要"填写所记录经济业务的简要说明；"贷方科目"填写与收入"库存现金"或"银行存款"相对应的会计科目；"记账"是指该凭证已登记账簿的标记，防止经济业务重记或漏记；"金额"是指该项经济业务的发生额；该凭证右边"附单据×张"是指该记账凭证所附原始凭证的张数；凭证的最下边分别由有关人员签章，以明确经济责任。

例如，2021年3月9日，收到光明工厂前欠本企业货款30 000元并存入银行。根据此业务填制的收款凭证如表4-12所示。

表4-12 收款凭证的填制

收　款　凭　证

借方科目：银行存款　　　　　2021年3月9日　　　　　　　　银收字第1号

摘　要	贷方总账科目	明细科目	√	金　额								
				千	百	十	万	千	百	十	元	角	分
收回前欠货款	应收账款	光明工厂					3	0	0	0	0	0	0
合计							¥	3	0	0	0	0	0	0

附单据×张

财务主管　　　　　记账　　　　　出纳　　　　　审核　　　　　制单

（三）付款凭证的填制要求

付款凭证是根据审核无误的有关库存现金和银行存款的付款业务的原始凭证填制的。付款凭证的填制方法与收款凭证基本相同，不同的是在付款凭证的左上角应列贷方科目，即"库存现金"或"银行存款"科目，"借方科目"栏应填写与"库存现金"或"银行存款"相对应的总账科目和明细科目。

对于涉及"库存现金"和"银行存款"之间的相互划转业务，为了避免重复记账，**一般只填制付款凭证，不再填制收款凭证**。例如，从银行提取现金的业务，只编制银行存款付款凭证；将多余现金送存银行的业务，只编制库存现金付款凭证。

出纳人员在办理完收款或付款业务后，应在原始凭证上加盖"收讫"或"付讫"的戳记，以免重收重付。

例如，2021年3月19日，本企业开出转账支票一张，偿还前欠三一公司的货款10 000元。根据此业务填制的付款凭证如表4-13所示。

表 4-13　付款凭证的填制

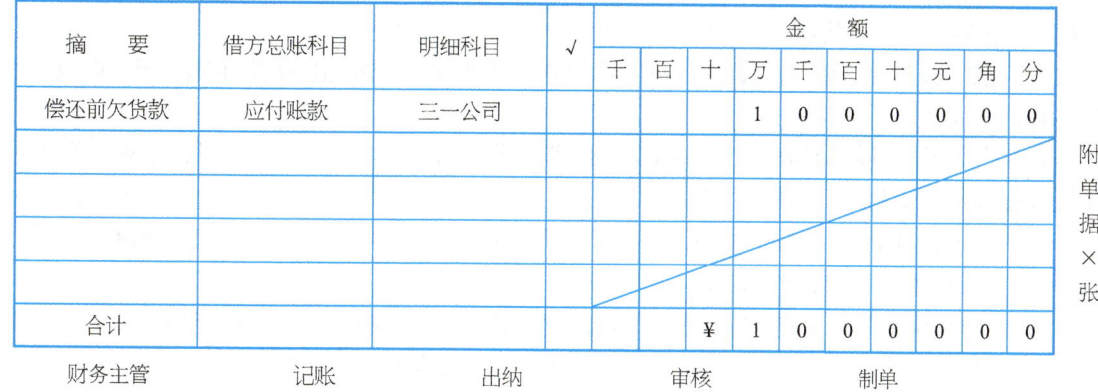

（四）转账凭证的填制要求

转账凭证通常是根据有关转账业务的原始凭证填制的。转账凭证中"总账科目"和"明细科目"栏应填写应借、应贷的总账科目和明细科目，借方科目应记金额应在同一行的"借方金额"栏填列，贷方科目应记金额应在同一行的"贷方金额"栏填列，"借方金额"栏合计数与"贷方金额"栏合计数应相等。

例如，2021 年 3 月 27 日，本企业接受飞天公司设备投资 2 000 元，专利权投资 3 000 元，投资评估价格符合公允价值。根据此业务填制的转账凭证如表 4-14 所示。

表 4-14　转账凭证的填制

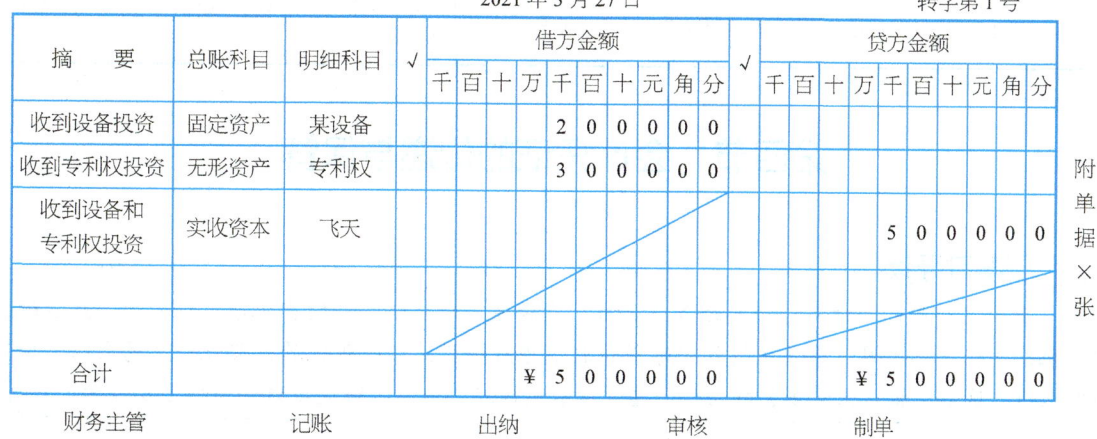

此外，某些既涉及收款业务或付款业务，又涉及转账业务的综合性业务，可分开填制不同类型的记账凭证。例如，长财星公司采购材料一批，已经验收入库，但是用银行存款结算了部分货款，剩余款项暂欠，就需要填制一张银行存款的付款凭证和一张转账凭证；再例如，出差归来报销差旅费，原借款 3 000 元，实际花费 2 800 元，多余款项退回，需要填制一张库存现金的收款凭证和一张转账凭证。

四、记账凭证的审核

为了保证会计信息的质量，在记账之前应由有关稽核人员对记账凭证进行严格的审核，审核的内容主要包括以下几项：

1）记账凭证是否有原始凭证为依据，所附原始凭证或记账凭证汇总表的内容与记账凭证的内容是否一致。

2）记账凭证各项目的填写是否齐全，如日期、凭证编号、摘要、会计科目、金额、所附原始凭证张数及有关人员签章等。

3）记账凭证的应借、应贷科目以及对应关系是否正确，科目的对应关系是否清晰、完整，核算内容是否符合会计准则的要求。

4）记账凭证上所记录的金额与原始凭证的有关金额是否一致，计算是否正确。

5）记账凭证的书写是否文字工整、数字清晰，是否按规定进行更正等。

6）出纳人员在办理收款或付款业务后，是否已在原始凭证上加盖"收讫"或"付讫的戳记。

本节学习导读分析：会计人员在收到销售专用发票、验收单和转账支票后，要对其进行审核，审核无误后，会计人员把销售专用发票、验收单和转账支票附在记账凭证后面，然后在记账凭证上编制会计分录。

知识小结：

专用记账凭证的比较见表 4-15。

表 4-15　专用记账凭证的比较

专用记账凭证	定义	用途
收款凭证	用于记录库存现金和银行存款收款业务的凭证	据以登记库存现金和银行存款的有关账簿
付款凭证	用于记录库存现金和银行存款付款业务的凭证	据以登记库存现金和银行存款的有关账簿
转账凭证	用于记录不涉及库存现金和银行存款业务的凭证	据以登记除库存现金和银行存款以外的明细账和有关总账

第四节　会计凭证的传递与保管

/学习导读/

长财星公司的会计对每一笔经济业务都认真审核原始凭证，并附在记账凭证之后，然后编制记账凭证。一个月下来，积攒的记账凭证就有很厚一摞。这一张张的记账凭证容易散落，该怎么办？这些凭证该保管多长时间？通过学习本节内容，可以了解凭证该如何传递及保管。

一、会计凭证的传递

会计凭证的传递是指从会计凭证取得或填制时起至归档保管的过程中，会计凭证在单位内部有关部门和人员之间的传送程序。**会计凭证的传递应当满足内部控制制度的要求，使传递程**

序合理有效，同时尽量节约传递时间，减少传递的工作量。各单位应根据具体情况确定每一种会计凭证的传递程序和方法。

会计凭证传递具体包括传递程序和传递时间。各单位在制定会计凭证的传递程序、规定其传递时间时，通常要考虑以下几方面的问题：

1）要根据经济业务的特点、企业内部的机构设置和人员分工情况以及管理上的要求等，使有关部门既能按规定手续处理业务，又能利用凭证资料掌握情况，提供数据，协调一致。同时还要注意流程合理，避免不必要的环节，以加快传递速度。

2）要根据有关部门和人员办理业务的必要手续时间确定凭证的传递时间，时间过紧，会影响业务相关手续的完成，时间过松则影响工作效率。

3）要通过调查研究和协商来制定会计凭证的传递程序和传递时间。原始凭证大多涉及本单位内部各个部门和经办人员，因此，会计部门应会同有关部门和人员共同协商其传递程序和时间。记账凭证是会计部门的内部凭证，可由会计主管会同制单、审核、出纳、记账等有关人员商定其传递程序和时间。

二、会计凭证的保管

会计凭证的保管是指会计凭证记账后的整理、装订、归档和存查工作。**会计凭证作为记账的依据，是重要的会计档案和经济资料**。本单位以及其他有关单位，可能因为各种原因需要查阅会计凭证，会计凭证是依法处理经济业务的有效证据。因此，任何单位在完成经济业务手续和记账后，必须将会计凭证按规定的立卷归档制度形成会计档案资料，妥善保管，防止丢失，不得任意销毁，以便日后随时查阅。

会计凭证的保管要求主要有以下几点：

1）会计机构在依据会计凭证记账后，应**定期**（每天、每旬或每月）对各种会计凭证进行分类整理，将各种记账凭证按照编号顺序，连同所附的原始凭证一起加具封面和封底装订成册，并在装订线上加贴封签。会计凭证封面应注明单位名称、凭证种类、凭证张数、起止号数、年度、月份、会计主管人员和装订人员等有关事项，会计主管人员和保管人员等应在封面上签字或者盖章。

从外单位取得的原始凭证遗失时，应取得原签发单位开具的证明文件，**文件需加盖公章**，并注明原始凭证的号码、金额、内容等，由经办单位会计机构负责人、会计主管人员和单位负责人批准后，才能代作原始凭证。若无法取得证明的（如火车票丢失），则应由当事人写明详细情况，由经办单位会计机构负责人、会计主管人员和单位负责人批准后，代作原始凭证。

2）会计凭证应加贴封条，防止抽换凭证。原始凭证不得外借，其他单位如有特殊原因确实需要使用时，经本单位会计机构负责人、会计主管人员批准，可以复印。向外单位提供的原始凭证复印件应在专设的登记簿上登记，并由提供人员和收取人员共同签名或者盖章。

3）原始凭证较多时，**可单独装订**，但应在原始凭证封面注明所属记账凭证的日期、编号和种类，同时在所属的记账凭证上应注明"附件另订"及原始凭证的名称和编号，以便查阅。对各种重要的原始凭证，如押金收据、提货单等，以及各种需要随时查阅和退回的单据，应另编目录、单独保管，并在有关的记账凭证和原始凭证上分别注明日期和编号。

4）每年装订成册的会计凭证，在年度终了时可暂由单位会计机构保管**一年**，期满后应当移交本单位档案机构统一保管；未设立档案机构的，应当在会计机构内部指定专人保管。**出纳人**

员不得兼管会计档案。

5）严格遵守会计凭证的保管期限要求，期满前不得任意销毁。原始凭证、记账凭证和汇总凭证需保存30年。对于保管期满但未结清的债权债务原始凭证以及涉及其他未了事项的原始凭证，不得销毁，应单独抽出，另行立卷，由档案部门保管到未了事项完结时为止。正在项目建设期间的建设单位，其保管期满的会计凭证等会计档案不得销毁。

【例题4-6】 每年装订完成的会计凭证，正确的保管方法有（　　）。
A．在年度终了后，可暂由会计机构保管一年
B．会计机构保管一年期满后，移交本单位档案机构统一保管
C．未设立档案机构的，应当在会计机构内部指定专人保管
D．出纳人员不得兼管会计档案
【答案】 A、B、C、D
【解析】 每年装订成册的会计凭证，在年度终了时可暂由单位会计机构保管一年，期满后应当移交本单位档案机构统一保管；未设立档案机构的，应当在会计机构内部指定专人保管。出纳人员不得兼管会计档案。

❋ **本节学习导读分析**：每个月末，要把记账凭证和附在后面的原始凭证装订成册，这样可以防止散落。会计凭证不能随意丢弃，必须按照规定的方法进行保存，保存超过一定年限后方可根据需要销毁。

本章导读分析

企业经济业务的会计核算是从会计凭证开始的。原始凭证是证明经济业务发生的证据，江月微翻到的购买生产设备的发票就是原始凭证。会计人员审核购买生产设备的发票、验收单等原始凭证，若审核无误则把这些原始凭证附在记账凭证后面，然后把购买生产设备的会计分录记录在记账凭证上，这就是编制会计凭证的过程。

实 务 案 例

2017年6月16日，T股份有限公司（以下简称T公司）公告称，收到山西证监局送达的《行政处罚事先告知书》（以下简称《告知书》），《告知书》显示，T公司出于完成上级考核指标等目的，在2014年年报中使用误导性陈述并于2014年实施无商业实质的购销交易，虚增营业收入。T公司被给予警告、责令改正并被罚款40万元。

在6月16日披露的《告知书》中，山西证监局详细披露了T公司2014年虚增营业收入的主要细节，并认定虚增数额约为7.4亿元。其中，通过子公司虚增营业收入4 113.3万元。此外，T公司及其子公司作为中间商，实施了6笔无商业实质的购销交易，分别虚增营业收入31 669.4万元、4 754.6万元、3 440.5万元、6 682.5万元、13 008.2万元、9 865.0万元。

本案中T公司虚构购销交易，实质是通过原始凭证造假，把这些实际上不真实的交易确认为交易，从而虚构了收入。虚构交易属于财务造假中最常见、性质最恶劣、最具欺骗性的手法之一。不管出于什么目的，原始凭证都不能造假，这是会计职业道德的底线。一旦造假被查，公司将会陷入无法估计的难堪境地。会计人员在工作中，要严格审查原始凭证的真实性、合法性与合理性。

第四章 会计凭证

思维导图

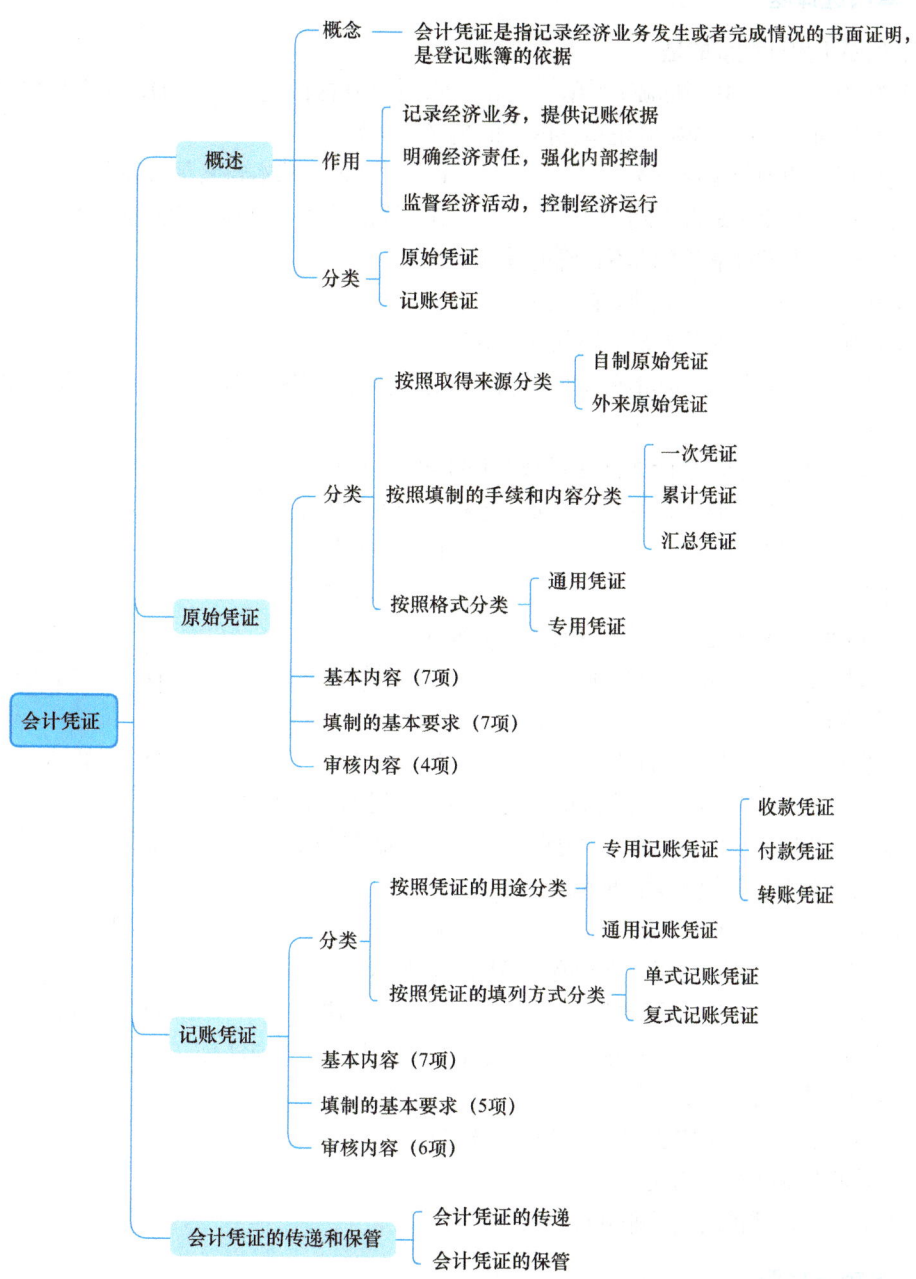

复习思考题

一、单项选择题

1. 下列属于累计凭证的是（　　）。
   A. 领料单　　B. 限额领料单　　C. 耗用材料汇总表　　D. 工资汇总表

2. 下列各项，不属于原始凭证审核内容的是（　　）。
   A. 凭证反映的内容是否真实　　B. 凭证各项基本要素是否齐全
   C. 会计科目的使用是否正确　　D. 凭证是否有填制单位公章和签章

3. 关于会计凭证的保管说法不正确的是（　　）。
   A. 会计凭证应定期装订成册，防止丢失
   B. 会计主管人员和保管人员应在封面上签章
   C. 原始凭证不得外借，其他单位如有特殊原因确实需要使用时，经本单位负责人批准可以复制
   D. 经单位领导批准，会计凭证在保管期满前可以销毁

4. 会计凭证分为原始凭证和记账凭证。这种分类的标准是（　　）。
   A. 用途和填制程序　　B. 形成来源
   C. 用途　　D. 填制方式

5. 将同类经济业务汇总编制的原始凭证称为（　　）。
   A. 一次凭证　　B. 累计凭证　　C. 记账凭证　　D. 汇总凭证

6. 下列人员中，填制记账凭证的人员是（　　）。
   A. 出纳人员　　B. 会计人员　　C. 经办人员　　D. 主管人员

7. 对于企业发生的货币资金之间的收付业务，正确的会计处理是（　　）。
   A. 编制收款凭证　　B. 编制付款凭证　　C. 编制转账凭证　　D. 编制原始凭证

8. 出纳人员付出货币资金依据的是（　　）。
   A. 收款凭证　　B. 付款凭证　　C. 转账凭证　　D. 原始凭证

9. 下列各项中，属于内部牵制制度强调的内容是（　　）。
   A. 相互制约　　B. 相互配合　　C. 相互独立　　D. 相互传递

10. 对于不真实、不合法的原始凭证，会计人员的正确处理方法是（　　）。
    A. 不受理并向有关负责人报告
    B. 退回补办手续后再按照规定的会计手续办理
    C. 不受理并退回原始凭证
    D. 根据该原始凭证编制记账凭证

二、多项选择题

1. 填制和审核会计凭证的作用有（　　）。
   A. 提供会计信息　　B. 监督经济活动　　C. 提供记账依据

D. 编制报表　　　　　　　E. 办理会计手续的必要环节
2. 下列凭证中，属于自制原始凭证的有（　　）。
   A. 购进发票　　　　　　B. 销售发票　　　　　　C. 限额领料单
   D. 发出材料汇总表　　　E. 差旅费报销单
3. 对原始凭证审核的内容有（　　）。
   A. 合规性　　　　　　　B. 完整性　　　　　　　C. 真实性
   D. 科学性　　　　　　　E. 正确性
4. 记账凭证按其与货币收付业务是否有关可分为（　　）。
   A. 汇总记账凭证　　　　B. 收款凭证　　　　　　C. 付款凭证
   D. 转账凭证　　　　　　E. 原始凭证
5. 下列各项中，属于记账凭证基本要素的有（　　）。
   A. 会计科目　　　　　　B. 所附原始凭证张数　　C. 记账金额
   D. 凭证编号　　　　　　E. 记账标记

三、判断题

1. 原始凭证是会计核算的原始资料和重要依据，是登记会计账簿的直接依据。（　）
2. 原始凭证原则上不得外借，其他单位如有特殊原因确实需要使用时，经本单位会计机构负责人、会计主管人员批准，可以外借。（　）
3. 记账凭证所附的原始凭证数量过多，也可以单独装订保管，但应在其封面及有关记账凭证上加注说明。（　）
4. 所有的会计凭证都是登记账簿的依据。（　）
5. 限额领料单只限于领用一种材料。（　）
6. 为简化核算，可将类似的经济业务汇总编制一张汇总原始凭证。（　）
7. 外来原始凭证遗失时，取得签发单位盖有财务章的证明，经单位负责人批准后，可代作原始凭证。（　）
8. 记账凭证通过会计科目对经济业务进行分类。（　）
9. 与货币收付无关的业务一律编制转账凭证。（　）
10. 会计凭证的传递程序应根据会计制度设计，并保证在不同的企业具有相同的程序。（　）

四、思考题

1. 简述记账凭证的审核内容。
2. 为什么说原始凭证是最具有法律效力的会计凭证？

第五章

会计账簿

本章导读

通过对第四章的学习，江月微掌握了原始凭证和记账凭证的相关知识。江月微在长财星公司财务处实习，这天，她看见财务处的会计在打印银行存款日记账、现金日记账和应收账款总账、应收账款明细账等会计账簿。她心中产生了疑惑：长财星公司已经使用财务软件做账了，为什么还要打印会计账簿？未使用电算化进行财务处理的企业的会计账簿又是如何登记的呢？让我们跟江月微一起来学习如何登记会计账簿吧。

第一节 会计账簿概述

/学习导读/

会计人员根据当月发生的经济业务编制了相应的记账凭证，但记账凭证中的会计信息比较零散，为了更方便地"概览"这些信息，会计人员需要根据记账凭证登记账簿，即俗称的"登账"。如果将"记账凭证"视为图书馆中摆放的一本本书，那么"登账"的过程就如同图书管理员根据图书信息汇总"书目表"，方便每位读者了解图书馆藏书的整体情况以及快速地找到对应书籍。因此，"会计账簿"是通过归类、整理会计信息而产生的，它根据不同需要而有不同的形式。

填制和审核会计凭证，可以将每天发生的经济业务进行如实、正确的记录，明确经济责任。但会计凭证数量繁多，信息分散，缺乏系统性，不便于会计信息的整理和报告。为了全面、连续、系统地核算和监督单位的经济活动及其财务收支情况，应设置会计账簿。

通过会计账簿的设置，可以建立起账证、账账、账表之间的勾稽关系，从而检查、校正会计信息。

一、会计账簿的基本内容

会计账簿是指由一定格式的账页组成的，以经过审核无误的会计凭证为依据的，全面、系统、有序、连续地记录各项经济业务活动过程的簿籍。

在实际工作中,由于各种会计账簿所记录的经济业务不同,会计账簿的格式也是多种多样的,但各种会计账簿都应具备以下基本内容:

(一)封面

会计账簿的封面上主要标明**账簿名称**,如库存商品明细账、现金日记账等。其格式如图5-1所示。

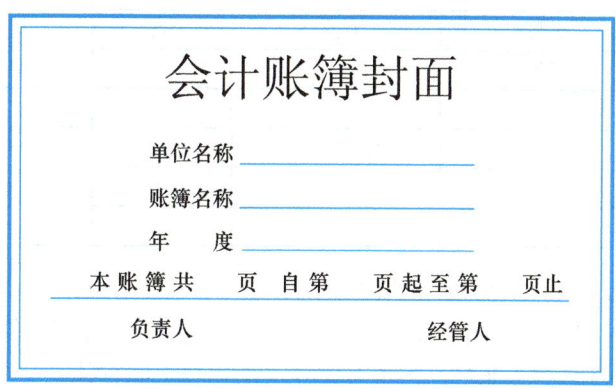

图 5-1　会计账簿封面

(二)扉页

会计账簿的扉页主要用来列明会计账簿的**使用信息**,如科目索引表、账簿启用和经管人员一览表等。具体包括:账簿的启用日期和截止日期、页数、册次;经管账簿人员姓名及其签章;会计主管人员的姓名和签章;账户目录等。

1. 科目索引表

科目索引表列明了一本账簿记录的所有账户名称以及这些账户在账簿中所对应的页数,就像一本书的章节目录一样,方便记账人员登记账簿,也方便记账工作完成后其他相关人员的查阅。科目索引表一般置于账簿的扉页,即在账簿封面和正式账页之间。其格式如表5-1所示。

表 5-1　科目索引表

账户名称	页数	账户名称	页数	账户名称	页数

2. 账簿启用和经管人员一览表

账簿启用和经管人员一览表一般置于"科目索引表"之后、正式账页之前,其格式如表5-2所示。

表 5-2 账簿启用和经管人员一览表

单位名称		长财星公司				
账簿名称		总分类账（第 1 册）				
账簿编号		001				
账簿页数		本账簿共计　　页，从第　　页起至第　　页止				
启用日期		公元 2021 年 1 月 1 日				
经管人员	姓名	印鉴	姓名	印鉴	盖公章	
	李真	李真				
					备注	
交接记录	姓名	经管日期	交出日期	印鉴		

账簿启用和经管人员一览表的填写方法如下：

1）填写启用日期和启用账簿的起止页数。如启用的是订本式账簿（起止页数已经印好的账簿），则不需再填；启用活页式账簿，起止页数可等到装订成册时再填。

2）填写经管人员姓名和交接人员姓名并加盖印鉴，以明确相关责任。

3）加盖单位公章。

4）当账簿经管人员工作变动时，应办好账簿移交手续，在账簿启用和经管人员一览表上明确记录交接日期及交接人员的姓名，并加盖公章。

📢 **学习提示**：会计账簿的印花税票可以去税务机关自行购买粘贴至账本规定处，也可在网上进行申报，不再实际粘贴印花税票。使用财务软件记账的企业，一般在网上直接申报印花税。

（三）账页

账页是账簿用来记录经济业务的主要载体，是**账簿的核心**。其格式根据反映的经济业务内容的不同而有所不同，但都包括账户名称、记账日期栏、记账凭证的种类和编号栏、经济业务摘要栏、金额栏等基本内容。账页格式如表 5-3 所示。

表 5-3 账页格式

现 金 日 记 账

年		凭证编号	摘要	对应科目	借方									√	贷方									√	余额								
月	日				千	百	十	万	千	百	十	元	角	分		千	百	十	万	千	百	十	元	角	分		千	百	十	万	千	百	十	元	角	分

📢 **学习提示**：账簿与账户之间是形式和内容的关系。账簿是由若干账页组成的一个整体，账簿中的每一账页就是账户的具体存在形式和载体，没有账簿，账户就无法存在；账簿按时间顺序分类记录经济业务，这一过程是在各个具体的账户中完成的。因此，账簿只是一个外在形式，账户才是它的实质内容。

二、会计账簿的分类

会计账簿的种类很多，不同类别的会计账簿可以提供不同的信息，满足不同的需要。会计账簿的分类如图 5-2 所示。

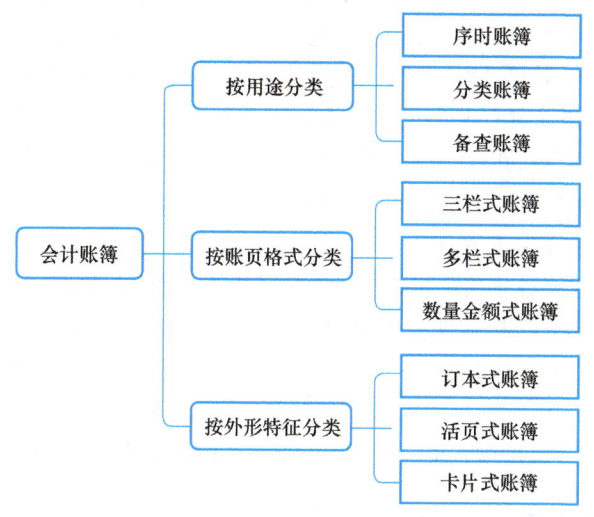

图 5-2　会计账簿的分类

（一）按用途分类

会计账簿按用途不同，可以分为**序时账簿**、**分类账簿**和**备查账簿**。

1. 序时账簿

序时账簿又称日记账，是指**按照经济业务发生时间的先后顺序逐日、逐笔登记的账簿**。日记账按其记录的内容，可分为普通日记账和特种日记账。

普通日记账是对全部经济业务按其发生时间的先后顺序编成会计分录，逐日、逐笔登记的账簿，它通常作为连续登记分类账簿的依据，因此也称为分录日记账；特种日记账是对某一特定种类的经济业务按其发生时间的先后顺序逐日、逐笔登记的账簿，反映特定项目的详细情况。最常用的特种日记账是现金日记账和银行存款日记账。我国企业通常采用的是特种日记账。

📢 **学习提示**：现金日记账和银行存款日记账是每个企业必须设置的账簿，由出纳人员进行登记。

2. 分类账簿

分类账簿是指按照分类账户设置登记的账簿，按其反映经济业务的详略程度，可分为**总分**

类账簿和**明细分类账簿**。

总分类账簿又称总账,是指根据总分类账户开设的,对某类经济活动加以总括的账簿;明细分类账簿又称明细账,是指根据明细分类账户开设的,用来提供明细的核算资料的账簿,如原材料总账所辖的甲材料和乙材料明细账。**总账对所辖的明细账起统驭作用,明细账对总账进行补充和说明。**在实际工作中,会计主体可以根据经营管理的需要,为不同的总账设置所辖的明细账。

📢 学习提示:总分类账簿主要为编制会计报表提供直接数据资料。

3. 备查账簿

备查账簿又称辅助登记簿或补充登记簿,是指对某些在序时账簿和分类账簿中未能记载或记载不全的经济业务进行补充登记的账簿,可以为经营管理提供参考资料。备查账簿只是对其他账簿记录的一种补充,与其他账簿之间不存在严密的依存和勾稽关系,登记方式多以文字说明为主。备查账簿根据企业的实际需要设置,没有固定的格式要求。例如,租入固定资产登记簿、受托加工物资登记簿等。备查账簿对完善企业会计核算、加强企业内部控制与管理、强化对重要经济业务事项的监督、明确会计交接责任、准确填列财务会计报告附注内容等都具有重要意义。

📢 学习提示:备查账簿与序时账簿和分类账簿相比,存在两点不同之处:①登记依据可能不需要记账凭证,甚至不需要一般意义上的原始凭证;②账簿的格式和登记方法不同,备查账簿的主要栏目不记录金额,它更注重用文字来表述某项经济业务的发生情况。

【例题 5-1】 企业从银行提取现金 10 000 元,此项经济业务通常应登记的账簿有(   )。

A. 现金日记账   B. 备查账簿   C. 银行存款日记账   D. 分类账簿

【答案】 A、C

【解析】 根据银行存款付款凭证登记现金日记账和银行存款日记账。

(二)按账页格式分类

会计账簿按账页格式不同,可以分为**三栏式账簿**、**多栏式账簿**和**数量金额式账簿**。

1. 三栏式账簿

三栏式账簿是指设有借方、贷方和余额三个金额栏目的账簿。现金日记账、银行存款日记账,资本、债权、债务明细账,总分类账等,都可以采用三栏式账簿。三栏式账簿又分为设对方科目的三栏式账簿和不设对方科目的三栏式账簿两种,区别是在摘要栏和借方科目栏之间是否有一栏"对方科目"。设有"对方科目"栏的,称为设对方科目的三栏式账簿,如现金日记账和银行存款日记账;不设"对方科目"栏的,称为不设对方科目的三栏式账簿,如总分类账及资本、债权、债务明细账。具体格式如表 5-4 所示。

表 5-4 三栏式账页

年		凭证		摘要	对方科目	借方	贷方	余额
月	日	字	号					

2. 多栏式账簿

多栏式账簿是指在账簿的两个金额栏目（借方和贷方）按需要分设若干专栏的账簿。根据需要，多栏式账簿又可以细分为**借方多栏式**账簿、**贷方多栏式**账簿和**借贷方多栏式**账簿三种形式。

借方多栏式账簿是指账簿的借方分设若干专栏的多栏式账簿，一般适用于成本、费用明细账，如生产成本明细账、管理费用明细账等。具体格式如表5-5所示。

表5-5 生产成本明细账（借方多栏式账页）

年		凭证		摘要	借方			
月	日	字	号		直接材料	直接人工	制造费用	合计

贷方多栏式账簿是指账簿的贷方分设若干专栏的多栏式账簿，一般适用于收入明细账，如主营业务收入明细账等。具体格式如表5-6所示。

表5-6 主营业务收入明细账（贷方多栏式账页）

年		凭证		摘要	贷方			
月	日	字	号		A产品	B产品	C产品	……

借贷方多栏式账簿是指账簿的借方和贷方分别分设若干专栏的多栏式账簿，最典型的是增值税一般纳税人企业使用的应交增值税明细账。具体格式如表5-7所示。

表5-7 应交增值税明细账（借贷方多栏式账页）

年		凭证		摘要	借方			贷方			借或贷	余额
月	日	字	号		进项税额	已交税金	……	销项税额	进项税额转出	……		

3. 数量金额式账簿

数量金额式账簿是指在账簿的借方、贷方和余额三个栏目内，每个栏目再分设数量、单价和金额三小栏，借以反映财产物资的实物数量和价值的账簿。数量金额式账簿一般适用于原材料、库存商品等明细账。具体格式如表 5-8 所示。

表 5-8 数量金额式账页

年		凭证		摘要	借方			贷方			余额		
月	日	字	号		数量	单价	金额	数量	单价	金额	数量	单价	金额

【例题 5-2】 下列账簿中，一般采用多栏式账页格式的有（　　）。

A．应收账款明细账　　　　B．财务费用明细账
C．库存商品明细账　　　　D．主营业务收入明细账

【答案】 B、D

【解析】 多栏式账页格式一般适用于成本、费用、收入类明细账。选项 A 一般采用三栏式账页格式；选项 C 一般采用数量金额式账页格式。

（三）按外形特征分类

会计账簿按外形特征不同，可以分为**订本式账簿**、**活页式账簿**和**卡片式账簿**。

1．订本式账簿

订本式账簿简称订本账，是指在启用前将编有顺序页码的一定数量的账页装订成册的账簿。订本账的优点是能避免账页散失和防止抽换账页，确保账簿资料的完整；其缺点是不能准确为各账户预留账页，且在同一时间内只能由一人登记，不便于记账人员分工协作记账，欠缺灵活性。因此，订本账一般适用于具有统驭性、重要性，只应该或只需要一个人登记的经济业务的记账工作，如**现金日记账**、**银行存款日记账**以及**总分类账**一般都使用订本账。

2．活页式账簿

活页式账簿简称活页账，是指将一定数量的账页置于活页夹内，可根据记账内容的变化而随时增加或减少部分账页的账簿。活页账在启用前没有编写账页顺序号，在使用过程中将各账页放置在活页账夹内，或者临时整理成册。

活页账可以根据实际需要增添账页，这样不会造成浪费，使用也比较灵活，便于分工记账，但这种账簿的账页容易散失和被抽换。因此，如果采用这种账簿，空白账页在使用时就必须连续编号，有关人员需要在账页上盖章，并应定期装订成册。活页账一般适用于**明细分类账**。

3．卡片式账簿

卡片式账簿简称卡片账，是指将一定数量的卡片式账页存放于专设的卡片箱中，可以根据需要随时增添账页的账簿。使用时应将卡片**连续编号**，使用完毕不再登记账簿时，应将卡片**穿孔固定保管**。这种账簿使用起来灵活方便，可以使记录的内容详细具体，可以跨年度使用而无须更换账页，也便于分类汇总和根据管理的需要转移卡片，但这种账簿的账页容易散失和被抽换。因此，在使用卡片式账簿时，应在卡片上连续编号，以保证安全。卡片式账簿一般适用于

账页需要随着物资使用或存放地点的转移而重新排列的明细账，如固定资产明细账。严格说来，卡片账也是一种活页账，不过它不是装在活页夹中，而是保存在卡片箱内。卡片式账簿的样式如图 5-3 所示。

固定资产卡片

类别					年 月 日		第 号
编号		名称		新旧程度		财产来源	
牌号							
数量							
所属设备							
折旧价格		折旧年限		年折旧额		清理残值	
备注							

图 5-3　卡片式账簿的样式

【例题 5-3】　从账簿的用途分类来看，固定资产卡片属于（　　）。
A．订本式账簿　　　B．备查账簿　　　C．分类账簿　　　D．序时账簿
【答案】　C
【解析】　按用途分类，固定资产卡片属于分类账簿。

✢ **本节学习导读分析**：会计账簿的种类很多，不同类别的会计账簿其用途、形式和登记方法也不相同。会计账簿可以按照用途、账页格式和外形特征进行分类，不同的会计账簿可以满足不同的需要。

第二节　会计账簿的启用与登记要求

📁 /学习导读/

江月微在长财星公司实习时，需要购买实习使用的账簿，并进行启用和登记。她高高兴兴地去会计用品店购买了 1 本现金日记账、1 本银行存款日记账、1 本总账和 3 本明细账。回到办公室，她激动地打开现金日记账一看，账簿里面的内容都一样，不知如何登记，心里很着急。本节将介绍启用和登记会计账簿的要求。

一、会计账簿的启用

会计账簿是重要的会计档案。为了确保会计账簿记录的合法性和完整性，明确记账责任，在启用会计账簿时，应当在封面上**写明单位名称和账簿名称**，并**在扉页上附账簿启用和经管人员一览表**。

启用订本式账簿应当从第一页到最后一页顺序编定页数，不得跳页、缺号。使用活页式账簿应当按账户顺序编号，并须定期装订成册，装订后再按实际使用的账页顺序编定页码，另加目录以便于记明每个账户的名称和页次。

二、会计账簿的登记要求

为了保证会计账簿记录的正确性，必须根据审核无误的会计凭证登记会计账簿，并符合有关法律、行政法规和国家统一的会计制度的规定。会计账簿的登记主要有以下要求：

（一）登记账簿的要求

登记会计账簿时，应当将会计凭证日期、编号、业务内容摘要、金额和其他有关资料逐项记入账簿内。

（二）书写账簿的要求

为了保持会计账簿记录的持久性，防止涂改，登记会计账簿时必须使用蓝黑墨水或碳素墨水书写，不得使用圆珠笔（银行的复写账簿除外）或者铅笔书写。

下列情况可以使用红字记账：

1）按照红字冲账的记账凭证，红字表示冲销错误记录。
2）在不设借贷等栏的多栏式账页中，用红字登记减少数。
3）在三栏式账户的余额栏前，如未印明余额方向的，用红字在余额栏内登记负数余额。
4）根据国家规定可以用红字登记的其他会计记录。

> **学习提示**：由于会计中的红字表示负数，除上述情况外，不得用红字登记账簿。

（三）登记页码顺序的要求

会计账簿应当按照连续编号的页码顺序登记。

（四）登记余额的要求

凡需结出余额的账户，结出余额后，应在"借或贷"栏中注明"借"或"贷"字样，以示余额方向。没有余额的账户，应在"借或贷"栏内注明"平"字，并在"余额"栏中的"元"位处用"⊖"表示。

> **学习提示**：现金日记账和银行存款日记账必须逐日结出余额。

（五）登记转页的要求

每一账页登记完毕时，应当结出本页发生额合计及余额，在该账页最末一行"摘要"栏注明"转次页"或"过次页"，并将这一金额记入下一页第一行有关金额栏内，在该行"摘要"栏注明"承前页"，以保持账簿记录的连续性，便于对账和结账。

（六）更正账簿的要求

账簿记录发生错误时，不得刮擦、挖补或用褪色药水更改字迹，而应采用规定的方法更正。

【例题 5-4】 下列情况，可以用红字记账的有（   ）。

A. 在不设借贷等栏的多栏式账页中，登记减少数
B. 在三栏式账页的余额栏前，如果未标明余额方向的，在余额栏内登记增加数
C. 按照红字冲账的记账凭证，冲销错误记录
D. 冲销账簿中多记录的金额

【答案】 A、C、D

【解析】 登记减少数时，才可以使用红字记账，故选项 B 错误。

✿ **本节学习导读分析**：会计账簿启用要在封面上写明单位名称和账簿名称，并在账簿的扉页上附账簿启用和经管人员一览表。会计账簿在登记、书写、登记页码顺序、登记余额、登记转页、更正方面都要符合一定的要求。

第三节　会计账簿的格式与登记方法

/学习导读/

江月微已经启用了会计账簿，正准备登记时，却发现日记账、总账和明细账账页格式一样。让我们与江月微一起学习日记账、总账、明细账的格式和登记方法吧。

一、日记账的格式与登记方法

日记账是按照经济业务发生或完成的时间**先后顺序逐日逐笔进行登记**的账簿。设置日记账的目的是使经济业务的时间顺序清晰地反映在账簿记录中。在我国，大多数企业一般只设现金日记账和银行存款日记账。

（一）现金日记账的格式与登记方法

现金日记账是用来核算和监督库存现金日常收、付和结存情况的**序时账簿**。现金日记账的格式主要为**三栏式**，且必须使用**订本账**。

三栏式现金日记账是用来登记库存现金的增减变动及其结果的日记账。设借方、贷方和余额三个金额栏目，一般将其分别称为**收入**、**支出**和**结余**三个基本栏目。

三栏式现金日记账是由出纳人员根据库存现金收款凭证、库存现金付款凭证以及银行存款的付款凭证，按照**库存现金收、付款业务和银行存款付款业务发生时间的先后顺序逐日逐笔登记**。具体格式如表5-9所示。

表5-9　现金日记账

（单位：元）

2021年		凭证		摘要	对方科目	借方	贷方	余额
月	日	字	号					
3	1			期初余额				10 000
	1	银付	1	提取现金	银行存款	5 000		15 000
	1	现付	1	购买办公用品	管理费用		3 000	12 000
	1			本日合计		5 000	3 000	12 000

三栏式现金日记账的具体登记方法如下:

1) **日期栏**,根据记账凭证的日期填列,应与库存现金实际收付日期一致。

2) **凭证栏**,根据登记入账的收、付款凭证的种类和编号填列,其中,"字"是指记账凭证的种类,如现金付款凭证可以简写为"现付",银行存款付款凭证可简写为"银付"等;"号"是指记账凭证的编号,记账时应按编号登记,以便检查和核对。

3) **摘要栏**,根据记账凭证中的经济业务内容摘要填列。

4) **对方科目栏**,登记现金收入或支出对应的会计科目,可以根据收、付款凭证中的对方科目进行登记,其作用在于了解经济业务的来龙去脉。

5) **收入(借方)、支出(贷方)栏**,根据库存现金实际收付的金额填列。

每日终了,应分别计算库存现金收入和库存现金支出的合计数,结出余额,同时将余额和库存现金实有数核对,这一过程即通常所说的"日清"。如账实不符应查明原因,并记录备案。月终同样要计算库存现金收、付和结存的合计数,这一过程通常称"月结"。

(二) 银行存款日记账的格式与登记方法

银行存款日记账是用来核算和监督银行存款每日的收入、支出和结余情况的账簿。银行存款日记账应按企业在银行开立的账户和币种分别设置,每个银行账户设置一本日记账。由出纳人员根据与银行存款收付业务有关的记账凭证,按**时间先后顺序逐日逐笔**进行登记。根据银行存款收款凭证和有关的库存现金付款凭证登记银行存款收入栏,根据银行存款付款凭证登记其支出栏,**每日**结出存款余额。

> **学习提示**:一笔业务同时涉及库存现金和银行存款的,只编制付款凭证,这样做是为了避免重复登账。

银行存款日记账的格式和现金日记账相同,可以采用三栏式,也可以采用多栏式。多栏式可以将收入和支出的核算在一本账簿上进行,也可以分设"银行存款收入日记账"和"银行存款支出日记账"两本账簿。三栏式银行存款日记账的具体格式如表 5-10 所示。

表 5-10 银行存款日记账

(单位:元)

2021 年		凭证		摘要	对方科目	借方	贷方	余额
月	日	字	号					
2	1			期初余额				20 000
	2	银付	1	报销招待费	管理费用		3 000	17 000
	3	现付	1	存入现金	库存现金	320		17 320
	5	银收	1	销售收入	主营业务收入	10 000		27 320
	5	银收	1	销售收入	应交税费——应交增值税(销项税额)	1 300		28 620

【例题 5-5】 日记账登记练习。

假设长财星公司为增值税一般纳税人,2021 年 4 月 30 日银行存款日记账余额为 300 000 元,现金日记账余额为 3 000 元。5 月 1—4 日发生下列银行存款和库存现金收付业务:

1) 2 日,投资者投入资金 25 000 元,存入银行。

2）2日，以银行存款10 000元归还短期借款。

3）2日，以银行存款20 000元偿付应付账款。

4）3日，以现金1 000元存入银行。

5）3日，以现金暂付职工差旅费800元。

6）3日，收到××公司支付的出租房屋的押金2 000元现金。

7）3日，收到应收账款50 000元，存入银行。

8）4日，以银行存款45 200元支付购买材料款，其中材料买价40 000元，增值税额5 200元。材料未入库。

9）4日，以银行存款1 000元支付上述购入材料运费。

10）4日，从银行提取现金180 000元，准备发放职工工资。

11）4日，用现金180 000元发放职工工资。

要求：

1）根据经济业务编制记账凭证。

2）根据记账凭证登记现金日记账和银行存款日记账。

【答案及解析】 具体操作过程如表5-11～表5-23所示。

表5-11 收款凭证

借方科目：银行存款　　　　　　2021年5月2日　　　　　　银收字第1号

摘要	贷方总账科目	明细科目	√	金额								
				千	百	十	万	千	百	十	元	角	分
投资者投入资金	实收资本	××投资人				2	5	0	0	0	0	0
合计				¥		2	5	0	0	0	0	0

账务主管　　　　　记账　　　　　出纳　　　　　审核　　　　　制单

表5-12 付款凭证

贷方科目：银行存款　　　　　　2021年5月2日　　　　　　银付字第1号

摘要	借方总账科目	明细科目	√	金额								
				千	百	十	万	千	百	十	元	角	分
归还借款	短期借款	××银行					1	0	0	0	0	0	0
合计				¥		1	0	0	0	0	0	0

账务主管　　　　　记账　　　　　出纳　　　　　审核　　　　　制单

表 5-13　付款凭证

贷方科目：银行存款　　　　　2021 年 5 月 2 日　　　　　银付字第 2 号

摘要	借方总账科目	明细科目	√	金额 千 百 十 万 千 百 十 元 角 分
偿还前欠货款	应付账款	×× 单位		2 0 0 0 0 0 0
合计				￥ 2 0 0 0 0 0 0

账务主管　　　　记账　　　　出纳　　　　审核　　　　制单

附单据 × 张

表 5-14　付款凭证

贷方科目：库存现金　　　　　2021 年 5 月 3 日　　　　　现付字第 1 号

摘要	借方总账科目	明细科目	√	金额 千 百 十 万 千 百 十 元 角 分
存现金	银行存款	×× 户头		1 0 0 0 0 0
合计				￥ 1 0 0 0 0 0

账务主管　　　　记账　　　　出纳　　　　审核　　　　制单

附单据 × 张

表 5-15　付款凭证

贷方科目：库存现金　　　　　2021 年 5 月 3 日　　　　　现付字第 2 号

摘要	借方总账科目	明细科目	√	金额 千 百 十 万 千 百 十 元 角 分
出差借款	其他应收款	×× 个人		8 0 0 0 0
合计				￥ 8 0 0 0 0

账务主管　　　　记账　　　　出纳　　　　审核　　　　制单

附单据 × 张

第五章 会计账簿

表 5-16　收款凭证

借方科目：库存现金　　　　　2021 年 5 月 3 日　　　　　现收字第 1 号

摘要	贷方总账科目	明细科目	√	金额 千 百 十 万 千 百 十 元 角 分
收到押金	其他应付款	×× 公司		2 0 0 0 0 0
合计				¥ 2 0 0 0 0 0

账务主管　　　　记账　　　　出纳　　　　审核　　　　制单

附单据 × 张

表 5-17　收款凭证

借方科目：银行存款　　　　　2021 年 5 月 3 日　　　　　银收字第 2 号

摘要	贷方总账科目	明细科目	√	金额 千 百 十 万 千 百 十 元 角 分
收回货款	应收账款	×× 公司		5 0 0 0 0 0 0
合计				¥ 5 0 0 0 0 0 0

账务主管　　　　记账　　　　出纳　　　　审核　　　　制单

附单据 × 张

表 5-18　付款凭证

贷方科目：银行存款　　　　　2021 年 5 月 4 日　　　　　银付字第 3 号

摘要	借方总账科目	明细科目	√	金额 千 百 十 万 千 百 十 元 角 分
购买材料	在途物资	×× 材料		4 0 0 0 0 0 0
	应交税费	应交增值税（进项税额）		5 2 0 0 0 0
合计				¥ 4 5 2 0 0 0 0

账务主管　　　　记账　　　　出纳　　　　审核　　　　制单

附单据 × 张

表 5-19　付款凭证

贷方科目：银行存款　　　　　　2021 年 5 月 4 日　　　　　　银付字第 4 号

摘要	借方总账科目	明细科目	√	金额								
				千	百	十	万	千	百	十	元	角	分
支付购料运费	在途物资	××材料					1	0	0	0	0	0	0
合计							¥	1	0	0	0	0	0	0

账务主管　　　　　记账　　　　　出纳　　　　　审核　　　　　制单

附单据 × 张

表 5-20　付款凭证

贷方科目：银行存款　　　　　　2021 年 5 月 4 日　　　　　　银付字第 5 号

摘要	借方总账科目	明细科目	√	金额								
				千	百	十	万	千	百	十	元	角	分
提现，备发工资	库存现金					1	8	0	0	0	0	0	0
合计						¥	1	8	0	0	0	0	0	0

账务主管　　　　　记账　　　　　出纳　　　　　审核　　　　　制单

附单据 × 张

表 5-21　付款凭证

贷方科目：库存现金　　　　　　2021 年 5 月 4 日　　　　　　现付字第 3 号

摘要	借方总账科目	明细科目	√	金额								
				千	百	十	万	千	百	十	元	角	分
发工资	应付职工薪酬	工资				1	8	0	0	0	0	0	0
合计						¥	1	8	0	0	0	0	0	0

账务主管　　　　　记账　　　　　出纳　　　　　审核　　　　　制单

附单据 × 张

表 5-22　现金日记账

2021年		凭证		摘要	借方	贷方	余额
月	日	字	号				
5	1			期初余额			3 000
	3	现付	1	存现金		1 000	2 000
	3	现付	2	出差借款		800	1 200
	3	现收	1	收到押金	2 000		3 200
				本日合计	2 000	1 800	3 200
	4	银付	5	提现，备发工资	180 000		183 200
	4	现付	3	发放工资		180 000	3 200
				本日合计	180 000	180 000	3 200

表 5-23　银行存款日记账

2021年		凭证		摘要	借方	贷方	余额
月	日	字	号				
5	1			期初余额			300 000
	2	银收	1	投资者投入资金	25 000		325 000
	2	银付	1	归还借款		10 000	315 000
	2	银付	2	偿还前欠货款		20 000	295 000
				本日合计	25 000	30 000	295 000
	3	现付	1	存现金	1 000		296 000
	3	银收	2	收回货款	50 000		346 000
				本日合计	51 000		346 000
	4	银付	3	购买材料		45 200	300 800
	4	银付	4	支付购料运费		1 000	299 800
	4	银付	5	提现，备发工资		180 000	119 800
				本日合计		226 200	119 800

二、总分类账的格式与登记方法

（一）总分类账的格式

总分类账是指按照总分类账户分类登记，总括提供会计信息的账簿。总分类账最常用的格式为**三栏式**，设有**借方、贷方和余额**三个金额栏目。具体格式如表 5-24 所示。

表 5-24　总分类账

会计科目：

年		凭证		摘要	借方	贷方	借或贷	余额
月	日	字	号					

（二）总分类账的登记方法

总分类账的登记方法因登记的依据不同而有所不同，经济业务少的小型单位的总分类账可以根据记账凭证逐笔登记；经济业务多的大中型单位的总分类账可以根据记账凭证汇总表（又称科目汇总表）或汇总记账凭证等定期登记。

三、明细分类账的格式与登记方法

明细分类账是指根据有关明细分类账户设置并登记的账簿。它能提供交易或事项比较详细、具体的核算资料，以补充总分类账所提供核算资料的不足。因此，各单位在设置总分类账的同时，还应设置必要的明细分类账。明细分类账一般采用**活页式账簿**和**卡片式账簿**。明细分类账一般根据记账凭证和相应的原始凭证来登记。

根据所记录经济业务的特点，明细分类账的常用账页格式主要有以下三种：

（一）三栏式

三栏式账页设有借方、贷方和余额三个栏目，用以分类核算各项经济业务，提供详细的核算资料，其格式与三栏式总分类账格式相同。这种格式适用于反映金额核算的会计账户。

（二）多栏式

多栏式账页将属于同一个总账科目的各个明细科目合并在一张账页上进行登记，即在这种格式账页的借方或贷方金额栏内按照明细项目设若干专栏。这种格式适用于收入、成本、费用类科目的明细核算。

（三）数量金额式

数量金额式账页适用于既要进行金额核算又要进行数量核算的账户，如原材料、库存商品等存货账户，其借方（收入）、贷方（发出）和余额（结存）都分别设有数量、单价和金额三个专栏。

数量金额式账页提供了企业有关财产物资的数量及其金额收、发、存的详细资料，从而能加强财产物资的实物管理和使用监督，保证这些财产物资的安全完整。

不同类型经济业务的明细分类账可依据管理需要，依据记账凭证、原始凭证或汇总原始凭证逐日逐笔或定期汇总登记。固定资产、债权、债务等明细分类账应逐日逐笔登记；库存商品、原材料、产成品收发明细分类账及收入、费用等明细分类账可以逐笔登记，也可以定期汇总登记。

【例题 5-6】 下列账户中，应当逐日逐笔登记的有（   ）。
A．销售费用明细分类账　　　　B．固定资产明细分类账
C．应付账款明细分类账　　　　D．预付账款明细分类账
【答案】 B、C、D
【解析】 固定资产、债权、债务等明细分类账应逐日逐笔登记。

四、总分类账与明细分类账的平行登记

（一）总分类账户与明细分类账户的关系

总分类账户是所辖明细分类账户的统驭账户，对所辖明细分类账户起着控制作用；明细分类账户则是总分类账户的从属账户，对其所隶属的总分类账户起着辅助作用。总分类账户及其所辖明细分类账户的核算对象是相同的，它们所提供的核算资料互相补充，只有把两者结合起来，才能既综合又详细地反映同一核算内容。因此，总分类账户和明细分类账户必须平行登记。总分类账户与明细分类账户是既有内在联系又有区别的两类账户。

1．总分类账户与明细分类账户之间的内在联系

总分类账户与明细分类账户之间的内在联系主要表现在以下两个方面：
（1）两者所反映的经济业务的内容相同
例如，"原材料"总账与所辖的"原料及主要材料""辅助材料"等明细账都是用以反映原材料的收发及结存业务的。
（2）登记账户的原始依据相同
登记总分类账户与登记其所辖的明细分类账户的原始凭证是相同的。

2．总分类账户与明细分类账户的区别

总分类账户与明细分类账户的区别主要表现在以下两个方面：
（1）反映经济业务内容的详细程度不同
例如，总分类账户反映资金增减变化的总体情况，提供总体指标；明细分类账户反映资金运动的详细情况，提供明细指标。
（2）作用不同
总分类账户提供的经济指标，是明细分类账户资料的综合，对所辖明细分类账户起着统驭作用；明细分类账户是对有关总分类账户的补充，起着详细说明的作用。

因此，在会计核算中，为了便于进行账户记录的核对，保证核算资料的完整性和准确性，必须采用平行登记的方法登记总分类账户及其所辖的明细分类账户。

（二）总分类账户与明细分类账户平行登记的要点

平行登记是指对所发生的每项经济业务都以会计凭证为依据，一方面记入有关总分类账户，另一方面记入所辖明细分类账户的方法。

总分类账户与明细分类账户平行登记的要点如下：

1．方向相同

对于每一项经济业务，总分类账户及其所辖的明细分类账户的**登记方向**应当相同。如果总分类账户记入借方，所辖明细分类账户也应记入借方；如果总分类账户记入贷方，所辖明细分类账户也应记入贷方。

2．期间一致

对于每一项经济业务，在记入总分类账户和明细分类账户的过程中，可以有先后顺序，但必须在**同一会计期间**（一般在同一月份）**全部登记入账**。

3．金额相等

对于每一项经济业务，记入总分类账户的金额与记入其所辖的各明细分类账户的合计金额应该相等，用公式表示如下：

总分类账户的本期发生额 = 所辖明细分类账户的本期发生额合计

总分类账户的期初余额 = 所辖明细分类账户的期初余额合计

总分类账户的期末余额 = 所辖明细分类账户的期末余额合计

📢 **学习提示**：总分类账户与明细分类账户的平行登记也是"账账核对"——总分类账簿与所辖明细分类账簿之间的核对的依据。

【例题 5-7】 练习平行登记的操作方法。

长财星公司为增值税一般纳税人，2021 年 4 月 1 日"原材料"总分类账户和"应付账款"总分类账户账面余额及其所辖明细分类账户的账面余额资料分别如表 5-25 至表 5-30 所示。

表 5-25　总分类账

会计科目：原材料　　　　　　　　　　　　　　　　　　　　　　　　　　（单位：元）

2021年		凭证		摘要	借方	贷方	借或贷	余额
月	日	字	号					
4	1			期初余额			借	140 000

表 5-26　原材料明细分类账

明细科目：甲材料　　　　　　　　　　　　　　　　　　　（数量单位：kg，金额单位：元）

2021年		凭证		摘要	借方			贷方			余额		
月	日	字	号		数量	单价	金额	数量	单价	金额	数量	单价	金额
4	1			期初余额							2 000	50	100 000

表 5-27　原材料明细分类账

明细科目：乙材料　　　　　　　　　　　　　　　　　　　　　　　　（数量单位：kg，金额单位：元）

2021年		凭证		摘要	借方			贷方			余额		
月	日	字	号		数量	单价	金额	数量	单价	金额	数量	单价	金额
4	1			期初余额							1 000	40	40 000

表 5-28　总分类账

会计科目：应付账款　　　　　　　　　　　　　　　　　　　　　　　　　　　　　　（单位：元）

2021年		凭证		摘要	借方	贷方	借或贷	余额
月	日	字	号					
4	1			期初余额			贷	200 000

表 5-29　应付账款明细分类账

明细科目：A 公司　　　　　　　　　　　　　　　　　　　　　　　　　　　　　　　（单位：元）

2021年		凭证		摘要	借方	贷方	借或贷	余额
月	日	字	号					
4	1			期初余额			贷	120 000

表 5-30　应付账款明细分类账

明细科目：B 公司　　　　　　　　　　　　　　　　　　　　　　　　　　　　　　　（单位：元）

2021年		凭证		摘要	借方	贷方	借或贷	余额
月	日	字	号					
4	1			期初余额			贷	80 000

长财星公司 2021 年 4 月发生下列经济业务，请分别编制相应的会计分录。

1）4 月 5 日，向 A 公司购入甲材料 300kg，单价 50 元 /kg，取得的增值税专用发票上标明的价款为 15 000 元，增值税为 1 950 元，价税款当即以银行存款付清，甲材料验收入库。

【答案及解析】　编制的会计分录为：

借：原材料——甲材料　　　　　　　　　　　　　　　　　　　　　　　15 000
　　应交税费——应交增值税（进项税额）　　　　　　　　　　　　　　　1 950
　　贷：银行存款　　　　　　　　　　　　　　　　　　　　　　　　　　16 950

2）4 月 12 日，从 B 公司购入乙材料 400 kg，单价 40 元 /kg，取得的增值税专用发票上标明的价款为 16 000 元，增值税为 2 080 元，材料已验收入库，价税款尚未支付。

【答案及解析】 编制的会计分录为：

借：原材料——乙材料　　　　　　　　　　　　　　　　　　　16 000
　　应交税费——应交增值税（进项税额）　　　　　　　　　　　2 080
　　贷：应付账款——B公司　　　　　　　　　　　　　　　　　　　18 080

3）4月17日，仓库发出甲材料2 100kg，单价50元/kg，计105 000元；发出乙材料1 100kg，单价40元/kg，计44 000元，合计149 000元，均用于产品生产。

【答案及解析】 编制的会计分录为：

借：生产成本　　　　　　　　　　　　　　　　　　　　　　　149 000
　　贷：原材料——甲材料　　　　　　　　　　　　　　　　　　105 000
　　　　　　——乙材料　　　　　　　　　　　　　　　　　　　44 000

4）4月20日，以银行存款偿还A公司账款100 000元，偿还B公司账款20 000元，合计120 000元。

【答案及解析】 编制的会计分录为：

借：应付账款——A公司　　　　　　　　　　　　　　　　　　100 000
　　　　　　——B公司　　　　　　　　　　　　　　　　　　　20 000
　　贷：银行存款　　　　　　　　　　　　　　　　　　　　　120 000

根据上述资料，采用平行登记方法，以"原材料"和"应付账款"总分类账户及其明细分类账户为例，登记"原材料"和"应付账款"总分类账户及其明细分类账户，其他账户的登记从略。具体操作过程如表5-31至表5-36所示。

表5-31　总分类账

会计科目：原材料　　　　　　　　　　　　　　　　　　　　　　　　　　（单位：元）

2021年		凭证		摘要	借方	贷方	借或贷	余额
月	日	字	号					
4	1			期初余额			借	140 000
	5	付	1	购入甲材料	15 000		借	155 000
	12	转	1	购入乙材料	16 000		借	171 000
	17	转	2	生产领料		149 000	借	22 000
4	30			本月合计	31 000	149 000	借	22 000

表5-32　原材料明细分类账

明细科目：甲材料　　　　　　　　　　　　　　　　　　　（数量单位：kg，金额单位：元）

2021年		凭证		摘要	借方			贷方			余额		
月	日	字	号		数量	单价	金额	数量	单价	金额	数量	单价	金额
4	1			期初余额							2 000	50	100 000
	5	付	1	购入	300	50	15 000				2 300	50	115 000
	17	转	2	领用				2 100	50	105 000	200	50	10 000
4	30			本月合计	300	50	15 000	2 100	50	105 000	200	50	10 000

表 5-33　原材料明细分类账

明细科目：乙材料　　　　　　　　　　　　　　　　　　　　　　　　（数量单位：kg，金额单位：元）

2021年		凭证		摘要	借方			贷方			余额		
月	日	字	号		数量	单价	金额	数量	单价	金额	数量	单价	金额
4	1			期初余额							1 000	40	40 000
	12	转	1	购入	400	40	16 000				1 400	40	56 000
	17	转	2	领用				1 100	40	44 000	300	40	12 000
4	30			本月合计	400	40	16 000	1 100	40	44 000	300	40	12 000

表 5-34　总分类账

会计科目：应付账款　　　　　　　　　　　　　　　　　　　　　　　　　　　　　　（单位：元）

2021年		凭证		摘要	借方	贷方	借或贷	余额
月	日	字	号					
4	1			期初余额			贷	200 000
	12	转	1	购买材料		18 080	贷	218 080
	20	付	2	偿还欠款	120 000		贷	98 080
4	30			本月合计	120 000	18 080	贷	98 080

表 5-35　应付账款明细分类账

明细科目：A 公司　　　　　　　　　　　　　　　　　　　　　　　　　　　　　　　（单位：元）

2021年		凭证		摘要	借方	贷方	借或贷	余额
月	日	字	号					
4	1			期初余额			贷	120 000
	20	付	2	偿还欠款	100 000		贷	20 000
4	30			本月合计	100 000		贷	20 000

表 5-36　应付账款明细分类账

明细科目：B 公司　　　　　　　　　　　　　　　　　　　　　　　　　　　　　　　（单位：元）

2021年		凭证		摘要	借方	贷方	借或贷	余额
月	日	字	号					
4	1			期初余额			贷	80 000
	12	转	1	购入乙材料		18 080	贷	98 080
	20	付	2	偿还欠款	20 000		贷	78 080
4	30			本月合计	20 000	18 080	贷	78 080

通过以上平行登记过程，总分类账户及其所辖明细分类账户的金额相等关系如表 5-37 所示。

表 5-37　总分类账户及其所辖明细分类账户的金额相等关系

（单位：元）

	原材料 = 甲 + 乙	应付账款 =A+B
期初余额	140 000 = 100 000+40 000	200 000 = 120 000+80 000
本期借方发生额	31 000 = 15 000+16 000	120 000 = 100 000+20 000
本期贷方发生额	149 000 = 105 000+44 000	18 080 = 0+18 080
期末余额	22 000 = 10 000+12 000	98 080 = 20 000+78 080

✳ **本节学习导读分析**：日记账按照经济业务的发生或完成的时间先后顺序逐日逐笔登记，总分类账按照总分类账户分类登记以提供汇总的会计信息，明细分类账根据有关明细分类账户设置并登记，总分类账与其所辖的明细账方向相同，期间一致，总分类账金额与所辖各明细分类账合计金额相等。

第四节　对账与结账

/学习导读/

不知不觉已经到了月末，江月微看着自己登记的会计账簿很有成就感。可同事却告诉她别高兴太早，还要对账和结账呢。登记的账簿得进行核对检查，比如江月微登记的"库存商品——A 商品"数量金额式明细账要与仓库管理员登记的账簿进行核对，同时要结出账上 A 产品的期末余额，账上的余额要与仓库里 A 产品的实际余额进行核对等。让我们跟江月微一起学习对账和结账的知识吧。

一、对账

在账簿记录中，由于主、客观的原因，常常会出现账实不符的情况。为了使账簿记录如实地反映经济活动的情况，在结转会计期间的账簿记录之前，必须对账簿记录进行核对。对账工作一般在记账之后、结账之前，即在月末进行，对账是日常会计工作的一个必要环节。

（一）对账的概念

对账就是核对账目，是对账簿记录所进行的核对。通过对账以保证账簿记录的真实可靠，是会计核算的一项重要内容。

（二）对账的内容

对账工作一般包括**账证核对**、**账账核对**和**账实核对**三部分内容。

1. 账证核对

账证核对是指将账簿记录与会计凭证核对，核对账簿记录与原始凭证、记账凭证的时间、凭证字号、内容、金额等是否一致，记账方向是否相符，做到账证相符。

2. 账账核对

账账核对是指核对不同会计账簿之间的记录是否相符。为了保证账簿之间的记录相符，必须将各种账簿之间的有关数据进行核对。具体核对内容包括以下四个方面：

（1）**总分类账簿之间的核对**

这种核对主要是利用借贷记账法的记账规则，核对在期末时，各总分类账户借方余额合计是否等于各总分类账户贷方余额合计。

（2）**总分类账簿与所辖明细分类账簿之间的核对**

这种核对主要是指应核对各总分类账户期末余额是否等于所辖明细分类账户期末余额之和，各总分类账户本期借方发生额是否等于所辖明细分类账户本期借方发生额之和，各总分类账户本期贷方发生额是否等于所辖明细分类账户本期贷方发生额之和。

（3）**总分类账簿与序时账簿之间的核对**

如前所述，我国各单位对库存现金和银行存款两个科目设置序时账，同时，在总分类账户中也有相应的记录，只是二者的记账人员和记账方法要求不同，但记录的内容都是货币资金的增减变化及其结果，这就要求我们将总分类账户与这两本序时账核对，核对内容、方法与上述总分类账户与所辖明细分类账户核对内容相同。

（4）**明细分类账簿之间的核对**

会计部门财产物资明细分类账户的期末余额，应当与财产物资保管和使用部门的有关物资明细分类账的期末余额核对相符。

3. 账实核对

账实核对是指**各项财产物资、债权、债务等账面余额与实有数额之间的核对**。

📢 学习提示：账实核对的具体运用是财产清查，详细解说见第六章"财产清查"。

账实核对的具体内容主要包括以下四个方面：

1）现金日记账账面余额与库存现金实际库存数逐日核对是否相符。现金日记账必须做到**日清月结**，每日由出纳人员自行核对，单位需另派人对现金的管理进行**定期检查**。

2）银行存款日记账账面余额与银行对账单的余额定期核对是否相符。对银行存款的核对一般通过编制银行存款余额调节表进行，一般至少每个月核对一次。

📢 学习提示：银行对账单是指银行客观记录企业资金流转情况的记录单。

3）各项财产物资明细账账面余额与财产物资的实有数额定期核对是否相符。即通过实地盘点，核查固定资产、材料、产成品的实存数量，并与相应的明细分类账的余额核对。

4）有关债权债务明细账账面余额与对方单位的账面记录核对是否相符。单位应定期寄送往来对账单同有关单位进行核对。

🔔 **学习提示**：造成账实不符的原因是多方面的，如财产物资保管过程中发生的自然损耗；财产收发过程中由于计量或检验不准，造成多收或少收的差错；由于管理不善、制度不严造成的财产损坏、丢失、被盗；在账簿记录中发生的重记、漏记、错记；由于有关凭证未到，形成未达账项，造成结算双方账实不符；发生意外灾害等。因此，各单位一般需要通过定期的财产清查来弥补这方面的漏洞，保证会计信息的真实、可靠，提高会计主体的管理水平。

【例题 5-8】 在下列有关选项中，不属于账账核对的内容是（　　）。

A．银行存款日记账余额与银行对账单余额核对
B．银行存款日记账余额与总分类账户余额核对
C．总分类账户借方发生额合计与其明细分类账户借方发生额合计的核对
D．总分类账户贷方余额合计与其明细分类账户贷方余额合计的核对

【答案】 A

【解析】 选项 A 属于账实核对。

二、结账

（一）结账的概念

结账是指将账簿记录定期结算清楚的账务工作。在一定会计期间结束时（如月末、季末或年末），为了编制财务报表，需要进行结账，具体包括**月结**、**季结**和**年结**。结账的内容通常包括两个方面：一是**结清各种损益类账户，并据以计算确定本期利润**；二是**结出各资产、负债和所有者权益类账户的本期发生额合计和期末余额**。

（二）结账的程序

1）结账前，将本期发生的经济业务全部登记入账，并保证其正确性。对于发现的错误，应采用适当的方法进行更正。

2）在本期经济业务全面入账的基础上，根据权责发生制的要求，调整有关账项，合理确定应计入本期的收入和费用。

3）将各损益类账户的余额全部转入"本年利润"账户，结平所有损益类账户。

4）结出资产、负债和所有者权益类账户的本期发生额和余额，并转入下期。

上述工作完成后，就可以根据总分类账和明细分类账的本期发生额和期末余额分别进行试算平衡。

（三）结账的要点

1）对不需按月结计本期发生额的账户，每次记账以后，都要随时结出余额，每月最后一笔余额就是月末余额，即月末余额与本月最后一笔经济业务记录完成后的余额相等。月末结账时，只需要在最后一笔经济业务记录之下通栏划单红线，不需要再次结计余额，如表 5-38 所示。

表 5-38 应收账款明细账结账方法——红星公司

2020年		凭证		摘要	√	借方 千百十万千百十元角分	贷方 千百十万千百十元角分	借或贷	余额 千百十万千百十元角分
月	日	字	号						
				承前页				借	4 0 0 0 0 0
11	7	记	15	收到货款,存入银行			4 0 0 0 0 0	平	0
	8	记	23	销售商品,款未收		1 0 5 3 0 0 0		借	1 0 5 3 0 0 0
	14	记	43	收到货款,存入银行			1 0 5 3 0 0 0	平	0
	20	记	55	销售商品,款未收		5 8 5 0 0 0		借	5 8 5 0 0 0
	23	记	63	收到货款,存入银行			5 8 5 0 0 0	平	
12	8	记	21	销售商品,款未收		1 1 7 0 0 0		借	1 1 7 0 0 0
	26	记	65	销售商品,款未收		2 9 2 5 0 0		借	4 0 9 5 0 0

(此线应为红线)

2)库存现金、银行存款日记账和需要按月结计发生额的收入、费用等明细账,每月结账时,要在最后一笔经济业务记录下面通栏划单红线,结出本月发生额和余额,在摘要栏内注明"本月合计"字样,并在下面通栏划单红线,如表5-39所示。

表 5-39 银行存款日记账结账方法

银行存款日记账

2020年		凭证		摘要	对方科目	√	借方 千百十万千百十元角分	贷方 千百十万千百十元角分	余额 千百十万千百十元角分
月	日	字	号						
				承前页			3 5 4 2 5 3 3 0	2 5 1 0 7 7 6 0	2 9 6 6 2 5 7 0
11	24	记	61	提现	库存现金			1 0 0 0 0 0	2 9 5 6 2 5 7 0
	25	记	62	购料	原材料			2 0 0 0 0 0	2 9 3 6 2 5 7 0
	25	记	63	收回货款	应收账款		2 8 2 5 5 5 0		3 2 1 8 8 1 2 0
	26	记	64	支付欠款	应付账款			2 5 6 7 2 0 0	2 9 6 2 0 9 2 0
	26	记	65	支付电费	管理费用			2 9 0 0 0 0	2 9 3 3 0 9 2 0
	27	记	66	购买机器	固定资产			7 1 8 6 5 2 0	2 2 1 4 4 4 0 0
	30	记	69	利息收入	财务费用		6 5 1 8 0 0		2 2 7 9 6 2 0 0
	30			本月合计			3 8 9 0 2 6 8 0	3 4 5 4 5 1 4 8 0	2 2 7 9 6 2 0 0

(此两条线应为红线)

3）对于需要结计本年累计发生额的明细账户，每月结账时，应在"本月合计"行下结出自年初起至本月末止的累计发生额，登记在月份发生额下面，在摘要栏内注明"本年累计"字样，并在下面通栏划单红线。12月末的"本年累计"就是全年累计发生额，全年累计发生额下通栏划双红线。

4）总分类账户平时只需结出月末余额。年终结账时，为了总体反映全年各项资金运动情况的全貌，核对账目，要将所有总分类账户结出全年发生额和年末余额，在摘要栏内注明"本年合计"字样，并在合计数下通栏划双红线。

5）年度终了结账时，有余额的账户，应将其余额结转下年，并在摘要栏注明；在下一会计年度新建有关账户的第一行余额栏内填写上年结转的余额，并在摘要栏注明"上年结转"字样，使年末有余额账户的余额如实地反映，以免混淆有余额的账户和无余额的账户，如表5-40所示。

表 5-40　总分类账户年末结账方法

年		凭证		摘要	√	借方										贷方										借或贷	余额									
月	日	字	号			千	百	十	万	千	百	十	元	角	分	千	百	十	万	千	百	十	元	角	分		千	百	十	万	千	百	十	元	角	分
				承前页				2	1	7	4	4	1	0	0			2	1	7	1	1	0	0	0	借			1	1	3	0	0	0	0	0
11	20	记汇	32	11-20日发生额					1	9	2	0	0	0	0				2	0	1	0	0	0	0	借				2	3	0	0	0	0	0
	30	记汇	33	21-30日发生额					1	0	1	0	0	0	0											借				1	2	4	0	0	0	0
12	10	记汇	34	1-10日发生额					1	0	8	0	0	0	0						9	0	0	0	0	借				1	4	2	0	0	0	0
	20	记汇	35	11-20日发生额					1	7	2	8	0	0	0					1	8	0	9	0	0	借					6	1	0	0	0	0
	31	记汇	36	21-31日发生额						9	0	9	0	0	0											借				1	5	1	9	0	0	0
				本年合计				2	5	6	9	2	0	0	0			2	5	6	2	0	0	0	0	借				1	5	1	9	0	0	0

（注：此线应为红线；此三条线应为红线）

【例题 5-9】　月结、季结、年结均通栏划单红线，判断该说法是否正确。（　　　）

【答案】　×

【解析】　月结、季结通栏划单红线；年结通栏划双红线。

❀ **本节学习导读分析**：对账一般在月末进行，一般分为账证核对、账账核对和账实核对。结账根据会计分期可能在月末、季末或年末进行，一是结清各损益类账户，计算本期利润；二是结出各资产、负债和所有者权益类账户本期发生额合计和期末余额。

第五节　错账更正的方法

/学习导读/

　　江月微经过对账，还真发现了记账中出现的一个错误。她将生产车间一般耗用原材料20 000元编制了如下会计分录，并已经记账。

第五章　会计账簿

> 借：管理费用　　　　　　　　　　　　　　　　　　20 000
> 　　贷：原材料　　　　　　　　　　　　　　　　　　　　20 000
> 这笔费用应该借记"制造费用"才对呀！这该如何是好？本节将解答错账如何更正的问题。

一、划线更正法

划线更正法是指用划红线的方式注销原有错误记录，然后在错误记录的上方写上正确记录的方法。会计人员结账前发现账簿记录有误（包括文字错误和数字错误），而记账凭证并无错误，应当采用划线更正法。更正时，先在错误的文字或数字上划一条红色横线，表示注销，然后将正确的文字或数字用蓝字或黑字写在被注销的文字或数字上方，并由记账人员和会计机构负责人（会计主管人员）在更正处盖章，以明确责任。错误数字应全部划线注销，不能只划线注销写错的个别数字；错误文字，可只划线注销错误部分。划线注销的文字或数字应使其原有字迹仍可辨认，用以备查，如表 5-41 所示。

表 5-41　总账划线更正法

总　　账

科目：库存现金

年		凭证		摘要	√	借方									贷方									借或贷	余额								
月	日	字	号			千	百	十	万	千	百	十	元	角	分	千	百	十	万	千	百	十	元	角	分		千	百	十	万	千	百	十	元	角	分
1	1			上年结转																						借					1	2	4	2	0	0
	1	银付	1	提现备发工资					3	5	0	0	0	0	0											借					3	6	2	4	2	0	0
	1	现付	1	支付工资																3	2	0	0	0	0	0	借						4	2	4	2	0	0
	1	现付	2	购买办公用品																		1	2	5	0	0	借						4	1	1	7	0	0
	1	现收	1	报销差旅费							2	4	8	0	0											借						4	3	6	5	0	0
	1	现付	3	支付业务招待费						2	7	6	3	0	0											借						1	6	0	2	0	0

（表中："王宇"、"江月微"签章；"2 7 3 6 0 0"处标注"此线应为红线"）

【例题 5-10】　月末结账前会计发现所填制的记账凭证无误，根据记账凭证登记账簿时，将 1 568 元误记为 1 586 元。按照有关规定，更正时应采用的错账更正方法是（　　）。

　　A．平行登记法　　B．红字登记法　　C．补充登记法　　D．划线更正法

【答案】　D

【解析】　划线更正法适用于在结账前发现账簿记录的文字或数字错误，而记账凭证没有错误的情况，选项 D 正确。

185

二、红字更正法

红字更正法是指用**红字冲销**原有错误的凭证记录及账户记录,以更正或调整账簿记录的一种方法。红字更正法适用于以下两种情形:

1) **记账后发现记账凭证中应借、应贷会计科目有错误所引起的记账错误**。更正方法是用红字填制一张与原错误记账内容完全相同的记账凭证,在摘要栏注明"冲销某月某日第几号凭证",并据以用红字登记入账;然后用蓝字填制一张正确的记账凭证,在摘要栏内注明"更正某月某日第几号凭证",并据以用蓝字登记入账。

【**例题 5-11**】 练习红字更正法的操作。

企业某生产车间一般耗用原材料 20 000 元,编制的会计分录为:

借:管理费用   20 000
　　贷:原材料   20 000

并据以登记相关账簿。

【**答案及解析**】 采用红字更正法更正的过程如下:

首先编制一张与原错误记账内容完全相同的红字记账凭证,并据以登记入账,冲销原错账(方框内数字为红字,下同)。

借:管理费用   [20 000]
　　贷:原材料   [20 000]

然后再编制一张完全正确的蓝字记账凭证,并据以登记入账。

借:制造费用   20 000
　　贷:原材料   20 000

具体登账结果如图 5-4 所示。

2) **记账后发现记账凭证和账簿记录中应借、应贷会计科目无误,只是所记金额大于应记金额所引起的记账错误**。更正方法是按多记的金额用红字编制一张与原记账凭证应借、应贷科目完全相同的记账凭证,在摘要中注明"冲销某月某日第几号凭证多记金额",并据以用红字登记入账,以冲销多记的金额。

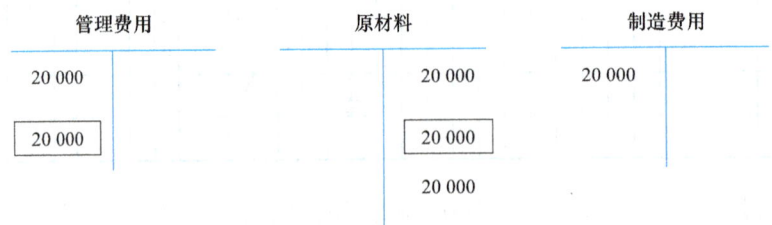

图 5-4　红字更正法的登账结果(例题 5-11)

【**例题 5-12**】 练习红字更正法的操作。

企业某生产车间耗用原材料 2 000 元,编制的会计分录为:

借:制造费用   20 000
　　贷:原材料   20 000

并据以登记相关账簿。

【答案及解析】 采用红字更正法更正过程如下：

编制一张与原错误记账凭证应借、应贷科目完全相同，用红字填写且金额为多记部分的记账凭证，并据以登记入账，冲减原错账。

借：制造费用　　　　　　　　　　　　　　　　　　　　　　　　　18 000
　　贷：原材料　　　　　　　　　　　　　　　　　　　　　　　　　　18 000

具体登账结果如图5-5所示。

图5-5　红字更正法的登账结果（例题5-12）

三、补充登记法

补充登记法是指**用蓝字补记金额**，以更正原错误账簿记录的一种方法。补充登记法适用的错账情况是：在记账后，发现记账凭证和账簿中所记金额小于应记金额，而应借、应贷会计科目无误。具体更正方法是用蓝字编制一张与原记账凭证应借、应贷科目完全相同，金额为少记部分的记账凭证，在摘要中注明"补记某月某日第几号凭证少记金额"，并据以用蓝字登记入账，以补充登记少记的金额。

【例题5-13】 练习补充登记法的操作。

企业某生产车间耗用原材料20 000元，编制的会计分录为
借：制造费用　　　　　　　　　　　　　　　　　　　　　　　　　 2 000
　　贷：原材料　　　　　　　　　　　　　　　　　　　　　　　　　　 2 000
并据以登记相关账簿。

【答案及解析】 采用补充登记法更正过程如下：

用蓝字编制一张与原错误记账凭证应借、应贷科目完全相同，金额为少记部分的记账凭证，并据以登记入账，补充原错账。

借：制造费用　　　　　　　　　　　　　　　　　　　　　　　　　18 000
　　贷：原材料　　　　　　　　　　　　　　　　　　　　　　　　　　18 000

具体登账结果如图5-6所示。

图5-6　补充登记法的登账结果

❋ **本节学习导读分析**：江月微在实际操作中将科目运用错误，应采用红字更正法将原记账凭证及相应账簿记录冲销，再填制正确记账凭证并登记入账。

第六节　会计账簿的更换与保管

/学习导读/

时间飞逝，转眼到了元旦。江月微正准备登记一笔银行存款日记账，刚打开银行存款日记账准备记账时，被财务经理制止了。经理告诉她：新的一年了，应该换本新的银行存款日记账。江月微感到很疑惑："银行存款日记账还有一半没有使用，经理也太浪费了。"让我们一起学习会计账簿的更换与保管，为江月微答疑解惑吧。

一、会计账簿的更换

会计账簿的更换通常在**新会计年度**建账时进行。

日记账、总分类账和多数明细分类账应每年更换一次，在年度终了时更换账簿，并将各账户的余额结转到新的年度，即在新年度的会计账簿中的第一行余额栏内填写上年结转的余额，并注明方向，同时在摘要栏内注明"上年结转"字样。更换新账簿的过程，不需要编制记账凭证。

但是有些明细账，由于其连续记录的要求比较强，也可以跨年使用，不必每年更换一次，如固定资产明细账等。

二、会计账簿的保管

年度终了，各种账户在结转下年、建立新账簿后，一般应将旧账簿集中统一管理。会计账簿可以暂由本单位财务会计部门保管一年，期满后，由本单位财务会计部门编制移交清册移交本单位的档案部门保管。

▷ **学习提示**：未设立档案部门的单位，应当在财务会计部门指定专人保管。

各种账簿应当按年度分类归档，编写目录，妥善保管。这样既保证在需要时能迅速查阅，又保证各种账簿的安全和完整。会计档案保管期满后，还要按照规定的审批程序经批准后才能销毁。

会计账簿是各单位重要的经济资料，必须建立管理制度，妥善保管。账簿管理分为账簿平时管理和旧账簿归档保管两部分。

（一）账簿平时管理

各种账簿要分工明确，指定专人管理，账簿经管人员既要负责记账、对账、结账等工作，又要保证账簿安全。未经会计机构负责人或者有关人员批准，非经管人员不能随意翻阅查看会计账簿。除需要与外单位核对外，一般不能将账簿携带外出。对携带外出的账簿，一般应由经管人员或会计机构负责人指定专人负责。会计账簿不能随意交予其他人员管理，这是为了保证账簿的安全和防止出现任意涂改账簿等现象。

（二）旧账簿归档保管

年度终了更换并启用新账簿后，对更换下来的旧账簿要整理装订，造册归档。归档前，旧账簿的整理工作包括检查和补齐应办的手续，如改错盖章、注销空行及空页、结转余额等。活页账应撤出未使用的空白账页再装订成册，并注明各账页的号数。

旧账簿装订时应注意以下几点：

1）活页账一般按账户分类装订成册，一个账户装订成一册或数册。

2）某些账户账页较少，也可以合并装订成一册。

账簿装订前应检查账簿扉页的内容是否填写齐全，装订后应由经管人员及装订人员、会计主管人员在封口处签名或盖章。旧账簿装订完毕后应编制目录和编写移交清单，然后按期移交档案部门保管。

各种账簿与会计凭证和会计报表一样，必须按照制度统一规定的保存年限妥善保管，不得丢失和任意销毁。根据《会计档案管理办法》的规定，总分类账、明细分类账、辅助账、日记账均应保存 30 年。固定资产卡片账在固定资产清理报废后保管 5 年，涉外和对私改造账簿应永久保存。会计档案保管期满后，应按照规定的审批程序报经批准后才能销毁。企业和其他组织会计档案保管期限如表 5-42 所示。

表 5-42 企业和其他组织会计档案保管期限表

序号	档案名称	保管期限	备注
一	会计凭证		
1	原始凭证	30 年	
2	记账凭证	30 年	
二	会计账簿		
3	总账	30 年	
4	明细账	30 年	
5	日记账	30 年	
6	固定资产卡片	固定资产报废清理后保管 5 年	
7	其他辅助性账簿	30 年	
三	财务会计报告		
8	月度、季度、半年度财务会计报告	10 年	
9	年度财务会计报告	永久	
四	其他会计资料		
10	银行存款余额调节表	10 年	
11	银行对账单	10 年	
12	纳税申报表	10 年	
13	会计档案移交清册	30 年	
14	会计档案保管清册	永久	
15	会计档案销毁清册	永久	
16	会计档案鉴定意见书	永久	

本节学习导读分析：通过本节的学习，江月微明白了财务经理不是浪费，而是按照财务制度的规定，将日记账、总分类账和多数明细分类账每年更换一次，在年度终了时更换账簿，并把旧账簿按照规定进行保管。

本章导读分析

通过本章的学习，江月微掌握了会计账簿的分类、作用和登记方法。公司虽然已经使用财务软件做账，但是按照相关规定，还得将相关账簿打印保管。需要打印的会计账簿有总账、明细账、日记账。具体来说，包括各科目的总账、明细账、现金日记账及银行存款日记账。如果实行了部门核算和项目核算的，再加上部门总账、部门明细账、项目总账及项目明细账。手工和电算化的账簿格式、内容基本一致，手工记账方式下，会计要手动登记账簿，试算平衡、对账、记账等工作都比较烦琐，需要花费大量时间。电算化方式下则只需单击"记账""对账""结转"按钮即可，能非常迅速地完成任务。一般而言，只要会计凭证正确，会计账簿就不易出错。期末，不管是手工做账还是电算化做账，都要把纸质会计账簿进行归档和保管。

实务案例

河北省沧州市一运输公司会计把本公司会计资料藏匿，并拒不交出。日前，这名法盲会计因隐匿及毁损会计凭证、会计账簿罪被沧州市人民法院判处有期徒刑3年6个月。

王某系沧州市某货物运输服务有限公司会计。2018年8月，为了逃避查处，他将依法应当保存的该公司的收入、支出原始票据等会计资料，用铁箱子锁住藏匿到杨某家中，并将公司的中国农业银行现金缴款单等原始票据、记账凭证以及公司为应付年检而做的记账凭证、明细账等会计资料，于2019年1月28日晚藏匿到自己家中，拒不向侦查机关提供。后来，被告人卢某伙同郭某又将王某藏匿于家中的相关会计资料取出并销毁。2019年3月3日，该资料被公安机关搜查时依法扣押。

沧州市人民法院认为，被告人王某、卢某为逃避查处，将依法应当保存的会计凭证、会计账簿等会计资料故意隐匿、拒不交出，致使大部分会计资料不知去向，严重影响了公安机关的调查活动，属情节严重。依法判处王某有期徒刑3年6个月，并处罚金人民币50 000元；判处卢某有期徒刑2年，并处罚金人民币30 000元。

会计账簿是企业经营的重要会计资料，全面、连续、系统地反映单位的经济活动及其财务收支情况。各种会计账簿应当按年度分类归档，编写目录，妥善保管。这样既保证在需要时能迅速查阅，又保证各种会计账簿的安全和完整。会计档案保管期满后，还要按照规定的审批程序经批准后才能销毁。本案中，王某及卢某因违法藏匿会计资料和随意销毁会计资料而获罪。作为会计人员，一定要如实登记并保管好会计账簿，达到法定保管期限、条件的，按照规范程序才能销毁会计账簿。

第五章 会计账簿

思维导图

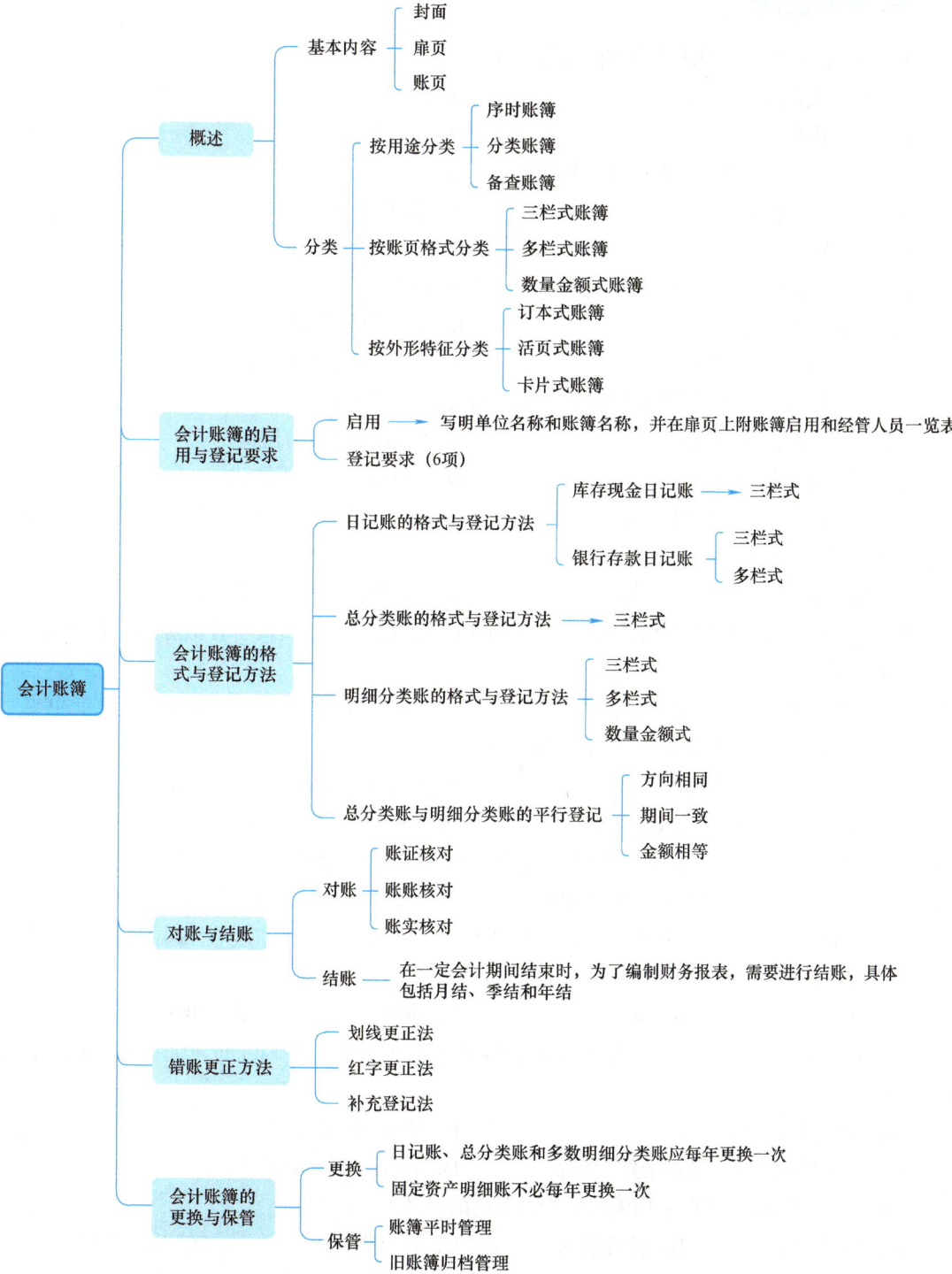

复习思考题

一、单项选择题

1. 下列各项中，按照用途分类的账簿是（　　）。
   A．活页式账簿　　　　　　　　　　B．序时账簿
   C．订本式账簿　　　　　　　　　　D．卡片式账簿

2. 账簿按用途分类时，委托加工材料登记簿属于（　　）。
   A．三栏式明细分类账　　　　　　　B．备查账簿
   C．分类账簿　　　　　　　　　　　D．日记账

3. 企业从银行提取现金时，登记现金日记账的依据是（　　）。
   A．现金收款凭证　　　　　　　　　B．现金付款凭证
   C．银行存款收款凭证　　　　　　　D．银行存款付款凭证

4. 下列各项中，属于三栏式明细分类账簿使用范围的是（　　）。
   A．“管理费用”明细账　　　　　　　B．“本年利润”明细账
   C．“累计折旧”明细账　　　　　　　D．“待摊费用”明细账

5. 某会计人员根据记账凭证登记入账时，误将 600 元填写为 6 000 元，而记账凭证无误。对此正确的更正方法是（　　）。
   A．红字更正法　　B．补充登记法　　C．划线更正法　　D．蓝字更正法

6. 若记账凭证上的会计科目和应借贷方向未错，但所记金额大于应记金额，并已登记入账，对此正确的更正方法是（　　）。
   A．划线更正法　　B．红字更正法　　C．补充登记法　　D．编制相反分录冲减

7. "原材料"明细分类账采用的账簿格式是（　　）。
   A．三栏式明细分类账　　　　　　　B．活页式明细分类账
   C．数量金额式明细分类账　　　　　D．多栏式明细分类账

8. "应收账款"总账科目所属明细账的资料如下："应收账款——A公司"借方余额200万元；"应收账款——B公司"借方余额400万元；"应收账款——C公司"贷方余额300万元；"应收账款——D公司"贷方余额100万元。如果不考虑其他因素，则"应收账款"总账科目期末余额为（　　）万元。
   A．200　　　　　　B．600　　　　　　C．900　　　　　　D．1000

9. 实际工作中，利用平行登记的数量结果检查账簿记录正确性时，通常采用的手段是（　　）。
   A．编制试算平衡表　　　　　　　　B．编制科目汇总表
   C．编制明细账发生额和余额明细表　D．编制科目余额表

10. 下列各项中，可以采用借贷方均设多栏的是（　　）。
    A．本年利润　　B．营业收入　　C．管理费用　　D．生产成本

二、多项选择题

1. 账簿按其外形特征分类，可分为（ ）。
   A．订本式账簿　　　　B．三栏式账簿　　　　C．卡片式账簿
   D．活页式账簿　　　　E．分类账簿
2. 下列各项中，属于任何会计主体都必须设置的账簿有（ ）。
   A．现金日记账　　　　B．银行存款日记账　　C．总分类账簿
   D．明细分类账簿　　　E．日记总账
3. 会计记录使用红色墨水登记账簿的情形有（ ）。
   A．按照红字冲账的记账凭证冲销错误记录
   B．在不设借贷栏的多栏式账页中，登记减少金额
   C．在期末结账时，用红色墨水划通栏红线
   D．三栏式账页的余额栏前，如未注明余额方向，在余额栏内登记负数余额
   E．按照红字冲账的原理，冲销错误的报表数据
4. 总分类账户与明细分类账户的平行登记，应满足的要求有（ ）。
   A．原始依据相同　　　B．同期登记　　　　　C．同金额登记
   D．同方向登记　　　　E．同账簿登记
5. 下列各项中，应在备查账簿中进行记录的有（ ）。
   A．经营租赁租入的固定资产　　　B．发行股票的股数、股东所占的比例
   C．供货单位的名称　　　　　　　D．生产产品的品种
   E．固定资产的使用期限

三、判断题

1. 备查账簿是对某些在日记账和分类账中未能记录或记录不全的经济业务进行补充登记的账簿，因此，各单位必须设置备查账簿。（ ）
2. 多栏式总分类账是把所有的总账科目合并设在一张账页上，所以也称日记总账。它具有序时账和分类账的作用。（ ）
3. 多栏式明细分类账一般适用于债权、债务结算账户的登记。（ ）
4. 各种明细分类账的登记，可以逐日逐笔登记，也可以在月末汇总登记。（ ）
5. 登记账簿必须用蓝色或黑色墨水书写，不得使用圆珠笔、铅笔书写，更不得用红色墨水书写。（ ）
6. 某会计人员在填制记账凭证时，误将9 800元记为8 900元，并已登记入账。月末结账前发现错误，更正时应采用划线更正法。（ ）
7. 新的会计年度开始时，必须更换全部账簿，不得只更换总账和现金日记账、银行存款日记账。（ ）
8. 任何错账均可采用红字更正法进行更正。（ ）
9. 在借方设多栏而不设置贷方栏的情况下，需要记录减少时，可以用红字冲销。（ ）
10. 总分类账和明细分类账必须采用平行登记的规则进行登记。（ ）

四、计算与实务题

资料：

1. 云天工厂于 2021 年 1 月 31 日有关总分类账户和明细分类账户的余额如下：

1）总分类账户

"原材料" 840 000 元

"应付账款" 250 000 元（贷方余额）

2）明细分类账户

"原材料"：

甲材料：2 200t，单价 200 元 /t，金额 440 000 元

乙材料：4 000t，单价 100 元 /t，金额 400 000 元

"应付账款"：

卓韵工厂：220 000 元（贷方余额）

振华工厂：30 000（贷方余额）

2．2 月份发生下列有关经济业务：

1）5 日，用银行存款 40 000 元购进甲材料 200t，材料已验收入库。

2）10 日，以银行存款 200 000 元偿还所欠卓韵工厂材料货款。

3）15 日，向振华工厂购进乙材料 1 000t，单价 100 元 /t，货款 100 000 元，尚未支付，材料已验收入库。

4）20 日，仓库发出材料一批用于产品生产，其中：甲材料 2 000t，单价 200 元 /t；乙材料 4 500t，单价 100 元 /t。

5）25 日，以银行存款 13 000 元偿还前欠振华工厂的材料款。

要求：

1. 根据资料 1 开设"原材料""应付账款"总分类账户和明细分类账户。
2. 根据资料 2 编制会计分录（购进材料时通过"材料采购"科目）。
3. 根据所编会计分录平行登记"原材料""应付账款"总分类账户和明细分类账户。
4. 结算"原材料""应付账款"总分类账户和明细分类账户的本期发生额和期末余额。

五、思考题

王先生在一家上市公司做会计主管，发现该公司的"原材料"和"应收账款"平时不登记总分类账，只是登记明细分类账，往往是等一段时间才补登总分类账；而"固定资产"账户平时不登记明细分类账，只登记总分类账。他提出这种做法不符合总分类账与明细分类账之间的平行登记原则，但是财会部门经理认为这样做没有违反平行登记的规定。你认为谁的看法正确？

第六章

财产清查

本章导读

相信很多人都看过电视剧《天地粮人》。剧中，李幼斌扮演的高远是新任粮食厅厅长，上任不久，收到一封神秘的"匿名信"，举报某粮库实为空仓。最后经过查证，该粮库确实是空仓，可是账上记录的是满仓。看来有时账是靠不住的。让我们开始财产清查的学习吧。

第一节 财产清查概述

学习导读

江月微在一家企业担任实习会计。每到月末，她都需要去仓库清点商品的数量。清点商品的数量不是仓库管理员的职责吗？会计人员也要参与吗？当然需要，这样才能知道账面上记录的商品是不是在仓库中实际存在，这就是财产清查。本节将学习财产清查的概念、种类和程序。

财产清查是指通过对货币资金、实物资产和往来款项等财产物资进行盘点或核对，确定其实存数，查明账存数与实存数是否相符的一种专门方法。企业应当建立健全的财产清查制度，加强管理，以保证财产物资核算的真实性和完整性。

> 学习提示：财产清查是对账（账实核对）的重要手段。

一、财产清查的分类

财产清查主要按照清查范围、清查时间、清查执行系统进行分类，如图6-1所示。

（一）按照清查范围分类

1. 全面清查

全面清查是指对所有的财产进行全面的盘点和核对。

全面清查的特点是清查内容多、范围广、工作量大，不可能经常进行。财产需要进行全面清查的情况通常有以下几种：

1）年终决算之前。
2）单位撤销、合并或改变隶属关系前。
3）中外合资、国内合资前。
4）企业股份制改制前。
5）开展全面的资产评估、清产核资前。
6）单位主要负责人调离工作前。

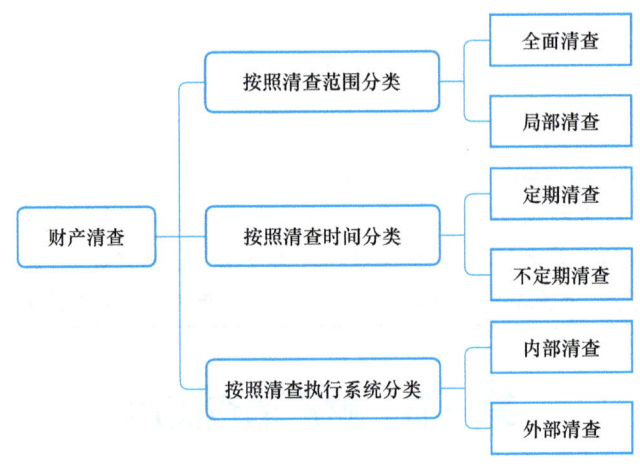

图 6-1　财产清查的分类

学习提示：全面清查的对象为：①货币资金，包括库存现金、银行存款、其他货币资金等；②财产物资，包括存货、固定资产等；③债权债务，包括应收、应付款项及预收、预付款项等。

2. 局部清查

局部清查是指根据需要只对部分财产进行盘点和核对。

局部清查的特点是清查范围小、内容少、涉及的人员较少，但专业性较强。其清查对象主要是货币资金、存货等流动性较强的财产，一般包括以下几项：

1）库存现金。应由出纳人员在**每日业务终了时**清点库存现金，做到**日清月结**。
2）银行存款。企业**每月**至少应同银行核对一次银行存款余额。
3）原材料、在产品和库存商品等流动性较大的存货。除年度清查外，企业应于**年内随时轮流盘点或重点抽查该类存货**。
4）贵重物品。对于贵重的财产物资，应**每月清查盘点**。
5）债权、债务。企业**应在每年至少同对方单位核对 1～2 次债权、债务信息**。

（二）按照清查时间分类

1. 定期清查

定期清查是指按照预先计划安排的时间对财产进行的盘点和核对。定期清查一般在年末、季末、月末进行。定期清查可以是全面清查，也可以是局部清查。

2．不定期清查

不定期清查也称临时清查，是指事前不规定清查日期，而是根据特殊需要临时进行的盘点和核对。不定期清查可以是全面清查，也可以是局部清查，应根据实际需要来确定清查的对象和范围。

不定期清查主要在以下几种情况下进行：

1）在库存现金、财产物资保管人员更换，办理交接手续时，要对有关人员保管的库存现金和财产物资进行清查，以分清经济责任。

2）发生自然灾害和意外损失时，要对受损失的财产物资进行清查，以查明损失情况。

3）进行临时性清产核资时，要对本单位的财产物资进行清查，以便摸清家底。

4）上级主管、财政、审计等部门和银行对本单位进行会计检查时，要按照检查的要求和范围对财产物资等情况进行清查，以验证会计资料的可靠性。

【例题 6-1】 局部清查的对象是（   ）。

A．银行存款　　　B．固定资产　　　C．库存现金　　　D．贵重物品

【答案】 A、B、C、D

【解析】 上述 4 个选项都属于局部清查的对象。

（三）按照清查执行系统分类

1．内部清查

内部清查是指由本单位内部自行组织清查工作小组所进行的财产清查工作。大多数财产清查都是内部清查。内部清查可以是定期清查，也可以是不定期清查，可以是全面清查，也可以是局部清查，应根据实际需要来确定清查的时间、对象和范围。

2．外部清查

外部清查是指由上级主管部门、审计机关、司法部门、注册会计师等根据国家有关规定需要对本单位所进行的财产清查。一般来讲，进行外部清查时应有本单位相关人员参加。外部清查可以是定期清查，也可以是不定期清查，可以是全面清查，也可以是局部清查，应根据实际需要来确定清查的时间、对象和范围。

二、财产清查的一般程序

财产清查既是会计核算的一种专门方法，又是财产物资管理的一项重要制度。企业必须有计划、有组织地进行财产清查。财产清查一般包括以下程序：

1）建立财产清查组织。财产清查组织一般由会计部门、财产保管部门及使用部门等组成，由管理层研究制订财产清查计划，确定工作进度和方式方法。

2）组织清查人员学习有关法律、法规等政策规定，掌握相关的业务知识，以提高财产清查工作的质量。

3）确定清查对象和范围，明确清查任务。

4）制订清查方案，具体包括安排清查内容、时间、步骤、方法，以及清查前的准备工作。

5）清查应本着先清查数量、核对有关账簿记录等，后认定质量的原则进行。

6）填制盘存清单。清查人员要做好盘点记录，填制盘存清单，列明所查财产物资的实存数量和债权债务及相关款项的实有数额。

7）根据盘存清单，填制实物、往来账项清查结果报告表。

> **学习提示**：财产清查盘点完成后，会计部门应根据盘查结果填制实存账存对比表。

三、财产物资的盘存制度

财产物资的盘存制度是指在日常会计核算中采用什么方法确定各项财产物资的盘存数的制度。企业财产物资的盘存制度通常有以下两种：

（一）实地盘存制

实地盘存制是平时根据有关会计凭证，只登记财产物资的增加数，不登记其减少数，月末或一定时期可根据期末盘点资料，弄清各种财产物资的实有数额，然后再根据"期初结存数＋本期增加数＝本期实存数＋本期减少数"的公式，倒算出本期减少数额，即"以存计耗""以存计销"，并记入有关明细账中的一种物资盘存管理制度。采用这种方法，工作比较简单，虽然看起来账是平衡的，但手续不够严密，不易发现管理中存在的问题。

实地盘存制的优点是核算工作比较简单，工作量较小。

实地盘存制的缺点是手续不够严密，不能通过账簿随时反映和监督各项财产物资的收、发、结存情况。

实地盘存制一般只适用于核算那些价值低和数量不稳定、损耗大的鲜活商品。

（二）永续盘存制

永续盘存制也称"账面盘存制"，是平时对企业单位各项财产物资分别设立明细账，根据会计凭证连续记载其增减变化并随时结出余额的一种管理制度。这种盘存制度能从账簿资料中及时反映企业各项财产物资的结存数额，为及时掌握企业的财产增减变动情况和余额提供可靠依据，以便加强对财产物资的管理。

永续盘存制的优点是：①加强了对库存商品的管理；②明细账的结存数量可以通过盘点与实存数量进行核对；③明细账上的结存数量可以随时与预定的最高和最低库存限额进行比较，取得库存积压或不足的资料，以便及时组织库存商品的购销或处理，加快资金周转。

永续盘存制的缺点是：存货明细账的会计核算工作量较大。

> **本节学习导读分析**：为保证财产物资核算的真实性和完整性，财产清查是企业必要的手段。财产清查可以按照清查范围、清查时间和清查执行系统进行分类。针对不同的资产，清查的方法也有所不同。江月微去仓库清点商品，实际上也是会计工作职责的一部分。

> **知识小结**：财产清查事项总结如表 6-1 所示。

表 6-1　财产清查事项总结

事项	按清查范围划分	按清查时间划分
债权、债务的清查	局部清查	不定期清查
更换仓库保管员	局部清查	不定期清查

(续)

事项	按清查范围划分	按清查时间划分
发生自然灾害、发生盗窃事件	局部清查、全面清查	不定期清查
年终决算前	全面清查	定期清查
合并、改组	全面清查	不定期清查
企业改制	全面清查	不定期清查
吸引外商投资	全面清查	不定期清查
与银行核对银行存款和短期借款	局部清查	定期清查
清产核资	全面清查	不定期清查

第二节　财产清查的方法

/学习导读/

江月微到仓库跟库管员一起清查财产，除了清点商品的数量外，还需要清点生产商品的原材料等。财产清查有专门的方法，针对不同的财产要使用不同的清查方法。本节将介绍财产清查的方法及其在实际工作中的应用。

由于货币资金、实物、往来款项等财产的特点各有不同，在进行财产清查时，应采用与其特点和管理要求相适应的方法。

一、货币资金的清查方法

（一）库存现金的清查

库存现金应采用**实地盘点法**进行清查，即通过实地盘点确定库存现金的实存数，并与现金日记账的账面余额核对，以查明账存与实存是否相符，并确定是否存在盘盈或盘亏的情况。

库存现金清查主要包括以下两种情况：

1）出纳人员于**每日业务终了**时清点库存现金实有数，并与现金日记账的账面余额核对，做到账实相符。这是出纳人员所做的经常性的现金清查工作。

2）专门的清查小组对库存现金进行定期或不定期清查。清查小组清查前，出纳人员应将全部有关现金的收付款凭证登记入账，结出库存现金余额并填列在"库存现金盘点报告表"的"账存金额"栏。清查小组盘点时，**出纳人员必须在场**，库存现金由**出纳人员经手盘点**，清查人员从旁监督。同时，清查人员还应认真审核库存现金收付款凭证和有关账簿，检查账务处理是否合理合法，账簿记录有无错误，以确定账存数与实存数是否相符。

对库存现金的清查，既要检查账证是否客观、真实，是否存在违反现金管理制度的行为，如白条抵库、超限额留存现金、公款私存等，又要检查账实是否相符。

在库存现金清查结束后，直接填制"库存现金盘点报告表"，由盘点人员、出纳人员共同签名盖章，并据以调整现金日记账的账面记录。"库存现金盘点报告表"兼有"盘存单"和"实存账存对比表"的作用，是反映库存现金实有数和调整账簿记录的原始凭证。其一般格式如表 6-2 所示。

表 6-2 库存现金盘点报告表

单位名称： 年 月 日 （单位：元）

实存金额	账存金额	清查结果		备注
		盘盈（溢余）	盘亏（短缺）	

负责人（签章）： 盘点人（签章）： 出纳员（签章）：

> **学习提示**：国库券、其他金融债券、公司债券、股票等有价证券的清查方法和库存现金相同。

（二）银行存款的清查

银行存款的清查是采用与开户银行核对账目的方法进行的，即将本单位银行存款日记账的账簿记录与开户银行提供的银行对账单逐笔进行核对，查明银行存款的实有数额。银行存款的清查一般在月末进行。

1. 银行存款日记账与银行对账单不一致的原因

将截至清查日所有银行存款的收付业务全部登记入账后，对发生的错账、漏账应及时查清更正，再与银行对账单逐笔核对。如果二者余额相符，通常说明没有错误；如果二者余额不相符，则可能是企业或银行一方或双方记账过程有错误或者存在未达账项。

未达账项是指由于结算凭证在企业与银行之间或收付款银行之间传递需要时间，造成企业与银行之间入账的时间存在差异，一方收到凭证并已入账，另一方未收到凭证，因而未能入账的款项等。未达账项一般分为以下四种：

1）企业已收款记账，银行未收款、未记账的款项（简称"企业已收，银行未收"或"企收银未收"）。例如，企业销售产品收到转账支票，送存银行后即可根据银行盖章后返回的"进账单"回单联登记银行存款的增加，而银行则要等款项收妥后再记增加。如果此时对账，就会出现"企收银未收"的款项。

2）企业已付款记账，银行未付款、未记账的款项（简称"企业已付，银行未付"或"企付银未付"）。例如，企业开出一张转账支票支付购料款，可根据支票存根等登记银行存款的减少，而此时银行由于尚未接到支付款项的支票而尚未记存款减少。如果此时对账，就会出现"企付银未付"的款项。

3）银行已收款记账，企业未收款、未记账的款项（简称"银行已收，企业未收"或"银收企未收"）。例如，某单位给本企业汇来款项，银行收到汇款后，登记了企业存款增加，而企业由于尚未收到银行收账通知单而尚未登记银行存款增加。如果此时对账，就会出现"银收企未收"的款项。

4）**银行已付款记账，企业未付款、未记账**的款项（简称"银行已付，企业未付"或"银付企未付"）。例如，银行收取企业借款的利息，已从企业存款账户中扣取并已登记企业存款减少，而企业尚未接到银行的计付利息通知单而尚未登记银行存款减少。如果此时对账，就会出现"银付企未付"的款项。

上述任何一种未达账项的存在，都会使企业银行存款日记账的余额与银行出具的对账单的余额不符。因此，在与银行对账时首先应查明是否存在未达账项，如果存在未达账项，应该编制"银行存款余额调节表"，据以调节双方的账面余额，确定企业银行存款实有数。

2．银行存款清查的步骤

银行存款的清查按以下四个步骤进行：

1）根据经济业务内容、结算凭证的种类、号码和金额等资料逐日逐笔核对银行存款日记账和银行对账单。凡双方都有记录的，用铅笔在金额旁打上记号"√"。

2）找出未达账项（即银行存款日记账和银行对账单中没有打"√"的款项）。

3）将银行存款日记账和银行对账单的月末余额及未达账项填入"银行存款余额调节表"，并计算出调整后的余额。

4）将调整平衡的"银行存款余额调节表"，经主管会计签章后呈报开户银行。

"银行存款余额调节表"是指为了核对企业与其开户银行双方记录的企业银行存款账目余额而编制的，列示双方未达账项的一种表格。银行存款余额调节表的编制，一般采用补记法的原理，具体操作过程是在企业银行存款日记账余额和银行对账单余额的基础上，各自分别加上对方已收款入账而己方尚未入账的数额，减去对方已付款入账而己方尚未入账的数额。其计算公式如下：

企业银行存款日记账余额＋银行已收而企业未收的款项－银行已付而企业未付的款项
＝银行对账单存款余额＋企业已收而银行未收的款项－企业已付而银行未付的款项

银行存款余额调节表的具体编制方法示例如下：

长财星公司 2021 年 6 月 30 日核对银行存款日记账。6 月 30 日，银行存款日记账余额为 999 600 元，同日银行开出的对账单余额为 828 450 元。经银行存款日记账与银行对账单逐笔核对，发现两者不符是由以下原因造成的：

1）公司于 6 月 28 日开出支票 14 000 元购买办公用品，已根据支票存根和有关发票等原始凭证记账，但收款人尚未到银行办理转账。

2）6 月 29 日，公司的开户银行代公司收进一笔托收的货款 95 900 元，银行已记账，但尚未通知公司。

3）6 月 29 日，开户银行代公司支付当月的水电费 17 500 元，银行已记账，付款通知单尚未送达公司，因而公司未记账。

4）公司于 6 月 30 日收到客户交来的购货支票，金额 263 550 元，当即存入银行，公司已根据进账单等记账，但因跨行结算等原因，银行尚未记账。

长财星公司根据调节前的余额和查出的未达账项等内容，编制 6 月 30 日的银行存款余额调节表（见表 6-3）。

表 6-3 银行存款余额调节表

2021 年 6 月 30 日　　　　　　　　　　　　　　　　　　（单位：元）

项目	金额	项目	金额
企业银行存款日记账余额	999 600	银行对账单余额	828 450
加：银行已收，企业未收	95 900	加：企业已收，银行未收	263 550
减：银行已付，企业未付	17 500	减：企业已付，银行未付	14 000
调节后存款余额	1 078 000	调节后存款余额	1 078 000

从表 6-3 可以看出，表中左右两方调整后的金额相等，这说明长财星公司的银行存款实有数既不是 828 450 元，也不是 999 600 元，而是 1 078 000 元。同时还说明，公司和银行双方在账目记录的过程中基本没有错误（但这不是绝对的，无法排除两个差错正好相等，抵销为零等情况）。如果调节后的余额仍然不等，则说明有错误存在，应进一步查明原因，采取相应的方法进行更正。

这里需要注意的是对于未达账项的处理。按照我国会计制度的规定，对于未达账项，不能以银行存款余额调节表作为原始凭证调节银行存款日记账的账面记录，对于银行已经记账而企业尚未记账的未达账项，应该在实际收到有关的收、付款结算凭证后，即未达账项变成"已达账项"时再进行相关的账务处理。之所以采取这样的方法进行处理，一方面是为了简化会计核算工作，防止重复记账，同时也考虑到在企业正常的经营过程中，会计期末的未达账项数额一般不会很大，转变成"已达账项"的时间也不会很长，而且在权责发生制的要求下，收入和费用的确认与收款和付款的记录不在同一个会计期间完成是正常的，因而对未达账项暂不进行处理并不影响企业本期经营成果的确定。由此可知，编制银行存款余额调节表只起对账的作用，而不能将银行存款余额调节表作为调整账面记录的依据。

📖 **学习提示**："银行存款余额调节表"应由出纳以外的会计人员编制，否则不符合"不相容岗位分离"的要求。

【例题 6-2】 银行存款日记账余额为 46 000 元，调整前银行已收、企业未收的款项为 2 000 元；企业已收、银行未收款项为 1 200 元；银行已付、企业未付款项为 3 000 元。则调整后银行存款余额为（　　）元。

A．46 200　　　B．45 000　　　C．48 000　　　D．41 200

【答案】 B

【解析】 调整后银行存款余额 = 企业账面银行存款日记账余额 + 银行已收而企业未收款项 - 银行已付而企业未付款项 = 46 000+2 000-3 000=45 000（元）。

3．银行存款余额调节表的作用

1) 银行存款余额调节表是一种对账记录或对账工具，不能作为调整账面记录的依据，银行存款余额调节表只是为了核对账目，不属于原始凭证。即不能根据银行存款余额调节表中的未达账项来调整银行存款账面记录，未达账项只有在收到有关凭证后才能进行有关的账务处理。

2) 调节后的余额如果相等，通常说明企业和银行的账面记录一般没有错误，该余额通常为企业可以动用的银行存款实有数。

3) 调节后的余额如果不相等，通常说明一方或双方记账有误，需进一步追查，查明原因后予以更正和处理。

二、实物资产的清查方法

实物资产主要包括固定资产、存货等。实物资产的清查就是对实物资产在数量和质量上所进行的清查。由于实物资产的形态、体积、重量、码放方式等不相同,因而所采用的清查方法也不相同。常用的实物资产的清查方法主要有以下两种:

(一)实地盘点法

实地盘点法通过点数、量尺、过磅等方法来确定实物资产的实有数量,使用范围较广,在**多数**财产物资清查中都可以采用。

(二)技术推算法

技术推算法是指利用技术方法推算财产物资实存数的方法。此方法适用于成堆、量大但是价值不高、难以逐一进行清点的财产物资,如煤炭、砂石等。

对实物资产的数量进行清查的同时,还要对实物资产的质量进行鉴定,其鉴定可以通过物理方法或者化学方法进行。为了明确经济责任,进行实物资产清查时,**实物资产保管人员**和**盘点人员**必须**同时在场**。

对于财产物资的盘点结果,应逐一填制"盘存单"(见表6-4),并由盘点人和实物保管人签字或盖章。"盘存单"既是记录盘点结果的书面证明,也是反映财产物资实存数的原始凭证。

表6-4 盘存单

单位名称:　　　　　　　　　　　存放地点:
财产类别:　　　　　　　　　　　盘点时间:　　　　　　　　　　编号:

序号	名称	规格	计量单位	实存数量	单价	金额	备注

盘点人(签章):　　　　　　　　　　　　　　保管人(签章):

为了查明财产物资实存数与账存数是否一致,确定盘盈或盘亏情况,相关人员还应根据盘存单和账簿记录编制"实存账存对比表"(见表6-5)。该表是用以调整账簿记录的重要原始凭证,也是分析差异产生、明确经济责任的重要依据。

表6-5 实存账存对比表

单位名称:　　　　　　　　　　　　年　月　日　　　　　　　　　　编号:

序号	类别及名称	计量单位	单价	实存		账存		对比结果				备注
								盘盈		盘亏		
				数量	金额	数量	金额	数量	金额	数量	金额	

主管人员:　　　　　　　　　　　会计:　　　　　　　　　　　制表:

三、往来款项的清查方法

往来款项主要包括应收、应付款项和预收、预付款项等。往来款项的清查一般采用**发函询证**的方法进行核对。

往来款项清查以后，将清查结果编制"往来款项清查报告单"，填列各项债权、债务的余额。对于有争执的款项以及无法收回的款项，应在报告单上详细列明情况，以便及时采取措施进行处理，避免或减少坏账损失。具体步骤如下：

1）将本单位的往来账款核对清楚，确认总分类账的余额与明细分类账的余额合计数相等，各明细分类账的余额相符。

2）在保证往来账户记录完整正确的基础上，编制"往来款项对账单"，寄往各有关往来单位。"往来款项对账单"（见表6-6）一般为一式两联，其中一联作为回单联。对方单位如核对相符，应在回单联上盖章后退回；如核对不符，则应将不符的情况在回单联上注明，或另抄对账单退回，以便进一步清查。

表 6-6　往来款项对账单

××公司：
　　贵公司于××××年××月××日在我公司购入乙商品50件，货款23 000元尚未支付，请核对后将回联单寄回。

清查单位：　　（盖章）
年　　月　　日

　　如果核对相符，请在数据无误处盖章确认；如数据存在差异，请注明贵公司记载的金额，并沿此虚线剪开，将以下回联单寄回。

××清查单位：
　　贵单位寄来的"往来款项对账单"已收到，经核对与本公司财务记录相符。

××单位：　　（盖章）
年　　月　　日

收到对方单位的回单联后，应据以编制"往来款项清查表"（见表6-7），注明核对相符与不相符的款项，尤其应注意查明双方发生争议的款项、无法收回的款项或无法支付的款项，针对具体情况及时采取措施解决。

表 6-7　往来款项清查表

总账科目：　　　　　　　　　　　年　月　日　　　　　　　　　　　（单位：元）

明细科目	账面结存余额	对方核实数额	不符数额	不符原因分析					备注
				未达账项	拖付款项	争执款项	坏账	其他	

记账员（签章）：　　　　　　　　　　　　　　　清查人员（签章）：

【例题6-3】 发函询证法一般适用的清查项目有（　　）。
A．应付账款　　　B．库存现金　　　C．预付账款　　　D．银行存款
【答案】 A、C

【解析】 往来款项的清查一般采用发函询证的方法进行核对，主要包括应收、应付款项和预收、预付款项等。

❉ **本节学习导读分析**：货币资金中库存现金的清查应采用实地盘点法；银行存款的清查应采用与开户银行核对账目的方法；实物资产的清查方法主要有实地盘点法、技术推算法；往来款项的清查一般采用发函询证的方法。企业要根据不同资产选择不同的清查方法。

第三节 财产清查结果的处理

> /学习导读/
>
> 江月微用了几天的时间，终于清点完仓库里商品和原材料的数量。原材料实有数量和账面数量相等。不过，她发现仓库里单价6 000元的A商品，实有150台，而该商品的账面数量为151台。后经查实，原来是仓库管理员贾军由于疏忽导致其丢失。针对上述情况，江月微应该怎样进行账务处理？本节将为您答疑解惑。

对于财产清查结果的处理，不应当仅限于账务处理，使账实相符，更重要的是要提出改进财产物资管理的措施，充分实现会计的管理职能。

财产清查的结果无外乎以下三种情况：①账实相符；②盘亏：账存大于实存；③盘盈：账存小于实存。

除了第一种情况不需要处理之外，后面两种情况无论是盘亏还是盘盈都要按照会计工作要求的步骤和方法进行处理。

一、财产清查结果的处理步骤

企业对财产清查的结果，应当按照国家有关会计准则、制度的规定进行认真处理。主要步骤如下：

（一）审批之前的处理

根据"清查结果报告表""盘点报告表"等已经查实的数据资料，填制记账凭证，登记有关账簿，使账簿记录与实际盘存数相符；同时根据权限，将处理建议报股东大会或董事会、经理（厂长）会议或类似机构批准。

（二）审批之后的处理

企业清查产生的各种财产的损溢，应于期末前查明原因，并根据企业的管理权限，经股东大会或董事会等机构或经理（厂长）会议批准后，在期末结账前处理完毕。企业应严格按照有关部门对财产清查结果提出的处理意见填制有关记账凭证，登记有关账簿，并追回应由责任人承担的财产损失。期末结账前，如果尚未经批准，在对外提供财务报表时，先按上述规定进行处理，并在附注中做出说明；其后经批准处理的金额与已处理金额不一致的，应调整财务报表相关项目的期初数。

二、财产清查结果的会计处理

（一）设置"待处理财产损溢"账户

为了反映和监督企业在财产清查过程中查明的各种财产物资的盘盈、盘亏、毁损及其处理情况，应设置"待处理财产损溢"账户（固定资产盘盈和毁损分别通过"以前年度损益调整"和"固定资产清理"账户核算）。该账户属于双重性质的资产类账户，下设"待处理流动资产损溢"和"待处理非流动资产损溢"两个明细分类账户进行明细核算。

该账户的借方登记财产物资的盘亏数、毁损数和批准转销的财产物资盘盈数；贷方登记财产物资的盘盈数和批准转销的财产物资盘亏及毁损数。企业清查的各种财产的盘盈、盘亏和毁损应在期末结账前处理完毕，"待处理财产损溢"账户在期末结账后没有余额。"待处理财产损溢"账户的结构如图 6-2 所示。

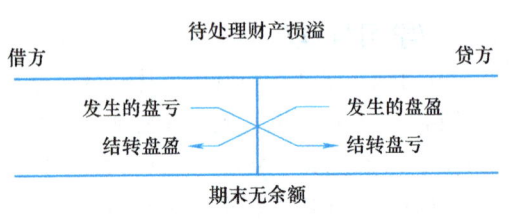

图 6-2 "待处理财产损溢"账户的结构

（二）库存现金清查结果的账务处理

1．库存现金盘盈的账务处理

库存现金盘盈时，应及时办理库存现金的入账手续，调整库存现金账簿记录，即按盘盈的金额借记"库存现金"科目，贷记"待处理财产损溢——待处理流动资产损溢"科目。具体会计分录如下：

借：库存现金
　　贷：待处理财产损溢——待处理流动资产损溢

对于盘盈的库存现金，应及时查明原因，按管理权限审批通过后，按结转盘盈的金额借记"待处理财产损溢——待处理流动资产损溢"科目，按需要支付或退还他人的金额贷记"其他应付款"科目，按无法查明原因的金额贷记"营业外收入"科目。具体会计分录如下：

借：待处理财产损溢——待处理流动资产损溢
　　贷：其他应付款（**需要支付或退还他人**）
　　　　营业外收入（**无法查明原因**）

2．库存现金盘亏的账务处理

库存现金盘亏时，应及时办理盘亏的确认手续，调整库存现金账簿记录，即按盘亏的金额借记"待处理财产损溢——待处理流动资产损溢"科目，贷记"库存现金"科目。具体会计分录如下：

借：待处理财产损溢——待处理流动资产损溢
　　贷：库存现金

对于盘亏的库存现金，应及时查明原因，按管理权限审批通过后，按可收回的保险赔偿和过失人赔偿的金额借记"其他应收款"科目，按无法查明原因的金额借记"管理费用"科目，按结转盘亏的金额贷记"待处理财产损溢——待处理流动资产损溢"科目。具体会计分录如下：

借：其他应收款（**保险赔偿和过失人赔偿**）
　　管理费用（**无法查明原因**）
　贷：待处理财产损溢——待处理流动资产损溢

（三）存货清查结果的账务处理

存货是指企业在日常活动中持有以备出售的产品或者商品、处在生产过程中的在产品、在生产过程或提供服务过程中耗用的材料或物料等。企业持有存货的最终目的是为了出售。

1. 存货盘盈的账务处理

存货盘盈时，应及时办理存货入账手续，调整存货账簿的实存数。盘盈的存货应按其重置成本作为入账价值借记"原材料""库存商品"等科目，贷记"待处理财产损溢——待处理流动资产损溢"科目。具体会计分录如下：

借：原材料、**库存商品等**
　贷：待处理财产损溢——待处理流动资产损溢

对于盘盈的存货，应及时查明原因，按管理权限审批通过后，冲减管理费用，即按其入账价值，借记"待处理财产损溢——待处理流动资产损溢"科目，贷记"管理费用"科目。具体会计分录如下：

借：待处理财产损溢——待处理流动资产损溢
　贷：管理费用

2. 存货盘亏的账务处理

存货盘亏时，应按盘亏的金额借记"待处理财产损溢——待处理流动资产损溢"科目，贷记"原材料""库存商品"等科目。具体会计分录如下：

借：待处理财产损溢——待处理流动资产损溢
　贷：原材料、**库存商品等**

原材料、产成品、商品采用计划成本（或售价）核算的，还应同时结转材料成本差异（或商品进销差价）。涉及增值税的，还应进行相应处理。

> **学习提示**：外购材料，采购时借记"应交税费——应交增值税（进项税额）"的，盘亏时要贷记"应交税费——应交增值税（进项税额转出）"。但是自然灾害等不可抗力等原因造成的盘亏仍然可以抵扣，无须进行进项税额转出处理。

对于盘亏的存货，应及时查明原因，按管理权限审批通过后，按可收回的保险赔偿和过失人赔偿的金额借记"其他应收款"科目，按入库残料价值，借记"原材料"等科目。

按管理不善等原因造成净损失的金额借记"管理费用"科目，按自然灾害等原因造成净损失的金额借记"营业外支出"科目，按结转盘亏的金额贷记"待处理财产损溢——待处理流动资产损溢"科目。具体会计分录如下：

借：其他应收款（**保险赔偿和过失人赔偿**）
　　原材料（**残料入库**）

管理费用（**管理不善**）
营业外支出（**自然灾害**）
贷：待处理财产损溢——待处理流动资产损溢

（四）固定资产清查结果的账务处理

1. 固定资产盘盈的账务处理

企业在财产清查过程中盘盈的固定资产，经查明确属企业所有，按管理权限审批通过后，应根据盘存凭证填制固定资产交接凭证，经有关人员签字后送交企业会计部门，填写固定资产卡片账，并作为前期差错处理，通过"以前年度损益调整⑪"科目核算。盘盈的固定资产通常按其重置成本作为入账价值，借记"固定资产"科目，贷记"以前年度损益调整"科目。涉及折旧、增值税、所得税和盈余公积的，还应按相关规定处理。

2. 固定资产盘亏的账务处理

固定资产盘亏时，应及时办理固定资产注销手续，按盘亏固定资产的账面价值借记"待处理财产损溢——待处理非流动资产损溢"科目，按已提折旧额借记"累计折旧"科目，按其原价贷记"固定资产"科目。涉及增值税和递延所得税的，还应按相关规定处理。对于盘亏的固定资产，应及时查明原因，按管理权限审批通过后，按过失人及保险公司应赔偿额借记"其他应收款"科目，按盘亏固定资产的原价扣除累计折旧额和过失人及保险公司赔偿后的差额借记"营业外支出"科目，按盘亏固定资产的账面价值贷记"待处理财产损溢——待处理非流动资产损溢"科目。盘盈的固定资产通常按其重置成本作为入账价值，借记"固定资产"科目，贷记"以前年度损益调整"科目。涉及增值税、所得税和盈余公积的，还应按相关规定处理。

（五）结算往来款项盘存的账务处理

在财产清查过程中发现的长期未结算的往来款项，应及时清查。对于经查明确实无法支付的应付款项，可按规定程序审批通过后转作营业外收入。

对于无法收回的应收款项，则作为坏账损失冲减坏账准备。坏账是指企业无法收回或收回的可能性极小的应收款项。由于发生坏账而产生的损失，称为坏账损失。

企业通常应将符合下列条件之一的应收款项确认为坏账：
1）债务人死亡，以其遗产清偿后仍然无法收回。
2）债务人破产，以其破产财产清偿后仍然无法收回。
3）债务人较长时间内未履行其偿债义务，并有足够的证据表明无法收回或者收回的可能性极小。

相关财务处理如下：

知识拓展

⑪"以前年度损益调整"科目核算企业本年度发生的调整以前年度损益的事项以及本年度发现的重要前期差错更正涉及调整以前年度损益的事项。"以前年度损益调整"的金额不体现在本期利润表上，而是体现在未分配利润中，最终结转后该科目无余额。

1）企业确实无法收回的应收款项经批准作为坏账损失的，借记"坏账准备"科目。
　　借：坏账准备
　　　　贷：应收账款等
2）有证据表明企业确实无法支付的应付款项，经批准贷记"营业外收入"科目。
　　借：应付账款等
　　　　贷：营业外收入
3）对于已确认为坏账的应收款项，并不意味着企业放弃了追索权，一旦重新收回，应及时入账。
　　借：应收账款等
　　　　贷：坏账准备
　　借：银行存款
　　　　贷：应收账款等

【例题6-4】 甲公司期末进行财产清查时，发现如下情况：
1）库存现金盘盈224元，原因待查。
2）库存现金盘盈原因无法查明，报经有关部门批准后进行会计处理。
3）盘亏设备一台，原价31 100元，已计提折旧额24 880元，原因待查。
4）该设备盘亏损失由保险公司赔偿1 000元，其余损失甲公司自行承担，报经有关部门批准后进行会计处理。
5）无法支付的应付账款5 500元，报经有关部门批准后进行会计处理。
要求：根据上述材料，逐笔编制甲公司的会计分录。

【答案及解析】
1）借：库存现金　　　　　　　　　　　　　　　　　　　　　　224
　　　　贷：待处理财产损溢——待处理流动资产损溢　　　　　　　　224
2）借：待处理财产损溢——待处理流动资产损溢　　　　　　　　224
　　　　贷：营业外收入　　　　　　　　　　　　　　　　　　　　　224
3）借：待处理财产损溢——待处理非流动资产损溢　　　　　　6 220
　　　累计折旧　　　　　　　　　　　　　　　　　　　　　24 880
　　　　贷：固定资产　　　　　　　　　　　　　　　　　　　　31 100
4）借：其他应收款　　　　　　　　　　　　　　　　　　　　1 000
　　　营业外支出　　　　　　　　　　　　　　　　　　　　　5 220
　　　　贷：待处理财产损溢——待处理非流动资产损溢　　　　　6 220
5）借：应付账款　　　　　　　　　　　　　　　　　　　　　5 500
　　　　贷：营业外收入　　　　　　　　　　　　　　　　　　　5 500

❄ **本节学习导读分析**：江月微按照清查程序发现，仓库里A商品的数量小于账面数量时，要据实调账，做如下账务处理：
　　借：待处理财产损溢——待处理流动资产损溢　　　　　　　6 000
　　　　贷：库存商品——A商品　　　　　　　　　　　　　　　　6 000

等待查明原因，经厂长会议批准后：

借：其他应收款——贾军　　　　　　　　　　　　　　　　　　　　　　6 000
　　贷：待处理财产损溢——待处理流动资产损溢　　　　　　　　　　　6 000

经处理后，"待处理财产损溢——待处理流动资产损溢"科目期末无余额。

> **本章导读分析**
>
> 财产清查是保证账实相符的重要手段。账上记载的是满仓，实际有可能是空仓。企业对外报送的财务报表必须做到账实相符。要做到账实相符，除了建立规范合理的内部财产管理控制制度，会计人员还需严格执行财产清查制度，按照规定对财产进行清查，以保证账簿记录的正确性。

实 务 案 例

H公司2020年年报显示，现金余额11.88亿元，其中有外埠定期存款5.27亿元，让人感到疑惑的是：在无质押的情况下，为什么公司去外地存定期存款？

截至2020年年底，H公司资产总额61.87亿元，其中货币资金11.88亿元；银行贷款31.66亿元（包括应付票据5.07亿元），资产负债率63%。2020年，H公司实现收入11.88亿元，实现净利润0.40亿元，经营活动、投资活动及筹资活动现金净流入分别为6.13亿元、-1.40亿元及-0.04亿元。2020年现金净增加4.69亿元。

H公司2020年年报披露：截至2020年12月31日，公司控股股东B公司及其子公司占用H公司资金净额（B公司及其子公司占用H公司资金扣除H公司及子公司占用B公司及其子公司资金）合计为2.26亿元。其中，本年累计增加13.82亿元，本年累计减少14.49亿元，全年平均占用净额4.88亿元。

H公司2021年半年报显示，货币资金余额减至9.22亿元，经营性现金净流入-4.64亿元。货币资金中有5.25亿元是其他货币资金，附注称：期末其他货币资金中为办理承兑汇票抵押存款金额5.19亿元、信用保证金存款0.066亿元、外埠定期存款0.000 3亿元。而2020年年报中有9.37亿元的其他货币资金，附注称：期末其他货币资金中为办理承兑汇票抵押存款金额2.64亿元、信用保证金存款0.26亿元、外埠定期存款5.27亿元。

至此，可以肯定H公司外埠定期存款5.27亿元实为虚构，造假目的是掩盖关联方占用上市公司巨额资金的违规行为。

财产清查是保证账实相符的一个重要手段。企业要根据情况对其财产进行全面、局部、定期和不定期清查。不同的财产要采用不同的清查方法。清查结果账实相符的，无须处理，盘亏和盘盈都需要据实调账。本案中H公司账上有5.27亿元的外埠定期存款，通过清查发现其实并不存在。这是严重的账实不符。如果不进行财产清查，外界根本不可能知道5.27亿元的外埠定期存款纯属子虚乌有。会计人员一定要重视财产清查，用好财产清查。清查时，相关会计人员必须亲临现场，认真核对数额。

思维导图

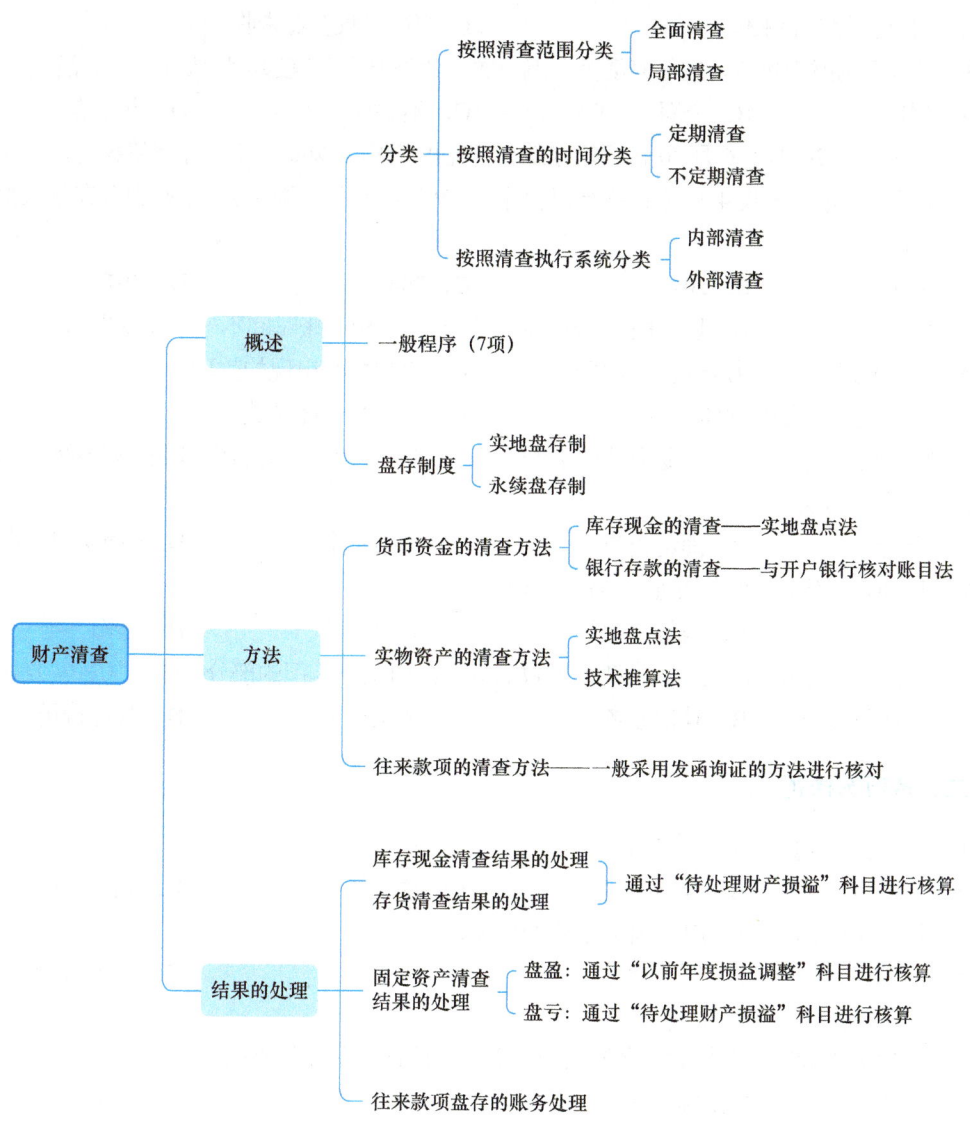

复习思考题

一、单项选择题

1. 全面清查和局部清查是按照（　　）来划分的。
   A．财产清查的方法　　　　　　　　B．财产清查的范围

C. 财产清查的时间　　　　　　　　D. 财产清查的性质

2. 银行代企业支付水电费，银行已入账，而企业尚未收到通知故未入账，这项业务属于（　　）。

A. 企业已收银行未收　　　　　　　B. 企业已付银行未付
C. 银行已付企业未付　　　　　　　D. 银行已收企业未收

3. 对贵重的财产物资，应每月清查盘点一次。此类财产清查通常称为（　　）清查。

A. 局部　　　B. 全面　　　C. 不定期　　　D. 非重点

4. 长江公司2021年6月30日银行存款日记账的余额为200万元，经逐笔核对，未达账项如下：银行已收企业未收4万元；银行已付企业未付3万元。调整后的企业银行存款余额应为（　　）万元。

A. 200　　　B. 201　　　C. 204　　　D. 207

5. "未达账项"是指企业与银行双方，由于凭证传递和入账时间不一致而发生的（　　）。

A. 一方已入账另一方未入账的款项　　B. 双方登账出现的款项
C. 双方均未入账的款项　　　　　　　D. 一方登记账簿错误

6. 财产清查是对（　　）进行盘点和核对，确定其实存数，并查明其账存数与实存数是否相符的一种专门方法。

A. 存货　　　B. 固定资产　　　C. 货币资金　　　D. 各项财产物资

7. 下列应采用实地盘点法进行清查的是（　　）。

A. 库存现金　　　B. 银行存款　　　C. 应收账款　　　D. 砂石

8. 企业的存货由于计量、收发错误导致的盘亏，由企业承担的部分应作为（　　）处理。

A. 营业外支出　　　B. 其他业务支出　　　C. 坏账损失　　　D. 管理费用

二、多项选择题

1. 全面清查的具体对象包括（　　）。

A. 货币资金　　　B. 存货　　　C. 往来款项　　　D. 固定资产

2. 财产清查中，应采用实地盘点法进行清查的有（　　）。

A. 库存现金　　　B. 银行存款　　　C. 应收账款　　　D. 固定资产

3. 下列说法中正确的有（　　）。

A. 自然灾害造成的存货盘亏净损失经批准后应该计入营业外支出
B. 存货资产盘盈计入营业外收入
C. 由于人为原因造成的财产毁损，应由责任人赔偿
D. 发生的坏账损失应计入营业外支出

4. 下列存货盘亏损失，经批准后可转作管理费用的有（　　）。

A. 计量不准确所造成的短缺净损失　　B. 自然灾害所造成的损毁净损失
C. 保管中产生的定额内自然损耗　　　D. 管理不善造成的毁损净损失

5. 下列未达账项中，会导致企业银行存款日记账的账面余额大于银行对账单余额的有（　　）。

A. 企业送存支票，银行尚未入账

B．企业开出支票，银行尚未支付
C．银行代扣电话费，企业尚未接到付款通知
D．银行代收货款，企业尚未接到收款通知

三、判断题

1．财产清查中，对于银行存款至少每月与银行核对一次。（　　）

2．银行已收款入账，企业由于未收到相关凭证尚未入账的未达账项，会造成企业银行存款日记账的余额小于银行对账单的余额。（　　）

3．盘盈的存货，按规定手续审批通过后，可以减少管理费用。（　　）

4．现金出纳每天工作结束前都要将现金日记账结清并与现金实存数核对，这属于账证核对。（　　）

5．"盘存单"是记录盘点结果的书面证明，可直接据以调整账簿记录。（　　）

6．"库存现金盘点报告表"是反映库存现金实有数和调整账簿记录的原始凭证，兼有"盘存单"和"实存账存对比表"的作用。（　　）

7．企业在日常工作中发生的待处理财产损溢，通常必须在年报编制前处理完毕。（　　）

8．单位主要负责人调离工作岗位前需要进行全面的财产清查。（　　）

四、计算与账务处理题

1．长财星公司2021年7月31日银行存款日记账的余额为7 000元，银行对账单的存款余额为73 150元，经过逐笔核对后，发现存在以下未达账项：

1）公司因采购材料开出转账支票一张，金额为2 000元，公司已入账，但持票人尚未到银行办理转账手续。

2）公司因销售商品收到购货方开来的转账支票一张，金额为58 850元，将支票送存银行后公司登记入账，但是银行尚未办理入账手续。

3）公司委托银行代收外地销货款12 000元，银行已收款入账，但公司尚未收到收款通知。

4）银行代扣本月水电费5 000元，已入账，但是公司尚未收到付款通知。

5）公司委托银行代收外地销货款53 000元，银行已收款入账，但公司尚未收到收款通知。

要求：根据上述资料，完成表6-8的编制。

表6-8　银行存款余额调节表

2021年7月31日　　　　　　　　　　　　　　　　　（单位：元）

项目	金额	项目	金额
企业银行存款日记账余额		银行对账单余额	
加：银行已收，企业未收		加：企业已收，银行未收	
减：银行已付，企业未付		减：企业已付，银行未付	
调节后的存款余额		调节后的存款余额	

2．根据以下事项做财产清查的账务处理：

1）新纪元股份有限公司在财产清查时发现现金短款 1 680 元，经查是由于出纳人员的责任造成的。

2）该公司在财产清查时发现库存现金短款 1 820 元，经反复查对，原因不明。

3）该公司在财产清查时发现库存现金长款 2 660 元，无法查明原因。

五、思考题

1．财产清查有什么作用？

2．什么是未达账项？企业与银行之间的未达账项一般有哪几种情况？

3．怎样进行往来款项的清查？

第七章

账务处理程序

本章导读

周末，江月微正在加班登记总账，突然闺蜜们开始在微信群里聊天。她的心里有点羡慕闺蜜们：都是做会计的，为什么闺蜜们有时间聊天，而我还要加班？原来闺蜜的公司用了财务软件，会计账簿无须登记，总账、明细账自动生成，节省了很多账务处理的时间，简单又快捷。账务处理程序到底如何进行？财务软件就没有账务处理程序了吗？本章将为您答疑解惑。

第一节 账务处理程序概述

/学习导读/

经过了一段时间的工作，江月微知道了会计核算是从原始凭证开始的。会计核算的流程是，先根据审核无误的原始凭证编制记账凭证，然后根据原始凭证和审核无误的记账凭证登记总账、明细账、日记账等会计账簿，最后根据会计账簿编制会计报表。是不是每个企业都采用这种会计核算流程？不是的，会计核算的流程可以理解为账务处理程序，每个企业在工作中会根据实际情况采用适合本单位的账务处理程序。本节将学习账务处理程序的概念、分类、意义和原则。

一、账务处理程序的基本概念

账务处理程序又称**会计核算组织程序**或会计核算形式，是指会计凭证、会计账簿、财务报表相结合的方式，包括**账簿组织**和**记账程序**。

1. 账簿组织

账簿组织是指会计凭证和会计账簿的种类、格式及会计凭证与账簿之间的联系方法。

2. 记账程序

记账程序是指由**填制**、审核原始凭证到填制、**审核**记账凭证，然后**登记**日记账、明细分类账和总分类账，再到**编制**财务报表的工作程序和方法等。

账务处理程序如图 7-1 所示。

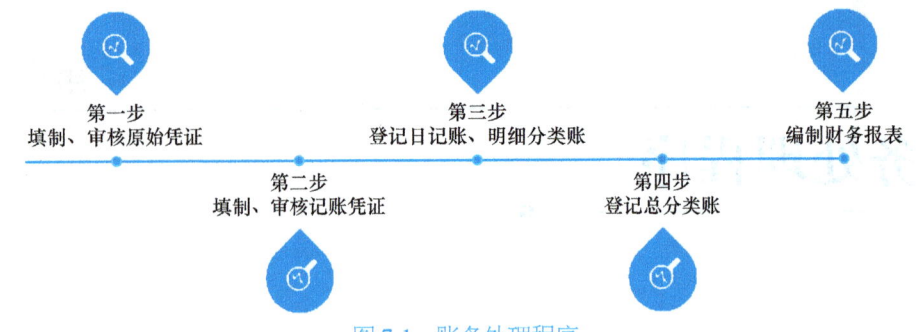

图 7-1 账务处理程序

二、账务处理程序的分类

在会计实践中，不同的账簿组织和记账程序及其不同的结合方式，形成了不同种类的账务处理程序[12]。一种账务处理程序与另外一种账务处理程序的区别，主要在于登记总分类账的**依据和方法不同**。

企业常用的账务处理程序主要有以下几种：

1）记账凭证账务处理程序。
2）汇总记账凭证账务处理程序。
3）科目汇总表账务处理程序。

学习提示：企业不同，总分类账的格式可能不尽相同，但是绝大多数企业都有编制汇总原始凭证和记账凭证，登记日记账、明细账并进行账账核对，编制财务报表。

三、账务处理程序的意义

科学、合理的账务处理程序的意义主要有以下几点：

（一）有利于提高会计信息的质量

科学、合理的财务处理程序有利于规范会计工作，保证会计信息加工过程的严密性，**提高会计信息的质量**。

（二）有利于增强会计信息的可靠性

科学、合理的财务处理程序有利于保证会计记录的完整性和正确性，**增强会计信息的可靠性**。

知识拓展

[12] 实务中运用的账务处理程序还有日记总账账务处理程序、多栏式日记账账务处理程序、通用日记账账务处理程序。

（三）有利于提高工作效率

科学、合理的财务处理程序有利于减少不必要的会计核算环节，**提高会计工作效率**，保证会计信息的及时性。

四、账务处理程序的基本原则

各企业设计账务处理程序应遵循的基本原则如下：

（一）与本企业的实际情况相适应

账务处理程序要与本企业的业务性质、规模大小、业务繁简程度、经营管理的要求和特点等相适应，要有利于加强会计核算工作的分工协作，有利于实现会计控制和监督目标。

（二）提供会计信息使用者需要的会计核算资料

账务处理程序要能够正确、及时、完整地提供会计信息使用者需要的会计核算资料。

（三）保证会计核算的工作质量，提高工作效率

账务处理程序要在保证会计核算工作质量的前提下，力求简化核算手续，节约人力和物力，降低会计信息的成本，提高会计核算的工作效率。

❋ **本节学习导读分析**：本节学习了账务处理程序的概念，知道了企业常用的账务处理程序有记账凭证账务处理程序、汇总记账凭证账务处理程序和科目汇总表账务处理程序。企业要根据业务性质、规模大小、业务繁简程度、经营管理的要求和特点选择相适应的账务处理程序。这有利于提高会计信息的质量、增强会计信息的可靠性、提高工作效率。

第二节　记账凭证账务处理程序

> /学习导读/
>
> 长财星公司刚成立时，公司员工只有15人，每个月的经济业务不多，公司委托信达会计代理记账公司代理会计核算。信达会计代理记账公司对长财星公司采用记账凭证账务处理程序，这一处理方式是正确的吗？本节将为您答疑解惑。

一、记账凭证账务处理程序的基本内容

（一）记账凭证账务处理程序的概念

记账凭证账务处理程序是指对发生的经济业务，先根据原始凭证或汇总原始凭证填制记账凭证，再直接根据记账凭证登记总分类账的一种账务处理程序。

（二）记账凭证账务处理程序的一般步骤

① 根据原始凭证填制汇总原始凭证。
② 根据原始凭证或汇总原始凭证填制收款凭证、付款凭证和转账凭证，也可以填制通用记账凭证。
③ 根据记账凭证逐笔登记现金日记账和银行存款日记账。
④ 根据原始凭证、汇总原始凭证和记账凭证登记各种明细分类账。
⑤ 根据记账凭证逐笔登记总分类账。
⑥ 期末，将现金日记账、银行存款日记账和明细分类账的余额与有关总分类账的余额核对直致相符。
⑦ 期末，根据总分类账和明细分类账的记录编制财务报表。

在记账凭证账务处理程序下，需要设置的会计凭证包括**收款凭证**、**付款凭证**和**转账凭证**，如果单位业务较少，也可以采用**通用的记账凭证**。需要设置的账簿包括库存现金日记账、银行存款日记账、总分类账和明细分类账。现金日记账和银行存款日记账一般采用**三栏式**账簿；明细分类账可以分别采用**三栏式**、**多栏式**和**数量金额式**账簿；总分类账一般采用三栏式账簿。

记账凭证账务处理程序的流程如图 7-2 所示。

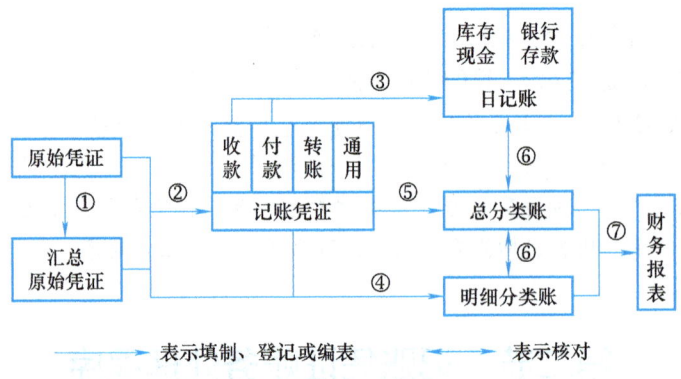

图 7-2 记账凭证账务处理程序的流程

【例题 7-1】 记账凭证账务处理程序下，不能填制的凭证是（　　）。
A．收款凭证　　　　　　　B．转账凭证
C．通用记账凭证　　　　　D．汇总付款凭证
【答案】 D
【解析】 记账凭证账务处理程序需要设置收款、付款和转账凭证，或者是通用记账凭证；汇总付款凭证适用于汇总记账凭证账务处理程序。

二、记账凭证账务处理程序的特点和适用范围

（一）记账凭证账务处理程序的特点及优缺点

记账凭证账务处理程序的特点是直接根据记账凭证对总分类账进行逐笔登记。该账务处理程序是会计核算中最基本的账务处理程序，它既是理解账务处理程序的基础，也是掌握其他账

务处理程序的基础。

1. 优点

记账凭证账务处理程序的优点是简单明了、易于理解，总分类账可以较详细地反映交易或事项的发生情况，便于查账、对账。

2. 缺点

记账凭证账务处理程序的缺点是在业务较多的情况下，登记总分类账的工作量较大。

（二）记账凭证账务处理程序的适用范围

记账凭证账务处理程序适用于规模较小、经济业务量较少的企业。为了最大限度地克服其局限性，在实务工作中，应尽量将原始凭证汇总编制汇总原始凭证，再根据汇总原始凭证编制记账凭证，从而简化总账登记的工作量。

❋ **本节学习导读分析**：长财星公司的规模较小，每个月的经济业务不多，适合采用记账凭证账务处理程序。

第三节 汇总记账凭证账务处理程序

> **/学习导读/**
>
> 20世纪90年代末，长财星公司已有员工500多人。因为产品质量好，销路顺畅，公司基本不赊销，所以每个月采购和销售商品的业务特别多。财务部门每个月要处理很多业务，尤其是收付款业务（当时未实现电算化）。长财星公司应该采用哪种账务处理程序？本节将为您答疑解惑。

一、汇总记账凭证账务处理程序的基本内容

（一）汇总记账凭证账务处理程序的概念

汇总记账凭证账务处理程序是指先根据原始凭证或汇总原始凭证填制记账凭证，定期根据记账凭证分类编制汇总记账凭证，再根据汇总记账凭证登记总分类账的一种账务处理程序。

（二）汇总记账凭证账务处理程序的一般步骤

① 根据原始凭证填制汇总原始凭证。
② 根据原始凭证或汇总原始凭证填制收款凭证、付款凭证和转账凭证，也可以填制通用记账凭证。
③ 根据记账凭证逐笔登记现金日记账和银行存款日记账。
④ 根据原始凭证、汇总原始凭证和记账凭证登记各种明细分类账。
⑤ 根据各种记账凭证编制有关汇总记账凭证。

⑥ 根据各种汇总记账凭证登记总分类账。

⑦ 期末,将现金日记账、银行存款日记账和明细分类账的余额与有关总分类账的余额核对直致相符。

⑧ 期末,根据总分类账和明细分类账的记录编制财务报表。

汇总记账凭证账务处理程序的流程如图 7-3 所示。

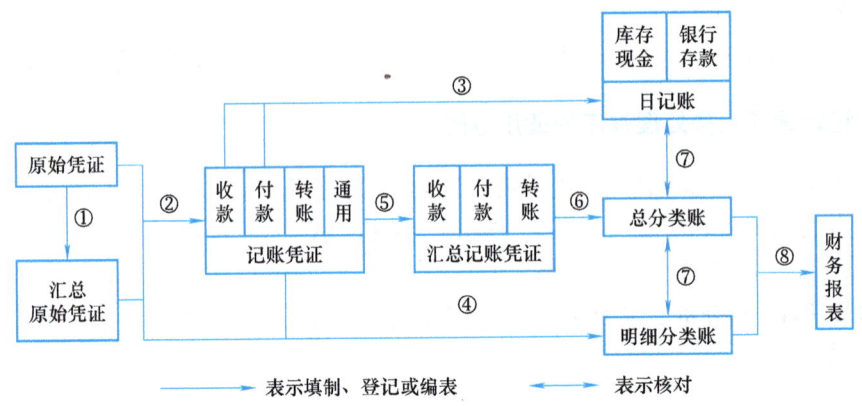

图 7-3　汇总记账凭证账务处理程序的流程

📢 **学习提示**:"定期"一般为 5 天或 10 天。

(三) 四种汇总记账凭证的编制方法

1. 汇总收款凭证的编制

汇总收款凭证根据"库存现金"和"银行存款"账户的**借方**进行编制,它是在对各账户对应的**贷方分类**之后再进行汇总编制的。总分类账根据各汇总收款凭证的合计数进行登记,分别记入"库存现金""银行存款"总分类账户的借方,并将汇总收款凭证上各账户贷方的合计数分别记入有关总分类账户贷方。汇总收款凭证的一般格式如表 7-1 所示。

表 7-1　汇总收款凭证

借方科目:		年　月			汇收字第　号	
贷方科目	金额(元)			合计	总账账页	
	1日—10日收款凭证 第　至　号	11日—20日收款凭证 第　至　号	21日—31日收款凭证 第　至　号		借方	贷方
合计						

2. 汇总付款凭证的编制

汇总付款凭证根据"库存现金"和"银行存款"账户的**贷方**进行编制,它是在对各账户对应的**借方分类**之后再进行汇总编制的。总分类账根据各汇总付款凭证的合计数进行登记,分别记入"库存现金""银行存款"总分类账户的贷方,并将汇总付款凭证上各账户借方的合计数分别记入有关总分类账户的借方。汇总付款凭证的一般格式如表 7-2 所示。

表 7-2　汇总付款凭证

贷方科目：		年　月			汇付字第　号	
借方科目	金额（元）			合计	总账账页	
	1日—10日付款凭证 第　至　号	11日—20日付款凭证 第　至　号	21日—31日付款凭证 第　至　号		借方	贷方
合计						

3. 汇总转账凭证的编制

汇总转账凭证通常根据所设置账户的**贷方**进行编制，它是在对所设置账户相对应的**借方账户分类**之后再进行汇总编制的。总分类账根据各汇总转账凭证的合计数进行登记，分别记入对应账户的总分类账户的贷方，并将汇总转账凭证上各账户借方的合计数分别记入有关总分类账户的借方。值得注意的是，在编制的过程中，贷方账户必须唯一，借方账户可以是一个或多个，即汇总转账凭证必须一借一贷或多借一贷。

如果在一个月内某一贷方账户的**转账凭证不多，可不编制汇总转账凭证**，直接根据单个的转账凭证登记总分类账。汇总转账凭证的一般格式如表 7-3 所示。

表 7-3　汇总转账凭证

贷方科目：		年　月			汇转字第　号	
借方科目	金额			合计	总账账页	
	1日—10日转账凭证 第　至　号	11日—20日转账凭证 第　至　号	21日—31日转账凭证 第　至　号		借方	贷方
合计						

4. 汇总通用记账凭证的编制

汇总通用记账凭证与汇总转账凭证的编制方法相同。

▷ **学习提示**：明细分类账的登记依据除了记账凭证，还有原始凭证和汇总原始凭证，财务报表的编制依据不包括日记账。

二、汇总记账凭证账务处理程序的特点和适用范围

（一）汇总记账凭证账务处理程序的特点及优缺点

汇总记账凭证账务处理程序的特点是先根据记账凭证编制汇总记账凭证，再根据汇总记账凭证登记总分类账。

1. 优点

汇总记账凭证账务处理程序的优点是减少了登记总分类账的工作量，能够清晰地反映账户之间的对应关系，便于查对和分析账目。

2. 缺点

汇总记账凭证账务处理程序的缺点是当转账凭证较多时，编制汇总转账凭证的工作量较大，并且按每一贷方账户编制汇总转账凭证，不考虑交易或事项的性质，不利于会计核算的日常分工。

（二）汇总记账凭证账务处理程序的适用范围

汇总记账凭证账务处理程序适用于 规模较大、经济业务较多 的企业，转账业务少，而收、付款业务较多的企业更为适合。

【例题 7-2】汇总记账凭证账务处理程序的优点有（　　）。
A．减轻了登记总账的工作量　　　B．可以进行试算平衡
C．便于了解账户的对应关系　　　D．只需编制"一借多贷"会计分录，非常简单

【答案】 A、C

【解析】 汇总记账凭证账务处理程序的优点是在汇总记账凭证上能够清晰地反映账户之间的对应关系，并可以大大减少登记总分类账的工作量。其缺点是定期编制汇总记账凭证的工作量比较大，并且按每一贷方科目编制汇总转账凭证，不利于会计核算的日常分工；对汇总过程中可能存在的错误难以发现，故选项 A、C 正确。

❋ **本节学习导读分析**：经过发展，长财星公司规模扩大，每个月的经济业务，尤其是收付款业务较多，这符合汇总记账凭证账务处理程序的适用条件，应该选择汇总记账凭证账务处理程序。

第四节　科目汇总表账务处理程序

> /学习导读/
>
> 2021 年，长财星公司为了拓展市场，赊销业务较多。财务部门每个月要处理很多经济业务，但是收付款业务并不是很多。公司财务部门不要求总账反映账户之间的对应关系。长财星公司应该采用哪种账务处理程序为宜？本节将为您答疑解惑。

一、科目汇总表账务处理程序的基本内容

（一）科目汇总表账务处理程序概述

科目汇总表又称 记账凭证汇总表，是指企业定期对全部记账凭证进行汇总后，按照不同的会计科目分别列示各账户借方发生额和贷方发生额的一种汇总凭证。

科目汇总表的编制方法是：根据一定时期内的全部记账凭证，按照会计科目进行 归类，定期汇总出每一个账户的 借方本期发生额 和 贷方本期发生额，填写在科目汇总表的相关栏内。科目汇总表可以 每月编制一张，按旬汇总，也可以每旬汇总编制一张。任何格式的科目汇总表，都只反映各个账户的借方本期发生额和贷方本期发生额，不反映各个账户之间的对应关系。科目汇总表的具体格式如表 7-4 所示。

表 7-4　科目汇总表

年　月　日　至　月　日　　　　　　　　　　　　　　　附件　张

（单位：元）

会计科目	1日—10日		11日—20日		21日—31日	
	借方	贷方	借方	贷方	借方	贷方
合计						

（二）科目汇总表账务处理程序的一般步骤

① 根据原始凭证填制汇总原始凭证。
② 根据原始凭证或汇总原始凭证填制记账凭证。
③ 根据记账凭证**逐笔**登记现金日记账和银行存款日记账。
④ 根据原始凭证、汇总原始凭证和记账凭证登记各种明细分类账。
⑤ 根据各种记账凭证编制科目汇总表。
⑥ 根据科目汇总表登记总分类账。
⑦ 期末，将现金日记账、银行存款日记账和明细分类账的余额同有关总分类账的余额**核对直到**相符。
⑧ 期末，根据总分类账和明细分类账的记录编制财务报表。科目汇总表账务处理程序的流程如图 7-4 所示。

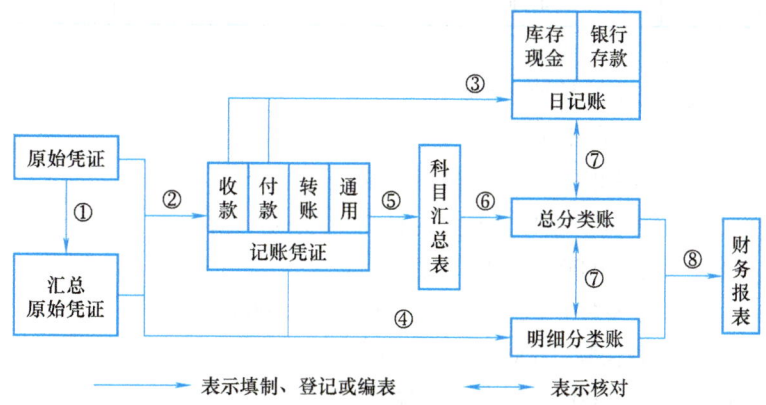

图 7-4　科目汇总表账务处理程序的流程

二、科目汇总表账务处理程序的特点和适用范围

（一）科目汇总表账务处理程序的特点及优缺点

科目汇总表账务处理程序的特点是先将所有记账凭证汇总编制成科目汇总表，然后以**科目**

汇总表为依据登记总分类账。总分类账可以根据每次汇总编制的科目汇总表**随时**进行登记，也可以在**月末**根据科目汇总表的借方发生额和贷方发生额的全月合计数一次登记。

1．优点

科目汇总表账务处理程序的优点是**减轻**了登记总分类账的工作量，易于理解，方便学习，并可做到试算平衡。

2．缺点

科目汇总表账务处理程序的缺点是科目汇总表不能反映各个账户之间的**对应关系**，不利于对账目进行检查。

（二）科目汇总表账务处理程序的适用范围

科目汇总表账务处理程序适用于经济业务**较多**的企业。

【例题 7-3】 科目汇总表账务处理程序应用练习。

长财星公司 2021 年 5 月 1 日的有关账户余额如表 7-5 所示。

表 7-5　账户余额表

（单位：元）

账户名称	期初余额	账户名称	期初余额
库存现金	2 000	库存商品	20 000
银行存款	40 000	固定资产	100 000
应收账款	10 000	原材料	60 000
其他应收款	4 000	生产成本	4 000

2021 年 5 月，该企业发生下列经济业务：

1）2 日，从银行提取现金 4 000 元。

2）12 日，生产产品领用原材料 30 000 元。

3）14 日，收到购货单位归还的前欠货款 10 000 元，存入银行。

4）23 日，以银行存款 20 000 元购买设备一台。

5）25 日，生产产品 100 件，已完工入库，成本为 25 000 元。

6）26 日，采购员出差借款 2 000 元，以现金支付。

7）29 日，将多余现金 2 000 元送存开户银行。

要求：

1）根据经济业务编制收款凭证、付款凭证及转账凭证。

2）根据所编制的记账凭证进行汇总，编制科目汇总表。

3）根据科目汇总表登记总账，并结出总账余额。

【答案及解析】 科目汇总表账务处理程序完整操作如下：

1）根据经济业务编制收款凭证、付款凭证及转账凭证，如表 7-6～表 7-12 所示。

表 7-6 付款凭证

贷方科目：银行存款　　　　　　　　2021 年 5 月 2 日　　　　　　　　银付字第 1 号

摘要	借方总账科目	明细科目	√	金额								
				千	百	十	万	千	百	十	元	角	分
提现	库存现金							4	0	0	0	0	0
合计								¥	4	0	0	0	0	0

账务主管　　　　　记账　　　　　出纳　　　　　审核　　　　　制单

附单据 × 张

表 7-7 转账凭证

2021 年 5 月 12 日　　　　　　　　　　　　转字第 1 号

摘要	总账科目	明细科目	√	金额										√	金额									
				千	百	十	万	千	百	十	元	角	分		千	百	十	万	千	百	十	元	角	分
领用材料	生产成本	某产品					3	0	0	0	0	0	0											
	原材料	某材料																3	0	0	0	0	0	0
合计							¥	3	0	0	0	0	0	0				¥	3	0	0	0	0	0	0

账务主管　　　　　记账　　　　　出纳　　　　　审核　　　　　制单

附单据 × 张

表 7-8 收款凭证

借方科目：银行存款　　　　　　　　2021 年 5 月 14 日　　　　　　　　银收字第 1 号

摘要	贷方总账科目	明细科目	√	金额								
				千	百	十	万	千	百	十	元	角	分
收回货款	应收账款	某单位					1	0	0	0	0	0	0
合计							¥	1	0	0	0	0	0	0

账务主管　　　　　记账　　　　　出纳　　　　　审核　　　　　制单

附单据 × 张

表 7-9　付款凭证

贷方科目：银行存款　　　　　　　　2021 年 5 月 23 日　　　　　　　　银付字第 2 号

摘要	借方总账科目	明细科目	√	金额（千 百 十 万 千 百 十 元 角 分）
购买设备	固定资产	某设备		2 0 0 0 0 0 0
合计				¥ 2 0 0 0 0 0 0

账务主管　　　　　　记账　　　　　　出纳　　　　　　审核　　　　　　制单

附单据 × 张

表 7-10　转账凭证

2021 年 5 月 25 日　　　　　　　　　　　　　　　　转字第 2 号

摘要	总账科目	明细科目	√	金额（千 百 十 万 千 百 十 元 角 分）	√	金额（千 百 十 万 千 百 十 元 角 分）
完工入库	库存商品	某产品		2 5 0 0 0 0 0		
	生产成本	某产品				2 5 0 0 0 0 0
合计				¥ 2 5 0 0 0 0 0		¥ 2 5 0 0 0 0 0

账务主管　　　　　　记账　　　　　　出纳　　　　　　审核　　　　　　制单

附单据 × 张

表 7-11　付款凭证

贷方科目：库存现金　　　　　　　　2021 年 5 月 26 日　　　　　　　　现付字第 1 号

摘要	借方总账科目	明细科目	√	金额（千 百 十 万 千 百 十 元 角 分）
出差借款	其他应收款	某采购员		2 0 0 0 0 0
合计				¥ 2 0 0 0 0 0

账务主管　　　　　　记账　　　　　　出纳　　　　　　审核　　　　　　制单

附单据 × 张

表 7-12 付款凭证

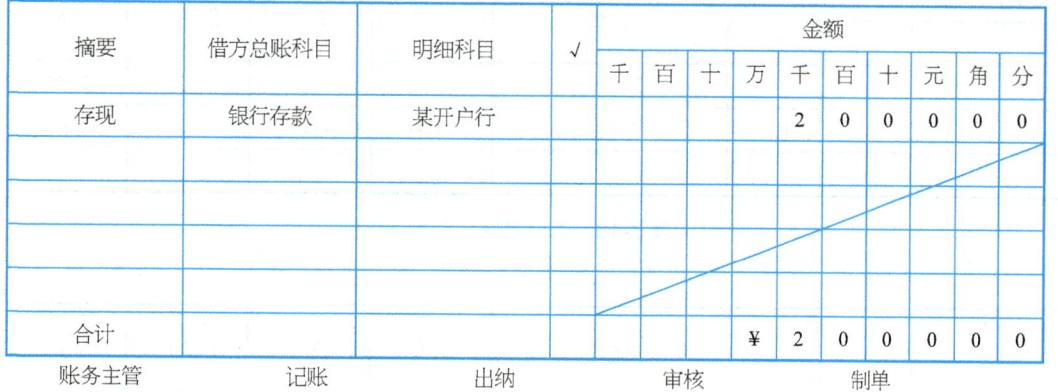

2）根据本月所有记账凭证编制科目汇总表，如表 7-13 所示。

表 7-13 科目汇总表

2021 年 5 月 1 日至 5 月 31 日　　　　　　　　　　　附件 8 张

会计科目	本期发生额（元）	
	借方	贷方
银行存款	12 000	24 000
库存现金	4 000	4 000
应收账款		10 000
其他应收款	2 000	
原材料		30 000
生产成本	30 000	25 000
库存商品	25 000	
固定资产	20 000	
合计	93 000	93 000

3）根据科目汇总表登记总分类账，具体操作如表 7-14～表 7-21 所示。

表 7-14 总分类账（1）

会计科目：银行存款　　　　　　　　　　　　　　　　　　　　（单位：元）

2021 年		凭证		摘要	借方	贷方	借或贷	余额
月	日	字	号					
5	1			期初余额			借	40 000
	31	科汇	1 号	本月发生额	12 000	24 000	借	28 000

表7-15　总分类账（2）

会计科目：库存现金　　　　　　　　　　　　　　　　　　　　　　　　　　（单位：元）

2021年		凭证		摘要	借方	贷方	借或贷	余额
月	日	字	号					
5	1			期初余额			借	2 000
	31	科汇	1号	本月发生额	4 000	4 000	借	2 000

表7-16　总分类账（3）

会计科目：应收账款　　　　　　　　　　　　　　　　　　　　　　　　　　（单位：元）

2021年		凭证		摘要	借方	贷方	借或贷	余额
月	日	字	号					
5	1			期初余额			借	10 000
	31	科汇	1号	本月发生额		10 000	平	0

表7-17　总分类账（4）

会计科目：其他应收款　　　　　　　　　　　　　　　　　　　　　　　　　（单位：元）

2021年		凭证		摘要	借方	贷方	借或贷	余额
月	日	字	号					
5	1			期初余额			借	4 000
	1	科汇	1	本月发生额	2 000		借	6 000

表7-18　总分类账（5）

会计科目：原材料　　　　　　　　　　　　　　　　　　　　　　　　　　　（单位：元）

2021年		凭证		摘要	借方	贷方	借或贷	余额
月	日	字	号					
5	1			期初余额			借	60 000
	31	科汇	1号	本月发生额		30 000	借	30 000

表7-19　总分类账（6）

会计科目：生产成本　　　　　　　　　　　　　　　　　　　　　　　　　　（单位：元）

2021年		凭证		摘要	借方	贷方	借或贷	余额
月	日	字	号					
5	1			期初余额			借	4 000
	31	科汇	1号	本月发生额	30 000	25 000	借	9 000

表 7-20　总分类账（7）

会计科目：库存商品　　　　　　　　　　　　　　　　　　　　　　　　　　（单位：元）

2021年		凭证		摘要	借方	贷方	借或贷	余额
月	日	字	号					
5	1			期初余额			借	20 000
	31	科汇	1号	本月发生额	25 000		借	45 000

表 7-21　总分类账（8）

会计科目：固定资产　　　　　　　　　　　　　　　　　　　　　　　　　　（单位：元）

2021年		凭证		摘要	借方	贷方	借或贷	余额
月	日	字	号					
5	1			期初余额			借	100 000
	31	科汇	1号	本月发生额	20 000		借	120 000

记账凭证、汇总记账凭证和科目汇总表账务处理程序登记总账的依据依次是记账凭证、汇总记账凭证和科目汇总表。其中，记账凭证账务处理程序是最基础的账务处理程序，是对发生的经济业务，先根据原始凭证或汇总原始凭证填制记账凭证，再直接根据记账凭证登记总分类账的一种账务处理程序，而其他账务处理程序都是在此基础上的演变和拓展。它们各有优缺点和适用范围（见表 7-22）。

表 7-22　三种账务处理程序的优缺点和适用范围

账务处理程序	记账凭证	汇总记账凭证	科目汇总表
优点	1. 简单、易理解，便于查账、对账 2. 可以详细地反映经济业务的发生情况	1. 简化总分类账的登记 2. 明确科目间的对应关系，便于查对和分析账目	1. 减少登记总分类账的工作量，易于理解，方便学习 2. 可以试算平衡
缺点	登记总分类账的工作量较大	1. 不利于分工 2. 编制汇总转账凭证工作量大	1. 不能反映各账户间的对应关系 2. 不便于查账
适用范围	规模较小、业务量较少的企业	规模较大、业务量较多的企业	业务量较多的企业

✿ **本节学习导读分析**：长财星公司规模大，经济业务较多，但是收付款业务不多，也对账户之间对应关系的反映没有需求，这符合科目汇总表账务处理程序的适用条件，应该选择科目汇总表账务处理程序。

本章导读分析

在会计实践中，不同的账簿组织和记账程序及其不同的结合方式，形成了不同种类的账务处理程序。一种账务处理程序与另外一种账务处理程序的区别，主要在于登记总分类账的依据和方法不同。

财务软件也是有账务处理程序的，它是基于记账凭证账务处理程序设置的，只是把登记账簿等工作交给了计算机。在会计电算化的条件下，只要原始凭证审核无误，记账凭证编制正确，后面的各类账簿和报表，只需要单击相应的按钮，系统就会自动生成。财务机器人的出现，使得编制记账凭证也不需要会计人员亲自动手了。这极大地提高了会计核算的效率，同时把会计人员从重复枯燥地编制大量凭证的工作当中解放出来，让会计人员有更多的时间和精力进行财务分析，为管理决策提供有用信息，为企业创造更多的价值。

会计电算化并不意味着会计人员没有必要学习"账务处理程序"的相关知识，相反，会计人员更应该清楚这些基本的会计概念、方法和原理，才能更好地指导会计实践。

实务案例

甲企业是2010年成立的一家只有10名职工的小规模企业，主要生产和销售凉席。甲企业成立之初，销售量小，企业各项业务不多，选用记账凭证账务处理程序记账。工作流程涉及如下环节：

① 根据原始凭证或汇总原始凭证填制记账凭证。
② 根据记账凭证登记现金日记账和银行存款日记账。
③ 根据原始凭证或汇总原始凭证及记账凭证登记明细分类账。
④ 根据记账凭证登记总分类账。
⑤ 根据明细分类账和总分类账编制会计报表。

10年后，甲企业不断发展壮大，已经成为当地有名的企业。在职职工达到了500多人，每个月销售额500多万元。财务部门每月要处理的业务有100多笔，其中收付款业务比较多。甲企业仍然未实施会计电算化，不过已改用汇总记账凭证账务处理程序进行账务处理。

甲企业的账务处理程序是否可行？

【答案及解析】账务处理程序又称会计核算组织程序或会计核算形式，是指会计凭证、会计账簿、财务报表相结合的方式，包括账簿组织和记账程序。实务中常用的账务处理程序主要有记账凭证账务处理程序、汇总记账凭证账务处理程序、科目汇总表账务处理程序等。不同的账务处理程序各有优缺点和适用范围，企业应该根据企业自身的实际情况选择合适的账务处理程序。当客观经济环境发生变化时，可以根据管理需要变更账务处理程序。本案例中，甲企业在成立之初规模不大，经济业务也不多，应该选择记账凭证账务处理程序。随着企业规模的壮大，经济业务增加，收付款业务越来越多，此时采用汇总记账凭证账务处理程序更合适。甲企业的账务处理程序是可行的。

思维导图

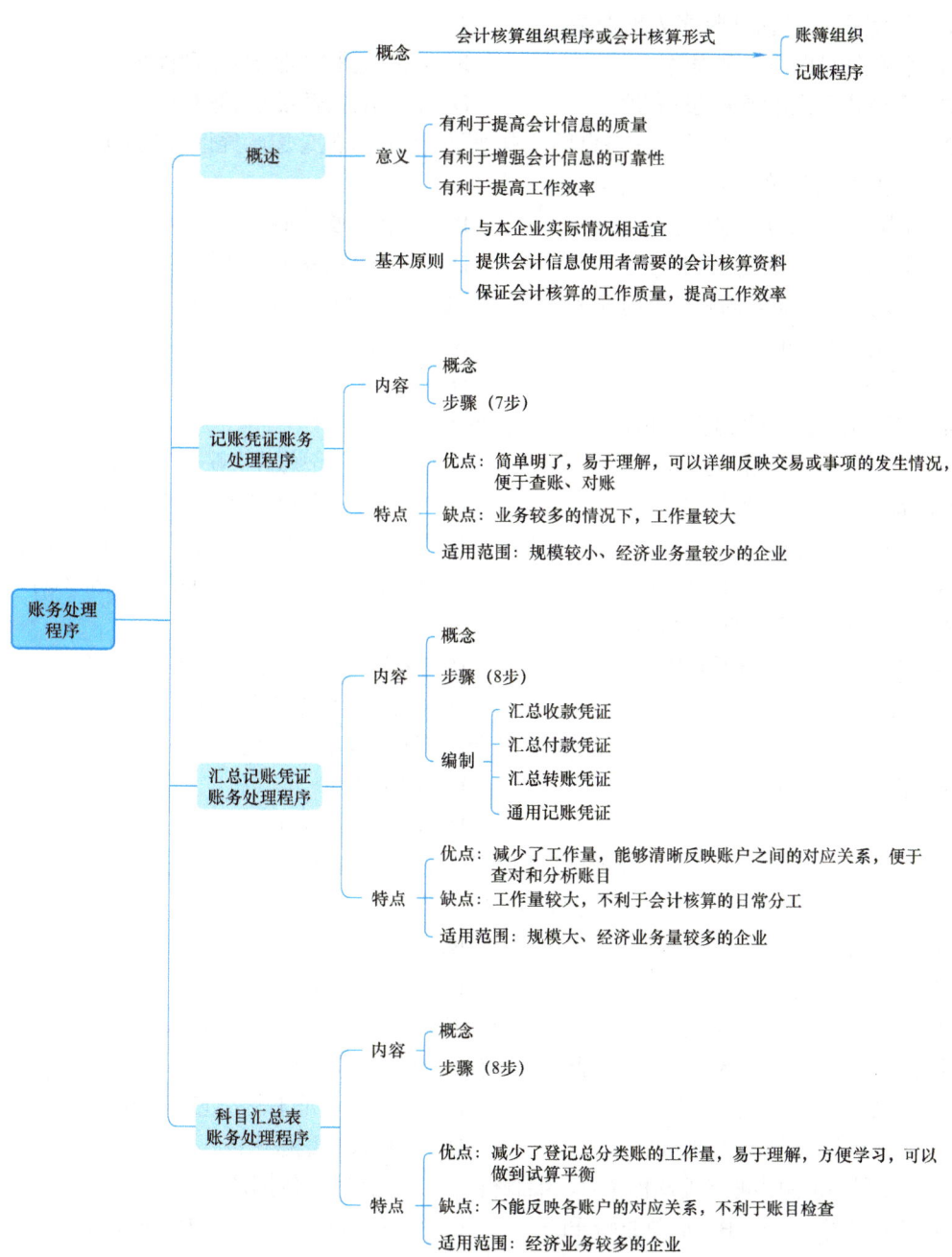

复习思考题

一、单项选择题

1. 在我国，最基本的账务处理程序是（　　）。
   A. 记账凭证账务处理程序 B. 汇总记账凭证账务处理程序
   C. 多栏式日记账账务处理程序 D. 科目汇总表账务处理程序

2. （　　）对所发生的经济业务事项，根据原始凭证或汇总原始凭证编制记账凭证，然后直接根据记账凭证逐笔登记总分类账。
   A. 记账凭证账务处理程序 B. 汇总记账凭证账务处理程序
   C. 科目汇总表账务处理程序 D. 日记账账务处理程序

3. 采用科目汇总表的账务处理程序，（　　）是其登记总账的直接依据。
   A. 汇总记账凭证 B. 科目汇总表
   C. 记账凭证 D. 原始凭证

4. 下列属于记账凭证账务处理程序的优点是（　　）。
   A. 总分类账反映经济业务较详细 B. 减轻了登记总分类账的工作量
   C. 有利于会计核算的日常分工 D. 便于核对账目和进行试算平衡

5. 在汇总记账凭证账务处理程序下，汇总转账凭证通常根据账户的（　　）进行设置。
   A. 借方 B. 贷方 C. 借方或贷方 D. 以上都不对

6. 记账凭证账务处理程序适用于（　　）。
   A. 规模大，业务量多的企业 B. 规模小，业务量少的企业
   C. 规模较大，业务量较多的企业 D. 经济业务量较多的企业

7. 采用汇总记账凭证账务处理程序时，其登记总分类账的依据是（　　）。
   A. 汇总原始凭证 B. 记账凭证
   C. 科目汇总表 D. 汇总记账凭证

8. 汇总收款凭证是根据"库存现金"和"银行存款"科目的（　　）分别设置的一种汇总记账凭证，定期按对应的（　　）科目进行汇总。
   A. 借方、贷方 B. 贷方、借方
   C. 借方、借方 D. 贷方、贷方

9. 某商贸公司业务量不大，在对其进行会计检查时，从其"库存商品"总账上发现"现收7号凭证"有漏记销售收入的嫌疑。由此可判断该公司采用的是（　　）。
   A. 记账凭证账务处理程序 B. 汇总记账凭证账务处理程序
   C. 科目汇总表账务处理程序 D. 多栏式日记账账务处理程序

10. 在科目汇总表账务处理程序下，编制科目汇总表的直接依据是（　　）。
    A. 原始凭证 B. 汇总原始凭证 C. 记账凭证 D. 汇总记账凭证

二、多项选择题

1. 账务处理程序是指（　　）结合的方式。

A．财务报表　　　B．会计账簿　　　C．会计凭证　　　D．会计岗位

2．账务处理程序的主要内容包括（　　）。

A．会计凭证、会计账簿种类及格式　　B．会计凭证与会计账簿之间的联系方法

C．会计机构及会计岗位的设置　　D．会计人员的工作职责

3．下列各项中，属于记账凭证编制依据的有（　　）。

A．原始凭证　　B．汇总原始凭证　　C．账簿记录　　D．科目汇总表

4．记账凭证账务处理程序的优点有（　　）。

A．记账程序简单明了、易于理解

B．直接根据记账凭证逐笔登记总分类账

C．登记总分类账的工作量大

D．总分类账可以详细地反映经济业务的发生情况

5．汇总记账凭证一般包括（　　）。

A．汇总收款凭证　　B．汇总付款凭证　　C．科目汇总表　　D．汇总原始凭证

6．科目汇总表账务处理程序的优点是（　　）。

A．大大减轻了登记总账的工作量　　B．总账能反映账户之间的对应关系

C．总账能详细记录经济业务的发生情况　　D．可以对发生额试算平衡，及时发现错误

三、判断题

1．各种账务处理程序下登记总分类账的依据和程序都是相同的。（　　）

2．由于各个企业的业务性质、组织规模和管理上的要求不同，企业应根据自身的特点，选择恰当的账务处理程序。（　　）

3．记账凭证账务处理程序是最基本的账务处理程序，其特点就是登记账簿的工作量较小。（　　）

4．相同的会计资料即使分别采用不同的账务处理程序，编制的会计报表其结果都是一致的。（　　）

5．汇总记账凭证账务处理程序不利于会计核算的日常分工，并且当转账凭证较多时，编制汇总转账凭证的工作量较大。（　　）

6．记账凭证账务处理程序最大的优点就是账务处理程序简单明了，工作量小。（　　）

7．采用科目汇总表账务处理程序不仅可以起到试算平衡的作用，而且可以反映账户之间的对应关系。（　　）

8．科目汇总表账务处理程序只适用于经济业务不太复杂的小型企业。（　　）

9．汇总记账凭证账务处理程序特别适用于转账业务少，而收、付款业务较多的企业。（　　）

四．思考题

1．什么是账务处理程序？合理、适用的账务处理程序应该符合哪些要求？

2．说明科目汇总表账务处理程序的内容、优缺点和适用范围。

第八章 财务报告

本章导读

通过学习与实习，江月微从一个会计小白慢慢成长起来，毕业后进入心仪的企业工作。她将会计学知识应用到了自己的实际生活中，定期对自己和家人的经济状况进行分析。这是最近的一份"家庭财务报表"：2020年12月的工资收入9 000元，奖金3 000元，12月总支出约6 000元（含房贷），12月结余6 000元；现在有一套价值60万元的房子，公积金贷款30万元，一辆价值10万元的小汽车，银行存款2万元。江月微思考着今后该如何经营自己的生活才能使"家庭财务报表"越来越好。通过学习本章有关财务报表的知识，我们每个人都可以像江月微一样，开始尝试编制自己的"家庭财务报表"。

第一节 财务报告概述

学习导读

江月微的"家庭财务报表"，既反映某段期间内的工资收入、消费支出、留存金额，同时也反映特定时刻的资产负债结构。企业的财务报表是通过会计技术处理，应用会计语言表达企业的财务状况和经营成果，是财务会计核算工作的最后一个环节，也是最重要的财务工作成果。

财务报告包括**财务报表**和其他应当在财务报告中披露的相关信息和资料。**财务报表**是财务报告的核心内容。

学习提示：其他应当在财务报告中披露的相关信息和资料，在实务中也称为财务情况说明书。

一、财务报表概述

（一）财务报表的概念

财务报表是指企业对外提供的反映企业某一特定日期的财务状况和某一特定会计期间的经营成果、现金流量等会计信息的文件。

学习提示：某一特定日期是指具体某一天，通常是指月末或年末。某一特定会计期间是指具体某一个时间段，通常是指一个月、一个季度或一年。

（二）财务报表的构成

一套完整的财务报表至少应当包括"**四表一注**"，即资产负债表、利润表、现金流量表、所有者权益变动表以及附注。

1．资产负债表

资产负债表是指反映企业在**某一特定日期**的**财务状况**的财务报表。企业编制资产负债表的主要目的是如实反映企业的资产、负债和所有者权益的金额及其结构情况，从而有助于财务报告使用者**评价**企业资产的质量以及**短期偿债能力**、**长期偿债能力**等。

> **学习提示**：短期偿债能力是指企业以流动资产偿还流动负债的能力，它反映企业偿付日常到期债务的能力。

2．利润表

利润表是指反映企业在一定**会计期间**的经营成果和综合收益的财务报表。企业编制利润表有助于财务报告使用者分析评价企业的**盈利能力**。

3．现金流量表

现金流量表是指反映企业在一定会计期间**现金和现金等价物**流入和流出的财务报表。

> **学习提示**：现金等价物是指企业持有的期限短、流动性强、易于转化为已知金额的现金且价值变动风险很小的投资，一般是指从购买之日起，3个月内到期的债券投资等。

一般情况下，收款凭证会带来现金流入；付款凭证会带来现金流出。提现和存现业务的现金流量不发生变化。

4．所有者权益变动表

所有者权益变动表是指反映构成所有者权益的各组成部分**当期增减变动**情况的财务报表。它不仅反映所有者权益总量的增减变动，还反映这种变动的重要结构性信息，特别是要反映**直接计入**所有者权益的**利得**和**损失**，让使用者准确理解所有者权益增减变动的根源。

5．附注

附注是对资产负债表、利润表、现金流量表和所有者权益变动表等报表中列示项目的**文字描述**或明细资料，以及对未能在这些报表中列示项目的说明等。附注是财务报表的重要组成部分。

（三）财务报表的分类

1．按财务报表编报期间不同，分为中期财务报表和年度财务报表

中期财务报表是指以**中期**为基础编制的财务报表。中期是指**短于**一个完整的会计年度的报表期间，如半年度、季度和月度。中期财务报表可分为月度财务报表（月报）、季度财务报表（季报）、半年度财务报表（半年报）。月报要求简明扼要，及时反映；年报要求信息完整，全面反映；季报和半年报在反映会计信息的详细程度方面，介于月报和年报两者之间。

2. 按财务报表编报主体不同，分为个别财务报表和合并财务报表

个别财务报表是指由企业在自身会计核算基础上对账簿记录进行加工而编制的财务报表，它主要用以反映企业自身的财务状况、经营成果和现金流量等情况。合并财务报表是指以母公司和子公司组成的**企业集团**为会计主体，根据母公司和所属子公司的财务报表，由母公司编制的**综合**反映企业集团财务状况、经营成果及现金流量等情况的财务报表。

> **学习提示**：合并财务报表不是对母公司和子公司的财务报表进行简单相加，它有专门的编制方法。

二、财务报表列报的基本要求

（一）依据各项会计准则确认和计量的结果编制财务报表

企业应当根据实际发生的交易和事项，遵循《企业会计准则——基本准则》、各项具体会计准则及解释的规定进行确认和计量，并在此基础上编制财务报表。

（二）列报基础

持续经营是会计的基本假设，是会计确认、计量及编制财务报表的基础。

（三）权责发生制

除现金流量表按照收付实现制编制外，企业应当按照**权责发生制**编制其他财务报表。

（四）列报的一致性

可比性是会计信息的一项重要质量要求，目的是使同一企业不同期间和同一期间不同企业的财务报表相互可比。为此，财务报表项目的列报应当在各个会计期间保持一致，不得随意变更。这一要求不仅包括财务报表中的项目名称，还包括财务报表项目的分类、排列顺序等方面。

> **学习提示**：若在报告期国家发布了有关更新财务报表格式的文件，则企业应按照新格式的规定编制报告期财务报表。要提供同期比较财务报表的，原来编制的财务报表要按照新格式进行调整。

（五）项目列报的重要性原则

重要性是指在合理预期下，财务报表某项目的省略或错报会影响使用者据此做出经济决策的，该项目具有**重要性**。

重要性应当根据企业所处的具体环境，从项目的**性质**和**金额大小**两个方面予以判断，且对各项目重要性的判断标准一经确定，**不得**随意变更。判断项目性质的重要性，应当考虑该项目在性质上是否属于企业日常活动，是否显著影响企业的财务状况、经营成果和现金流量等因素；判断项目金额大小的重要性，应当考虑该单项金额占资产总额、负债总额、所有者权益总额、营业收入总额、营业成本总额、净利润、综合收益总额等直接相关项目金额的**比重**或所属报表单列项目金额的比重。

具体而言有以下判断标准：

1）性质或功能**不同**的项目，应当在财务报表中**单独**列报，如存货和固定资产在性质上和功能上都有本质差别，必须分别在资产负债表上单独列报。

2）性质或功能类似的项目，一般可以**合并**列报，但其所属类别具有重要性的，应当按其类别在财务报表中单独列报。例如，原材料、在产品等项目在性质上类似，均通过生产过程形成企业的产品存货，因此可以合并列报，合并之后的类别统称为"存货"，在资产负债表上列报。

3）项目单独列报的原则不仅适用于报表，还适用于附注。某些项目的重要性程度不足以在资产负债表、利润表、现金流量表或所有者权益变动表中单独列示，但对附注却具有重要性，则应当在附注中单独披露。

4）《企业会计准则第30号——财务报表列报》规定在财务报表中单独列报的项目，应当单独列报。其他会计准则规定单独列报的项目，应当增加单独列报项目。

> 学习提示：项目的重要程度，需要会计人员进行职业判断。

（六）各项目之间的金额不得相互抵销

财务报表项目应当以**总额**列报，资产项目和负债项目的金额、收入项目和费用项目的金额、直接计入当期利润的利得项目和损失项目的金额**不能相互抵销**，即不得以净额列报，但企业会计准则另有规定的除外。例如，企业欠客户的应付款不得与其他客户欠本企业的应收款相抵销，如果相互抵销就掩盖了交易的实质。

一组类似交易形成的利得和损失以净额列示的，不属于抵销。但是，如果相关的利得和损失具有重要性，则应当单独列报。

（七）至少应当提供所有列报项目的上一个可比会计期间的比较数据

当期财务报表的列报，至少应当提供所有列报项目上一个可比会计期间的比较数据，以及与理解当期财务报表相关的说明，但会计准则另有规定的除外。

财务报表的列报项目发生变更的，应当至少对可比期间的数据按照当期的列报要求进行调整，并在附注中披露调整的原因和性质，以及调整的各项目金额。对可比数据进行调整不切实可行的，应当在附注中披露不能调整的原因。

（八）应当在财务报表的显著位置（如表首）披露编报企业的名称等重要信息，如下列各项信息

1）编报企业的名称。
2）资产负债表日或财务报表涵盖的会计期间。
3）人民币金额单位。
4）财务报表是合并财务报表的，应当予以标明。

（九）至少按年编制财务报表

企业至少应当按年编制财务报表。根据《中华人民共和国会计法》的规定，会计年度自公历1月1日起至12月31日止。在编制年度财务报表时，可能存在年度财务报表涵盖的期间短于一年的情况。例如，企业在年度中间（如3月1日）成立，在这种情况下，企业应当披露年度财务报表的实际涵盖期间、短于一年的原因以及报表比较数据不具可比性的事实。

🔆 **本节学习导读分析**：如江月微的家庭财务报表，每个企业也要有自己的财务报表，财务报表至少应当包含资产负债表、利润表、现金流量表、所有者权益变动表和附注。

第二节　资产负债表

> /学习导读/
>
> 江月微的"家庭财务报表"中"现在有一套价值60万元的房子，公积金贷款30万元，一辆价值10万元的小汽车，银行存款2万元"，这是对特定时刻自己所拥有资产、承担负债的情况进行描述。在会计语言中，将其称为"资产负债表"，它是一张"静态"表，是某个时点企业财务状况的"照片"。

一、资产负债表的内容与格式

（一）资产负债表的内容

资产负债表是指反映企业在**某一特定日期**财务状况的财务报表。它反映企业在某一特定日期所拥有或控制的经济资源、所承担的**现时义务**和所有者对净资产的要求权。

📢 **学习提示**：现时义务是指企业在现行条件下已承担的义务。未来发生的交易或者事项形成的义务，不属于现时义务。例如，结果取决于不确定未来事项的可能义务属于潜在义务，不属于现时义务。

资产负债表主要反映资产、负债和所有者权益三个方面的内容，并满足"**资产 = 负债 + 所有者权益**"的会计等式，如图8-1所示。

资产	负债
	所有者权益

图8-1　资产负债表中的会计等式

1. 资产

资产应当按照**流动资产**和**非流动资产**两大类别在资产负债表中列示，在流动资产和非流动资产类别下进一步按性质分项列示。

流动资产是指预计在一个正常营业周期中变现、出售或耗用，或者主要为交易目的而持有，或者预计在资产负债表日起**一年内**（含一年）变现的资产，自资产负债表日起一年内交换其他资产或清偿负债的能力不受限制的现金或现金等价物也属于流动资产。

资产负债表中列示的流动资产项目通常包括：货币资金、交易性金融资产、应收票据、应收账款、应收款项融资、预付款项、其他应收款、存货、**合同资产、持有待售资产、一年内到期**的非流动资产和其他流动资产等。

非流动资产是指流动资产以外的资产。资产负债表中列示的非流动资产项目通常包括：**债权投资**、其他债权投资、长期应收款、长期股权投资、**其他权益工具投资**、其他非流动金融资产、投资性房地产、固定资产、在建工程、无形资产、开发支出、长期待摊费用、递延所得税资产以及其他非流动资产等。

2. 负债

负债应当按照流动负债和非流动负债在资产负债表中进行列示，在流动负债和非流动负债类别下再进一步按性质分项列示。

流动负债是指预计在一个正常营业周期中清偿，或者主要为交易目的而持有，或者自资产负债表日起**一年内**（含一年）到期应予以清偿，或者企业**无权自主**地将清偿推迟至资产负债表日后一年以上的负债。

资产负债表中列示的流动负债项目通常包括：短期借款、交易性金融负债、**应付票据**、**应付账款**、预收款项、合同负债、应付职工薪酬、应交税费、其他应付款、持有待售负债、一年内到期的非流动负债和其他流动负债等。

非流动负债是指流动负债以外的负债。资产负债表中列示的非流动负债项目通常包括：长期借款、应付债券、长期应付款、预计负债、递延收益、递延所得税负债和其他非流动负债等。

3．所有者权益

所有者权益一般按照实收资本（或股本）、其他权益工具、资本公积、其他综合收益、盈余公积和未分配利润分项列示。

（二）资产负债表的格式

我国企业的资产负债表采用**账户式**结构，分为左右两方，左方为资产项目，大体按资产的流动性大小排列，流动性大的资产如"货币资金""交易性金融资产"等排在前面，流动性小的资产如"长期股权投资""固定资产"等排在后面。右方为负债及所有者权益项目，一般按要求清偿时间的先后顺序排列，"短期借款""应付票据""应付账款"等需要在**一年以内或者长于一年的一个正常营业周期内**偿还的负债排在前面，"长期借款"等在一年以上才需偿还的负债排在中间，在企业清算之前不需要偿还的所有者权益项目排在后面。

如有下述情况，应当在资产负债表中调整或增设相关项目：

1）高危行业企业如有按国家规定提取安全生产费的，应当在资产负债表所有者权益项下的"其他综合收益"项目和"盈余公积"项目之间增设"专项储备"项目，反映企业提取的安全生产费期末余额。

2）企业衍生金融工具业务具有重要性的，应当在资产负债表资产项下"交易性金融资产"项目和"应收票据"项目之间增设"衍生金融资产"项目，在资产负债表负债项下"交易性金融负债"项目和"应付票据"项目之间增设"衍生金融负债"项目，分别反映企业衍生工具形成资产和负债的期末余额。

资产负债表的格式如表 8-1 所示。

表 8-1　资产负债表

编制单位：　　　　　　　　　　　　　年　月　日　　　　　　　　　　　　　会企 01 表
（单位：元）

资产	期末余额	上年年末余额	负债和所有者权益（或股东权益）	期末余额	上年年末余额
流动资产：			流动负债：		
货币资金			短期借款		
交易性金融资产			交易性金融负债		
应收票据			应付票据		
应收账款			应付账款		

（续）

资产	期末余额	上年年末余额	负债和所有者权益（或股东权益）	期末余额	上年年末余额
应收款项融资			预收款项		
预付款项			合同负债		
其他应收款			应付职工薪酬		
存货			应交税费		
合同资产			其他应付款		
持有待售资产			持有待售负债		
一年内到期的非流动资产			一年内到期的非流动负债		
其他流动资产			其他流动负债		
流动资产合计			流动负债合计		
非流动资产：			非流动负债：		
债权投资			长期借款		
其他债权投资			应付债券		
长期应收款			其中：优先股		
长期股权投资			永续债		
其他权益工具投资			租赁负债		
其他非流动金融资产			长期应付款		
投资性房地产			预计负债		
固定资产			递延收益		
在建工程			递延所得税负债		
生产性生物资产			其他非流动负债		
油气资产			非流动负债合计		
使用权资产			负债合计		
无形资产			所有者权益（或股东权益）：		
开发支出			实收资本（或股本）		
商誉			其他权益工具		
长期待摊费用			其中：优先股		
递延所得税资产			永续债		
其他非流动资产			资本公积		
非流动资产合计			减：库存股		
			其他综合收益		
			专项储备		
			盈余公积		
			未分配利润		
			所有者权益（或股东权益）合计		
资产总计			负债和所有者权益（或股东权益）总计		

二、资产负债表的编制方法

（一）资产负债表项目的填列方法

资产负债表各项目均需填列"上年年末余额"和"期末余额"两栏。

资产负债表的"上年年末余额"栏内各项数字，应根据上年年末资产负债表的"期末余额"栏内所列数字填列。

如果上年度资产负债表规定的各个项目的名称和内容与本年度不一致，应按照本年度的规定对上年年末资产负债表各项目的名称和数字进行调整，填入本表"上年年末余额"栏内。

资产负债表的"期末余额"栏内各项数字，其填列方法如下：

1. 根据总账科目余额填列

1)资产负债表中的有些项目，可直接根据有关总账科目的期末余额填列，如"短期借款""资本公积"等项目。

2)有些项目则需根据几个总账科目的期末余额计算填列，如"货币资金"项目，需根据"库存现金""银行存款""其他货币资金"三个总账科目的期末余额合计数填列。

📢 学习提示：根据总财科目余额填列的项目基本有对应的总账科目，而且没有减值准备等备抵科目。

2. 根据明细账科目余额计算填列

1)"应收账款"项目，需要根据"应收账款"和"预收账款"两个科目的相关明细科目的期末借方余额和与应收账款有关的坏账准备贷方余额计算填列。

2)"预付款项"项目，需要根据"预付账款""应付账款"两个科目的相关明细科目的期末借方余额和与预付账款有关的坏账准备贷方余额计算填列。

3)"预收款项"项目，需要根据"应收账款"和"预收账款"两个科目贷方余额计算填列。

4)"开发支出"项目，需要根据"研发支出"科目中所属的"资本化支出"明细科目期末余额计算填列。

5)"应付账款"项目，需要根据"应付账款"和"预付账款"两个科目的相关明细科目的期末贷方余额计算填列。

6)"应付职工薪酬"项目，需要根据"应付职工薪酬"科目的明细科目的期末余额计算填列。

7)"一年内到期的非流动资产""一年内到期的非流动负债"项目，需要根据有关非流动资产和非流动负债项目的明细科目余额计算填列。

8)"未分配利润"项目，需要根据"利润分配"科目中所属的"未分配利润"明细科目期末余额填列。

3. 根据总账科目和明细账科目余额分析计算填列

1)"长期借款"项目，需要根据"长期借款"总账科目余额扣除"长期借款"明细科目中将在一年内到期且企业不能自主地将清偿义务展期的长期借款后的金额计算填列。

2)"其他非流动资产"项目，应根据有关科目的期末余额减去将于一年内（含一年）收回数后的金额计算填列。

3）"其他非流动负债"项目，应根据有关科目的期末余额减去将于一年内（含一年）到期偿还数后的金额计算填列。

4．根据有关科目余额减去其备抵科目余额后的净额填列

1）"应收票据""应收账款""长期股权投资""在建工程"等项目，应当根据"应收票据""应收账款""长期股权投资""在建工程"等科目的期末余额减去"坏账准备""长期股权投资减值准备""在建工程减值准备"等备抵科目期末余额后的**净额**填列。

2）"投资性房地产""固定资产"项目，应当根据"投资性房地产""固定资产"科目的期末余额，减去"投资性房地产累计折旧""投资性房地产减值准备""累计折旧""固定资产减值准备"等备抵科目的期末余额后的金额，以及"固定资产清理"科目的期末余额填列。

3）"无形资产"项目，应当根据"无形资产"科目的期末余额，减去"累计摊销""无形资产减值准备"等备抵科目期末余额后的**净额**填列。

5．综合运用上述填列方法分析填列

如资产负债表中的"存货"项目，需要根据"原材料""库存商品""委托加工物资""周转材料""材料采购""在途物资""发出商品""材料成本差异"等总账科目期末余额的分析汇总数，再减去"存货跌价准备"科目期末余额后的净额填列。

（二）资产负债表项目的填列说明

资产负债表中资产、负债和所有者权益主要项目的填列说明如下：

1．资产项目的填列说明

1）"货币资金"项目，反映企业库存现金、银行结算户存款、外埠存款、银行汇票存款、银行本票存款、信用卡存款、信用证保证金存款等的合计数。本项目应根据"库存现金""银行存款""其他货币资金"科目期末余额的**合计数**填列。

2）"交易性金融资产"项目，反映企业资产负债表日分类为以公允价值计量且其变动计入当期损益的金融资产，以及企业持有的直接指定为以公允价值计量且其变动计入当期损益的金融资产的期末账面价值。该项目应根据"交易性金融资产"科目的相关明细科目期末余额分析填列。自资产负债表日起超过一年到期且预期持有超过一年的以公允价值计量且其变动计入当期损益的非流动金融资产的期末账面价值，在"其他非流动金融资产"项目中反映。

3）"应收票据"项目，反映资产负债表日以摊余成本计量的、企业因销售商品、提供服务等经营活动收到的商业汇票，包括银行承兑汇票和商业承兑汇票。该项目应根据"应收票据"科目的期末余额减去"坏账准备"科目中相关坏账准备期末余额后的金额分析填列。

4）"应收账款"项目，反映资产负债表日以摊余成本计量的，企业因销售商品、提供服务等经营活动应收取的款项。该项目应根据"应收账款"科目的相关明细科目的期末借方余额和"预收账款"科目的相关明细科目的期末借方余额合计数减去"坏账准备"科目中相关坏账准备期末余额后的金额分析填列。

【例题 8-1】 长财星公司 2021 年 10 月 31 日"应收账款"科目借方余额为 500 万元，"预收

账款"科目借方余额为 200 万元,"坏账准备"科目贷方余额为 50 万元。

要求:计算长财星公司 10 月末资产负债表中"应收账款"项目期末列报金额。

【答案及解析】"应收账款"项目期末列报金额 =500+200-50=650(万元)。

5)"应收款项融资"项目,反映资产负债表日以公允价值计量且其变动计入其他综合收益的应收票据和应收账款等。

6)"预付款项"项目,反映资产负债表日企业按照购货合同规定预付给供应单位的款项等。本项目应根据"预付账款"和"应付账款"科目的各明细科目的期末借方余额合计数减去"坏账准备"科目中有关预付账款计提的坏账准备期末余额后的净额填列。例如,"预付账款"科目所属明细科目期末有贷方余额的,应在资产负债表"应付账款"项目内填列。

7)"其他应收款"项目,反映企业除应收票据、应收账款、预付账款等经营活动以外的其他各种应收、暂付的款项。本项目应根据"应收利息""应收股利""其他应收款"科目的期末余额合计数减去"坏账准备"科目中相关坏账准备期末余额后的金额填列。

8)"存货"项目,反映企业期末在库、在途和在加工中的各种存货的可变现净值或成本(成本与可变现净值孰低)。本项目应根据"材料采购""原材料""低值易耗品""库存商品""周转材料""委托加工物资""委托代销商品""生产成本""受托代销商品"等科目的期末余额合计数,减去"受托代销商品款""存货跌价准备"科目期末余额后的净额填列。材料采用计划成本核算以及库存商品采用计划成本核算或售价核算的企业,还应按加或减材料成本差异、商品进销差价后的金额填列。

学习提示:可变现净值是指在正常生产经营过程中,以存货的估计售价减去至完工估计将要发生的成本、估计的销售费用以及相关税金后的金额。

9)"合同资产"项目,反映企业按照《〈企业会计准则第 14 号——收入〉应用指南》(2018)的相关规定,根据本企业履行履约义务与客户付款之间的关系在资产负债表中列示的合同资产。"合同资产"项目应根据"合同资产"科目的相关明细科目期末余额分析填列。

10)"持有待售资产"项目,反映资产负债表日划分为持有待售类别的非流动资产及划分为持有待售类别的处置组中的流动资产和非流动资产的期末账面价值。该项目应根据"持有待售资产"科目的期末余额减去"持有待售资产减值准备"等备抵科目的期末余额后的金额填列。

11)"一年内到期的非流动资产"项目,反映企业将于一年内到期的非流动资产项目的金额。本项目应根据有关科目的期末余额分析填列。

12)"债权投资"项目,反映资产负债表日企业以摊余成本计量的长期债权投资的期末账面价值。该项目应根据"债权投资"科目的相关明细科目期末余额减去"债权投资减值准备"科目中相关减值准备的期末余额后的金额分析填列。企业购入的以摊余成本计量的一年内到期的债权投资的期末账面价值,在"其他流动资产"项目中反映。

13)"其他债权投资"项目,反映资产负债表日企业分类为以公允价值计量且其变动计入其他综合收益的长期债权投资的期末账面价值。该项目应根据"其他债权投资"科目的相关明细科目期末余额分析填列。自资产负债表日起一年内到期的长期债权投资的期末账面价值,在"一年内到期的非流动资产"项目中反映。企业购入的以公允价值计量且其变动计入其他综合收益的一年内到期的债权投资的期末账面价值,在"其他流动资产"项目中反映。

14)"长期应收款"项目,反映企业租赁产生的应收款项和采用递延方式分期收款、实质上具有融资性质的销售商品和提供服务等经营活动产生的应收款项。本项目应根据"长期应收款"

科目的期末余额减去相应的"未实现融资收益"科目和"坏账准备"科目的相关明细科目期末余额后的金额填列。

15)"长期股权投资"项目,反映企业对被投资单位实施控制、重大影响的权益性投资,以及对其合营企业的权益性投资。本项目应根据"长期股权投资"科目的期末余额减去"长期股权投资减值准备"科目的期末余额后的净额填列。

16)"其他权益工具投资"项目,反映资产负债表日企业指定为以公允价值计量且其变动计入其他综合收益的非交易性权益工具投资的期末账面价值。该项目应根据"其他权益工具投资"科目的期末余额填列。

17)"固定资产"项目,反映资产负债表日企业固定资产的期末账面价值和企业尚未清理完毕的固定资产清理净损益。该项目应根据"固定资产"科目的期末余额减去"累计折旧"和"固定资产减值准备"科目的期末余额后的金额,以及"固定资产清理"科目的期末余额填列。

【例题8-2】 长财星公司2021年7月31日"固定资产"科目借方余额为4 500万元,"累计折旧"科目贷方余额为600万元,"固定资产减值准备"科目贷方余额为200万元,"固定资产清理"科目借方余额为60万元。

要求:计算长财星公司7月末资产负债表中"固定资产"项目的列报金额。

【答案及解析】 "固定资产"项目的列报金额=4 500-600-200+60=3 760(万元)。

18)"在建工程"项目,反映资产负债表日企业尚未达到预定可使用状态的在建工程的期末账面价值和企业为在建工程准备的各种物资的期末账面价值。该项目应根据"在建工程"科目的期末余额减去"在建工程减值准备"科目的期末余额后的金额,以及"工程物资"科目的期末余额减去"工程物资减值准备"科目的期末余额后的金额填列。

19)"使用权资产"项目,反映资产负债表日承租人企业持有的使用权资产的期末账面价值。该项目应根据"使用权资产"科目的期末余额减去"使用权资产累计折旧"和"使用权资产减值准备"科目的期末余额后的金额填列。

20)"无形资产"项目,反映企业持有的专利权、非专利技术、商标权、著作权、土地使用权等无形资产的成本减去累计摊销和减值准备后的净值。本项目应根据"无形资产"科目的期末余额减去"累计摊销"和"无形资产减值准备"科目期末余额后的金额填列。

21)"开发支出"项目,反映企业开发无形资产过程中能够资本化形成无形资产成本的支出部分。本项目应当根据"研发支出"科目的"资本化支出"明细科目期末余额填列。

22)"长期待摊费用"项目,反映企业已经发生但应由本期和以后各期负担的分摊期限在一年以上的各项费用。本项目应根据"长期待摊费用"科目的期末余额填列。

23)"递延所得税资产"项目,反映企业根据所得税准则确认的可抵扣暂时性差异产生的所得税资产,本项目应根据"递延所得税资产"科目的期末余额填列。

24)"其他非流动资产"项目,反映企业除上述非流动资产以外的其他非流动资产。本项目应根据有关科目的期末余额填列。

2.负债项目的填列说明

1)"短期借款"项目,反映企业向银行或其他金融机构等借入的期限在**一年以下**(含一年)的各种借款。本项目应根据"短期借款"科目的期末余额填列。

2)"交易性金融负债"项目,反映企业资产负债表日承担的交易性金融负债,以及企业持有的直接指定为以公允价值计量且其变动计入当期损益的金融负债的期末账面价值。本项目应根据"交易性金融负债"科目的相关明细科目期末余额填列。

3)"应付票据"项目,反映资产负债表日以摊余成本计量的,企业因购买材料、商品和接受服务等开出、承兑的商业汇票,包括银行承兑汇票和商业承兑汇票。本项目应根据"应付票据"科目的期末余额填列。

4)"应付账款"项目,反映资产负债表日以摊余成本计量的,企业因购买材料、商品和接受服务等经营活动应支付的款项。本项目应根据"应付账款"和"预付账款"科目的相关明细科目的期末贷方余额合计数填列。

5)"预收款项"项目,反映企业按照销货合同规定预收客户的款项。本项目应根据"预收账款"和"应收账款"科目所属各明细科目的期末**贷方余额合计数**填列。如"预收账款"科目所属明细科目期末有**借方余额**的,应在资产负债表"应收账款"项目内填列。

6)"合同负债"项目,反映企业按照《〈企业会计准则第14号——收入〉应用指南》(2018)的相关规定。根据本企业履行履约义务与客户付款之间的关系在资产负债表中列示合同负债。本项目应根据"合同负债"的相关明细科目期末余额分析填列。

学习提示:合同负债是指企业已收或应收客户对价而应向客户转让商品的义务。例如,企业在转让承诺的商品之前已收取的款项。

7)"应付职工薪酬"项目,反映企业为获得职工提供的服务或解除劳动关系而给予职工的各种形式的报酬或补偿。企业提供给职工配偶、子女、受赡养人、已故员工遗属及其他受益人等的福利,也属于职工薪酬。职工薪酬主要包括短期薪酬、离职后福利、辞退福利和其他长期职工福利。本项目应根据"应付职工薪酬"科目所属各明细科目的期末贷方余额分析填列。外商投资企业按规定从净利润中提取的职工奖励及福利基金,也在本项目列示。

8)"应交税费"项目,反映企业按照税法规定计算应缴纳的各种税费,包括增值税、消费税、资源税、土地增值税、城市维护建设税、房产税、城镇土地使用税、车船税、教育费附加、企业所得税、矿产资源补偿费等。企业代扣代缴的个人所得税,也通过本项目列示。企业所缴纳的税金不需要预计应交数的,如印花税、耕地占用税等,不在本项目列示。本项目应根据"应交税费"科目的期末贷方余额填列,如"应交税费"科目期末为借方余额,应以"-"号填列。

学习提示:"应交税费"科目下的"应交增值税""未交增值税"等明细科目借方余额应根据情况,在资产负债表中的"其他流动资产"或"其他非流动资产"项目列示。

9)"其他应付款"项目,反映企业除应付票据、应付账款、预收账款、应付职工薪酬、应交税费等经营活动以外的其他各项**应付**、**暂收**的款项。本项目应根据"应付股利""应付利息""其他应付款"科目的期末余额合计数填列。

10)"一年内到期的非流动负债"项目,反映企业非流动负债中将于资产负债表日后一年内到期部分的金额,如将于一年内偿还的长期借款。本项目应根据有关科目的期末余额分析填列。

11)"长期借款"项目,反映企业向银行或其他金融机构借入的期限在**一年以上**(不含一年)的各项借款。本项目应根据"长期借款"总账科目及"将在资产负债表日起一年内到期且企业不能自主地将清偿义务展期"的长期借款相关明细科目分析计算填列。

12)"应付债券"项目，反映企业为筹集长期资金而发行的债券本金（和利息）。本项目应根据"应付债券"总账科目余额扣除"应付债券"科目的明细科目中将在一年内到期且企业不能自主地将清偿义务展期的应付债券后的余额计算填列。

📌 **学习提示**："应付债券"科目是非流动负债类科目。

13)"长期应付款"项目，应当根据"长期应付款"科目的期末余额**减去**相关的"未确认融资费用"科目的期末余额后的金额，以及"专项应付款"科目的期末余额填列。

14)"预计负债"项目，反映企业根据或有事项等相关准则确认的各项预计负债，包括对外提供担保、未决诉讼、产品质量保证、重组义务以及固定资产和矿区权益弃置义务等产生的预计负债。本项目应根据"预计负债"科目的期末余额填列。本项目中摊销期限只剩一年或不足一年的，或预计在一年内（含一年）进行摊销的部分，不得归类为流动负债，仍在本项目中填列，不转入"一年内到期的非流动负债"项目。

📌 **学习提示**："预计负债"科目是非流动负债类科目。

15)"递延收益"项目，反映尚待确认的收入或收益。本项目核算包括企业根据政府补助准则确认的应在以后期间计入当期损益的政府补助金额、售后租回形成融资租赁的售价与资产账面价值差额等其他递延性收入。本项目应根据"递延收益"科目的期末余额填列。本项目中摊销期限只剩一年或不足一年的或预计在一年内（含一年）进行摊销的部分，不得归类为流动负债，仍在本项目中填列，不转入"一年内到期的非流动负债"项目。

📌 **学习提示**："递延收益"科目不是损益类科目，是负债类科目。

16)"递延所得税负债"项目，反映企业根据所得税准则确认的应纳税暂时性差异产生的所得税负债。本项目应根据"递延所得税负债"科目的期末余额填列。

17)"其他非流动负债"项目，反映企业除上述非流动负债以外的其他非流动负债。本项目应根据有关科目的期末余额减去将于一年内（含一年）到期偿还数后的余额分析填列。非流动负债各项目中将于一年内（含一年）到期的非流动负债，应在"一年内到期的非流动负债"项目内反映。

18)"持有待售负债"项目，反映资产负债表日持有待售的处置组中的负债与划分为持有待售类别的资产直接相关的负债的期末账面价值。本项目应根据"持有待售负债"科目的期末余额填列。

19)"租赁负债"项目，反映资产负债表日承租人企业尚未支付的租赁付款额的期末账面价值。该项目应根据"租赁负债"科目的期末余额填列。自资产负债表日起一年内到期应予以清偿的租赁负债的期末账面价值，在"一年内到期的非流动负债"项目反映。

3. 所有者权益项目的填列说明

1)"实收资本（或股本）"项目，反映企业各投资者实际投入的资本（或股本）总额。本项目应根据"实收资本（或股本）"科目的期末余额填列。

2)"其他权益工具"项目，反映企业发行的除普通股以外分类为权益工具的金融工具的账面价值，并下设"优先股"和"永续债"两个子项目，分别反映企业发行的分类为权益工具的优先股和永续债的账面价值。

3)"资本公积"项目，反映企业收到投资者出资超出其在注册资本或股本中所占的份额以及直接计入所有者权益的利得和损失等。本项目应根据"资本公积"科目的期末余额填列。

4)"其他综合收益"项目,反映企业其他综合收益的期末余额。本项目应根据"其他综合收益"科目的期末余额填列。

5)"盈余公积"项目,反映企业盈余公积的期末余额。本项目应根据"盈余公积"科目的期末余额填列。

6)"未分配利润"项目,反映企业尚未分配的利润。本项目应根据"本年利润"科目和"利润分配"科目的余额计算填列。未弥补的亏损在本项目内以"-"号填列。

7)"专项储备"项目,反映高危行业企业按国家规定提取的安全生产费的期末账面价值。本项目根据"专项储备"科目的期末余额填列。

> **学习提示**:资产负债表中"应收账款""预付款项""应付账款""预收款项"的填列可以结合以下口诀记忆:"收对收、付对付、资产为借、负债为贷。"

> **本节学习导读分析**:企业的资产负债表是反映特定日期财务状况的财务报表,属于静态报表。资产负债表根据各总账、明细账科目期末余额进行填列,不同的报表项目有不同的填列方法。

第三节 利 润 表

> **学习导读**
>
> 江月微的"家庭财务报表"中提到,"2020年12月的工资收入9 000元,奖金3 000元,12月总支出约6 000元(含房贷),12月结余6 000元",反映了她在某段期间的收支情况。在会计语言中,将其称为"利润表",它是一张"动态"表,如同一段反映企业经营成果的"录像"。

利润表又称损益表,是反映企业在一定会计期间内的经营成果的报表。

通过利润表,财务报告使用者能够全面了解企业的经营成果,通过报表数据分析企业的盈利能力及盈利增长趋势,从而做出有效的经济决策。

一、利润表的内容与格式

(一)利润表的内容

利润表的内容主要包括营业收入、营业成本、税金及附加、销售费用、管理费用、研发费用、财务费用、其他收益、投资收益、公允价值变动收益、信用减值损失、资产减值损失、资产处置收益、营业外收入、营业外支出、所得税费用、其他综合收益的税后净额、综合收益总额、每股收益等。

(二)利润表的格式

利润表的格式有**单步式**和**多步式**两种。

1)单步式利润表是将当期所有的收入列在一起,所有的费用列在一起,将收入总额减去费用总额计算出当期净损益。

2）我国企业的利润表采用多步式格式，通过对当期的收入、费用、支出等项目按性质加以归类，按利润形成的主要环节列示一些中间性利润指标，分步计算当期净损益，以便使用者理解企业经营成果的不同来源。

3）利润表由表头和表体两部分组成。表头内容为报表名称、编制单位名称、报表编号、计量单位和编制日期。表体为利润表的主体，列示了报表涵盖的项目和计算过程。

4）为了使财务报表使用者通过比较不同期间利润的实现情况，判断企业经营成果的未来发展趋势，企业需要提供比较利润表，需要将各项目再分为"本期金额"和"上期金额"两栏列示。我国利润表的格式如表 8-2 所示。

表 8-2 利润表

编制单位：　　　　　　　　　　年　月　　　　　　　　　　会企 02 表
（单位：元）

项目	本期金额	上期金额
一、营业收入		
减：营业成本		
税金及附加		
销售费用		
管理费用		
研发费用		
财务费用		
其中：利息费用		
利息收入		
加：其他收益		
投资收益（损失以"-"号填列）		
其中：对联营企业和合营企业的投资收益		
以摊余成本计量的金融资产终止确认收益（损失以"-"号填列）		
净敞口套期收益（损失以"-"号填列）		
公允价值变动收益（损失以"-"号填列）		
信用减值损失（损失以"-"号填列）		
资产减值损失（损失以"-"号填列）		
资产处置收益（损失以"-"号填列）		
二、营业利润（亏损以"-"号填列）		
加：营业外收入		
减：营业外支出		
三、利润总额（亏损总额以"-"号填列）		
减：所得税费用		
四、净利润（净亏损以"-"号填列）		

（续）

项目	本期金额	上期金额
（一）持续经营净利润（净亏损以"-"号填列）		
（二）终止经营净利润（净亏损以"-"号填列）		
五、其他综合收益的税后净额		
（一）不能重分类进损益的其他综合收益		
1．重新计量设定受益计划变动额		
2．权益法下不能转损益的其他综合收益		
3．其他权益工具投资公允价值变动		
4．企业自身信用风险公允价值变动		
……		
（二）将重分类进损益的其他综合收益		
1．权益法下可转损益的其他综合收益		
2．其他债权投资公允价值变动		
3．金融资产重分类计入其他综合收益的金额		
4．其他债权投资信用减值准备		
5．现金流量套期储备		
6．外币财务报表折算差额		
……		
六、综合收益总额		
七、每股收益		
（一）基本每股收益		
（二）稀释每股收益		

二、利润表的编制方法

（一）利润表项目的填列方法

利润表的编制原理为"**收入－费用＝利润**"的会计等式和**收入与费用**的配比原则。我国企业的利润表编制步骤如下：

1．计算营业利润

营业利润＝营业收入－营业成本－税金及附加－销售费用－管理费用－研发费用－财务费用－资产减值损失－信用减值损失＋其他收益（－其他损失）＋投资收益（－投资损失）＋净敞口套期收益（－净敞口套期损失）＋公允价值变动收益（－公允价值变动损失）＋资产处置收益（－资产处置损失）

2．计算利润总额

利润总额＝营业利润＋营业外收入－营业外支出

3．计算净利润（或净亏损）

净利润＝利润总额－所得税费用

4．计算每股收益

以净利润（或净亏损）为基础，计算每股收益。

📢 **学习提示**：每股收益即每股盈利（EPS），又称每股税后利润、每股盈余，是指税后利润与股本总数的比率。每股收益的计算公式为：

基本每股收益＝归属于普通股股东的当期净利润 ÷ 当期发行在外普通股的加权平均数

5．计算出综合收益总额

以净利润（或净亏损）和其他综合收益的税后净额为基础，计算出综合收益总额。

（二）利润表项目的填列说明

1）"营业收入"项目，反映企业经营主营业务和其他业务所确认的收入总额。本项目应根据"主营业务收入"和"其他业务收入"科目的发生额分析填列。

【例题 8-3】 长财星公司 2021 年 7 月销售 A 产品取得收入 1 500 万元，销售 B 产品取得收入 3 000 万元，销售 C 产品取得收入 1 100 万元，销售原材料取得收入 500 万元。

要求：计算长财星公司 7 月利润表"营业收入"项目列报金额。

【答案及解析】 "营业收入"项目列报金额＝1 500+3 000+1 100+500=6 100（万元）。

2）"营业成本"项目，反映企业经营主营业务和其他业务所发生的成本总额。本项目应根据"主营业务成本"和"其他业务成本"科目的发生额分析填列。

3）"税金及附加"项目，反映企业经营业务应负担的消费税、城市维护建设税、资源税、土地增值税、教育费附加、房产税、车船税、城镇土地使用税、印花税等相关税费。本项目应根据"税金及附加"科目的发生额分析填列。

4）"销售费用"项目，反映企业在销售商品过程中发生的包装费、广告费等费用和为销售本企业商品而专设的销售机构的职工薪酬、业务费等经营费用。本项目应根据"销售费用"科目的发生额分析填列。

5）"管理费用"项目，反映企业为组织和管理生产经营发生的管理费用。本项目应根据"管理费用"科目的发生额分析填列。

6）"研发费用"项目，反映企业进行研究与开发过程中发生的费用化支出以及计入"管理费用"的自行开发无形资产的摊销。本项目应根据"管理费用"科目下的"研发费用"明细科目的发生额以及"管理费用"科目下"无形资产摊销"明细科目的发生额分析填列。

7）"财务费用"项目，反映企业为筹集生产经营所需资金等而发生的应予费用化的利息支出。本项目应根据"财务费用"科目的相关明细科目的发生额分析填列。

📢 **学习提示**：很多初学者把财务部门发生的费用归属于"财务费用"，这是不对的。财务部门是管理部门，该部门所发生的费用应该归入"管理费用"。

8)"其他收益"项目，反映计入其他收益的政府补助，以及其他与日常活动相关且计入其他收益的项目。本项目应根据"其他收益"科目的发生额分析填列。

9)"投资收益"项目，反映企业以各种方式对外投资所取得的收益。本项目应根据"投资收益"科目的发生额分析填列；如为投资损失，本项目以"-"号填列。

10)"净敞口套期收益"项目，反映净敞口套期下被套期项目累计公允价值变动转入当期损益的金额或现金流量套期储备转入当期损益的金额。本项目应根据"净敞口套期损益"科目的发生额分析填列；如为套期损失，本项目以"-"号填列。

11)"公允价值变动收益"项目，反映企业应当计入当期损益的资产或负债公允价值变动收益。本项目应根据"公允价值变动损益"科目的发生额分析填列；如为损失，本项目以"-"号填列。

12)"信用减值损失"项目，反映企业按照《〈企业会计准则第22号——金融工具确认和计量〉应用指南》（2018）的要求计提的各项金额工具信用减值准备确认的信用损失。本项目应根据"信用减值损失"科目的发生额分析填列。

13)"资产减值损失"项目，反映企业各项资产发生的减值损失。本项目应根据"资产减值损失"科目的发生额分析填列。

14)"资产处置收益"项目，反映企业出售划分为持有待售的非流动资产（金融工具、长期股权投资和投资性房地产除外）或处置组（子公司和业务除外）时确认的处置利得或损失，以及处置未划分为持有待售的固定资产、在建工程、生产性生物资产及无形资产而产生的处置利得或损失。债务重组中因处置非流动资产产生的利得或损失、非货币性资产交换中换出非流动资产产生的利得或损失也包括在本项目内。本项目应根据"资产处置损益"科目的发生额分析填列；如为处置损失，本项目以"-"号填列。

15)"营业利润"项目，反映企业实现的营业利润。如为亏损，本项目以"-"号填列。

16)"营业外收入"项目，反映企业发生的除营业利润以外的收益。本项目应根据"营业外收入"科目的发生额分析填列。

17)"营业外支出"项目，反映企业发生的除营业利润以外的各项支出。本项目应根据"营业外支出"科目的发生额分析填列。

18)"利润总额"项目，反映企业实现的利润。如为亏损，本项目以"-"号填列。

19)"所得税费用"项目，反映企业应从当期利润总额中扣除的所得税费用。本项目应根据"所得税费用"科目的发生额分析填列。

20)"净利润"项目，反映企业实现的净利润。如为净亏损，本项目以"-"号填列。

21)"其他综合收益的税后净额"项目，反映企业根据企业会计准则规定未在损益中确认的各项利得和损失扣除所得税影响后的净额。

22)"综合收益总额"项目，反映企业净利润与其他综合收益（税后净额）的合计金额。

23)"每股收益"项目，包括基本每股收益和稀释每股收益两项指标，反映普通股或潜在普通股已公开交易的企业，以及正处在公开发行普通股或潜在普通股过程中的企业的每股收益信息。

✳ **本节学习导读分析**：企业的利润表是反映企业在一定会计期间的经营成果的财务报表，属于动态报表。利润表是根据有关账户的本期发生额填列的。

第四节　现金流量表

> **/学习导读/**
>
> "现金流量表"即反映某段期间企业现金流入、流出情况的报表,与"利润表"类似,也是反映企业经营成果的"动态"表之一。但和"利润表"最大的区别在于,前者依据"权责发生制"原则编制,后者依据"收付实现制"原则编制。江月微的"家庭财务报表"中提到的收入、支出,如果全部为现金收支,那么现金流量表反映的结余与利润表就没有差异。如果江月微在支出中有部分使用了信用卡,属于本月消费但是实际还款在下月,那么这部分支出按照"利润表"需要计入当月,但按照"现金流量表"则不能计入当月。本节将学习企业财务报表中"现金流量表"的内容、格式和编制方法。

现金流量表是反映企业在一定会计期间内现金和现金等价物流入和流出情况的报表。通过此表,财务报告使用者能够了解企业现金流量的影响因素,评价企业的支付能力、偿债能力和周转能力,预测企业的未来现金流量,为其决策提供有力依据。

一、现金流量表的内容与格式

（一）现金流量表的内容

现金流量表是按照收付实现制原则编制的,将权责发生制下的盈利信息调整为收付实现制下的现金流量信息,便于财务报告使用者了解企业净利润的质量。

一般企业的现金流量表分为经营活动、投资活动和筹资活动三部分内容。每类活动又分为各个具体项目,这些项目从不同角度反映企业业务活动的现金流入与流出情况,弥补了资产负债表和利润表提供信息的不足。

（二）现金流量表的格式

在现金流量表中,现金及现金等价物被视为一个整体。企业现金形式的转换不会产生现金的流入和流出。

根据企业业务活动的性质和现金流量的来源,现金流量表在结构上将企业一定期间产生的现金流量分为三类:**经营活动产生的现金流量、投资活动产生的现金流量**和**筹资活动产生的现金流量**。我国现金流量表的格式如表 8-3 所示。现金流量表的补充资料如表 8-4 所示。

表 8-3　现金流量表

编制单位：　　　　　　　　　　年　月　　　　　　　　　会企 03 表（单位：元）

项目	本期金额	上期金额
一、经营活动产生的现金流量		
销售商品、提供劳务收到的现金		
收到的税费返还		

(续)

项目	本期金额	上期金额
收到其他与经营活动有关的现金		
经营活动现金流入小计		
购买商品、接受劳务支付的现金		
支付给职工以及为职工支付的现金		
支付的各项税费		
支付其他与经营活动有关的现金		
经营活动现金流出小计		
经营活动产生的现金流量净额		
二、投资活动产生的现金流量		
收回投资收到的现金		
取得投资收益收到的现金		
处置固定资产、无形资产和其他长期资产收回的现金净额		
处置子公司及其他营业单位收到的现金净额		
收到其他与投资活动有关的现金		
投资活动现金流入小计		
购建固定资产、无形资产和其他长期资产支付的现金		
投资支付的现金		
取得子公司及其他营业单位支付的现金净额		
支付其他与投资活动有关的现金		
投资活动现金流出小计		
投资活动产生的现金流量净额		
三、筹资活动产生的现金流量		
吸收投资收到的现金		
取得借款收到的现金		
收到其他与筹资活动有关的现金		
筹资活动现金流入小计		
偿还债务支付的现金		
分配股利、利润或偿付利息支付的现金		
支付其他与筹资活动有关的现金		
筹资活动现金流出小计		
筹资活动产生的现金流量净额		
四、汇率变动对现金及现金等价物的影响		
五、现金及现金等价物净增加额		
加：期初现金及现金等价物余额		
六、期末现金及现金等价物余额		

表 8-4　现金流量表的补充资料

补充资料	本期金额	上期金额
1．将净利润调节为经营活动现金流量：		
净利润		
加：资产减值损失		
信用减值损失		
固定资产折旧、投资性房地产折旧、油气资产折耗、生产性生物资产折旧		
无形资产摊销		
长期待摊费用摊销		
处置固定资产、无形资产和其他长期资产的损失（收益以"-"号填列）		
固定资产报废损失（收益以"-"号填列）		
净敞口套期损失（收益以"-"号填列）		
公允价值变动损失（收益以"-"号填列）		
财务费用（收益以"-"号填列）		
投资损失（收益以"-"号填列）		
递延所得税资产的减少（增加以"-"号填列）		
递延所得税负债的增加（减少以"-"号填列）		
存货的减少（增加以"-"号填列）		
经营性应收项目的减少（增加以"-"号填列）		
经营性应付项目的增加（减少以"-"号填列）		
其他		
经营活动产生的现金流量净额		
2．不涉及现金收支的重大投资和筹资活动：		
债务转为资本		
一年内到期的可转换公司债券		
租入固定资产		
3．现金及现金等价物净变动情况：		
现金的期末余额		
减：现金的期初余额		
加：现金等价物的期末余额		
减：现金等价物的期初余额		
现金及现金等价物净增加额		

学习提示：企业从银行提取现金不构成现金流量的变动，只是企业现金存放形式的转换。

二、现金流量表的编制方法

（一）现金流量表项目的填列方法

1．经营活动产生的现金流量

经营活动是指企业投资活动和筹资活动以外的所有交易和事项。各类企业由于行业特点不同，对经营活动的认定存在一定差异。

我国企业经营活动产生的现金流量应当采用**直接法**填列。

2．投资活动产生的现金流量

（1）投资活动

投资活动是指企业长期资产的购建和不包括在现金等价物范围内的投资及其处置活动，既包括**实物资产投资**也包括**金融资产投资**。

（2）长期资产

长期资产是指固定资产、无形资产、在建工程、其他资产等持有期限在**一年或一个正常营业周期**以上的资产。

3．筹资活动产生的现金流量

（1）筹资活动

筹资活动是指导致企业资本及债务的规模和构成发生变化的活动。这里所说的资本既包括实收资本（股本），也包括资本溢价（股本溢价）；债务是指对外举债，包括向银行借款、发行债券以及偿还债务等。

> **学习提示**：应付账款、应付票据等商业应付款通常发生于经营活动，而非筹资活动。

（2）特殊项目

对于不经常发生的特殊项目，如自然灾害损失、保险赔款、捐赠等，应当归并到相关类别中，并单独反映。能够确指属于流动资产损失的，应当列入经营活动产生的现金流量，能够确指属于固定资产损失的，应当列入投资活动产生的现金流量。

4．汇率变动对现金及现金等价物的影响

编制现金流量表时，应当将企业外币现金流量以及境外子公司的现金流量折算成记账本位币，折算时应当采用现金流量发生日的即期汇率或按照系统合理的方法确定的、与现金流量发生日即期汇率近似的汇率。

汇率变动对现金及现金等价物的影响额应当作为调节项目，在现金流量表中**单独**列报。

汇率变动对现金及现金等价物的影响是指，企业外币现金流量及境外子公司的现金流量折算成记账本位币时，所采用的是现金流量发生日的即期汇率或按照系统合理的方法确定的、与现金流量发生日即期汇率近似的汇率，而现金流量表"现金及现金等价物净增加额"项目中的外币现金净增加额是按资产负债表日的即期汇率折算的。这两者的差额即为汇率变动对现金及现金等价物的影响额。

在编制现金流量表时，对当期发生的外币业务也可不必逐笔计算汇率变动对现金及现金等价物的影响，可以通过现金流量表各类项目净额**之和**与现金流量表补充资料中"现金及现金等价物净增加额"的数据进行比较，算出的差额即为汇率变动对现金及现金等价物的影响额。

5．现金流量表补充资料

除现金流量表反映的信息外，企业还应在附注中披露将净利润调节为经营活动现金流量、不涉及现金收支的重大投资和筹资活动、现金及现金等价物净变动情况等信息。

（二）现金流量表项目的填列说明

1．直接法和间接法

编制现金流量表时，列报经营活动产生的现金流量的方法有以下两种：

(1) **直接法**

在直接法下，一般是以利润表中的营业收入为起算点，调节与经营活动有关的项目的增减变动，然后计算出经营活动产生的现金流量。

采用直接法编报的现金流量表，便于分析企业经营活动产生的现金流量的来源和用途，预测企业现金流量的未来前景。我国企业会计准则规定，企业应当采用直接法编报现金流量表，同时要求在附注中提供以净利润为基础调节到经营活动现金流量的信息。

(2) **间接法**

在间接法下，将净利润调节为经营活动现金流量，实际上就是将按权责发生制原则确定的净利润调整为现金净流入，并剔除投资活动和筹资活动对现金流量的影响。

采用间接法编报现金流量表，便于将净利润与经营活动产生的现金流量净额进行比较，了解净利润与经营活动产生的现金流量差异的原因，从现金流量的角度分析净利润的质量。

2．工作底稿法、T形账户法和分析填列法

(1) 工作底稿法

采用工作底稿法编制现金流量表，是以**工作底稿**为手段，以资产负债表和利润表数据为基础，对每一项目进行分析并编制调整分录，从而编制现金流量表。

工作底稿法的编制步骤如下：

第一步，将资产负债表的期初数和期末数**过入**工作底稿的期初数栏和期末数栏。

第二步，对当期业务进行分析并编制调整分录。编制调整分录时，要以利润表项目为基础，从"营业收入"开始，结合资产负债表项目逐一进行分析。在调整分录中，有关现金和现金等价物的事项，并不直接借记或贷记现金，而是分别记入"经营活动产生的现金流量""投资活动产生的现金流量""筹资活动产生的现金流量"有关项目，借记表示现金流入，贷记表示现金流出。

第三步，将调整分录过入工作底稿中的相应部分。

第四步，**核对并确保**调整分录，借方、贷方合计数均已经相等，且资产负债表项目期初数加减调整分录中的借贷金额以后，也等于期末数。

第五步，根据工作底稿中的现金流量表项目部分编制正式的现金流量表。

(2) T形账户法

采用T形账户法编制现金流量表，是指以T形账户为手段，以资产负债表和利润表数据为基础，对每一项目进行分析并编制调整分录，从而编制现金流量表。

T形账户法的编制步骤如下：

第一步，为所有的非现金项目（包括资产负债表项目和利润表项目）分别开设T形账户，并将各项目的期末期初**变动**数过入各账户。如果项目的期末数大于期初数，则将差额过入和项目余额相同的方向；反之，过入相反的方向。

第二步，开设一个大的"现金及现金等价物"T形账户，每边分为经营活动、投资活动和筹资活动三部分，左边记现金流入，右边记现金流出。与其他账户一样，过入期末期初变动数。

第三步，以利润表项目为基础，结合资产负债表分析每一个非现金项目的增减变动，并据此编制调整分录。

第四步，将调整分录过入各T形账户，并进行核对，该账户借贷相抵后的余额与原先过入的期末期初变动数应当一致。

第五步，根据大的"现金及现金等价物"T形账户编制正式的现金流量表。

（3）分析填列法

分析填列法是指直接根据资产负债表、利润表和有关会计科目明细账的记录，分析计算出现金流量表各项目的金额，并据以编制现金流量表的一种方法。

✦ 本节学习导读分析：企业的现金流量表是反映企业一定会计期间现金和现金等价物流入和流出情况的报表，属于动态报表。现金流量表的编制是以现金和现金等价物为基础的。

第五节　所有者权益变动表

/学习导读/

江月微家庭在市中心有一套房子（价值60万元），并拥有一辆小汽车（价值10万元）和2万元活期存款，这些是江月微的资产（72万元）。江月微欠建设银行公积金贷款30万元，这是她的负债。江月微的"所有者权益"是42（72-30）万元。一年后，房子升值到65万元，小汽车只值8万元，活期存款5万元；欠建设银行公积金贷款25万元。江月微的"所有者权益"是53（65+8+5-25）万元。从42万元变动到53万元就是江月微的"所有者权益"的变动。本节将学习所有者权益变动表的内容、格式和编制方法。

所有者权益变动表是指反映构成所有者权益的各组成部分当期增减变动情况的报表。通过所有者权益变动表，既可以为财务报告使用者提供所有者权益总量增减变动的信息，也能为其提供所有者权益增减变动的**结构性**信息，特别是能够让财务报告使用者理解所有者权益增减变动的根源。

一、所有者权益变动表的内容与格式

（一）所有者权益变动表的内容

在所有者权益变动表上，企业至少应当单独列示的项目如下：
1）综合收益总额。
2）会计政策变更和差错更正的累积影响金额。
3）所有者投入资本和向所有者分配利润等。
4）提取的盈余公积。
5）实收资本、其他权益工具、资本公积、盈余公积、未分配利润的期初和期末余额及其调节情况。

（二）所有者权益变动表的格式

所有者权益变动表以**矩阵**的形式列示，格式要求如下：

1）列示导致所有者权益变动的交易或事项，即所有者权益变动的来源，对一定时期所有者权益的变动情况进行全面反映。

2）按照所有者权益各组成部分（即实收资本、其他权益工具、资本公积、库存股、其他综合收益、盈余公积、未分配利润）列示交易或事项对所有者权益各组成部分的影响。所有者权益变动表的格式如表8-5所示。

表 8-5 所有者权益变动表

年度

会企 04 表

编制单位： （单位：元）

项目	本年金额										上年金额									
	实收资本（或股本）	其他权益工具			资本公积	减：库存股	其他综合收益	专项储备	盈余公积	未分配利润	所有者权益合计	实收资本（或股本）	其他权益工具			资本公积	减：库存股	其他综合收益	专项储备	盈余公积	未分配利润	所有者权益合计
		优先股	永续债	其他									优先股	永续债	其他							
一、上年年末余额																						
加：会计政策变更																						
前期差错更正																						
其他																						
二、本年年初余额																						
三、本年增减变动金额（减少以"—"号填列）																						
（一）综合收益总额																						
（二）所有者投入和减少资本																						
1. 所有者投入的普通股																						
2. 其他权益工具持有者投入资本																						
3. 股份支付计入所有者权益的金额																						
4. 其他																						
（三）利润分配																						

1. 提取盈余公积	
2. 对所有者（或股东）的分配	
3. 其他	
（四）所有者权益内部结转	
1. 资本公积转增资本（或股本）	
2. 盈余公积转增资本（或股本）	
3. 盈余公积弥补亏损	
4. 设定受益计划变动额结转留存收益	
5. 其他综合收益结转留存收益	
6. 其他	
四、本年年末余额	

审核：　　　　　　　　　　　　　　　　编制：

二、所有者权益变动表的编制方法

（一）所有者权益变动表项目的填列方法

所有者权益变动表各项目均需填列"本年金额"和"上年金额"两栏。

所有者权益变动表"上年金额"栏内各项数字，应根据上年度所有者权益变动表"本年金额"栏内所列数字填列。上年度所有者权益变动表规定的各项目的名称和内容同本年度不一致的，应对上年度所有者权益变动表各项目的名称和金额按照本年度的规定进行调整，填入所有者权益变动表的"上年金额"栏内。

所有者权益变动表"本年金额"栏内各项数字一般应根据"实收资本（或股本）""资本公积""盈余公积""利润分配""库存股""其他权益工具""其他综合收益""以前年度损益调整"科目的发生额分析填列。

（二）所有者权益变动表项目的填列说明

1. "上年年末余额"项目

该项目反映企业上年资产负债表中"实收资本（或股本）""其他权益工具""库存股""其他综合收益""资本公积""盈余公积""未分配利润"的年末余额。

2. "会计政策变更"和"前期差错更正"项目

这两个项目分别反映企业采用追溯调整法处理的会计政策变更的累积影响金额和采用追溯重述法处理的会计差错更正的累积影响金额。

3. "本年增减变动金额"项目

1）"综合收益总额"项目，反映净利润和其他综合收益扣除所得税影响后的净额相加后的合计金额。

①"净利润"部分，反映企业当年实现的净利润（或净亏损）金额，并对应列在"未分配利润"栏。

②"其他综合收益"部分，反映企业当年直接计入所有者权益的利得和损失金额。

2）"所有者投入和减少资本"项目，反映企业当年所有者投入和减少的资本。其中，"所有者投入资本"部分，反映企业接受投资者投入形成的实收资本（或股本）和资本溢价（或股本溢价），并对应列在"实收资本"和"资本公积"栏。

3）"利润分配"项目，反映当年对所有者（或股东）分配的利润（或股利）金额和按照规定提取的盈余公积金额，并对应列在"未分配利润"和"盈余公积"栏。

①"提取盈余公积"部分，反映企业按照规定提取的盈余公积。

②"对所有者（或股东）的分配"部分，反映对所有者（或股东）分配的利润（或股利）金额。

4）"所有者权益内部结转"项目，反映不影响当年所有者权益总额的所有者权益各组成部分之间当年的增减变动情况，包括"资本公积转增资本（或股本）""盈余公积转增资本（或股本）""盈余公积弥补亏损"等项目的金额。

①"资本公积转增资本（或股本）"部分，反映企业当年以资本公积转增资本或股本的金额。

②"盈余公积转增资本（或股本）"部分，反映企业当年以盈余公积转增资本或股本的金额。

③"盈余公积弥补亏损"部分，反映企业当年以盈余公积弥补亏损的金额。

本节学习导读分析：企业的所有者权益变动表是指反映构成所有者权益的各组成部分当期增减变动情况的财务报表，应在年末进行编制。

第六节 附　注

/学习导读/

本章所学的四张财务报表数据整体反映了企业的经营情况，除此之外，企业还需要提供围绕这四张报表数据必要的具体细节说明，即财务报表附注。企业提供财务报表附注的目的是使企业的管理者、债权人、股东等财务报告使用者能够更系统、更全面地了解企业的运营情况。

一、附注概述

附注是对资产负债表、利润表、现金流量表和所有者权益变动表等报表中列示项目的文字描述或明细资料，以及对未能在这些报表中列示项目的说明等。

附注与资产负债表、利润表、现金流量表、所有者权益变动表等财务报表具有同等的重要性，是财务报表的重要组成部分。财务报告使用者要了解企业的财务状况、经营成果和现金流量，应当全面阅读财务报表附注。

二、附注的主要内容

企业应当按照如下顺序披露附注的内容：

（一）企业的基本情况

1）企业注册地、组织形式和总部地址。

2）企业的业务性质和主要经营活动，如企业所处的行业、所提供的主要产品或服务、客户的性质、销售策略、监管环境的性质等。

3）母公司以及集团最终母公司的名称。

4）财务报告的批准报出者和财务报告批准报出日。

5）营业期限有限的企业，还应当披露有关营业期限的信息。

（二）财务报表的编制基础

财务报表的编制基础是指财务报表是在**持续经营基础**上还是非持续经营基础上编制的。企业一般是在持续经营基础上编制财务报表的，清算、破产属于非持续经营基础。

（三）遵循企业会计准则的声明

企业应当声明编制的财务报表**符合**企业会计准则的要求，**真实**、**完整**地反映了企业的财务状况、经营成果和现金流量等有关信息，以此明确企业编制财务报表所依据的制度基础。如果企业编制的财务报表只是部分地遵循了企业会计准则，附注中不得做出这种表述。

（四）重要会计政策和会计估计

根据财务报表列报准则的规定，企业应当**披露采用的重要会计政策和会计估计**，不重要的会计政策和会计估计可以不披露。

（五）会计政策和会计估计变更以及差错更正的说明

企业应当按照会计政策、会计估计变更和差错更正会计准则的规定，披露会计政策和会计估计变更以及差错更正的有关情况。

（六）报表重要项目的说明

企业应当以文字和数字描述相结合的方式披露报表重要项目的构成或当期增减变动情况，并且报表重要项目的明细金额合计应当与报表项目金额相衔接。在披露顺序上，一般应当按照资产负债表、利润表、现金流量表、所有者权益变动表及其项目列示的顺序。

（七）或有和承诺事项、资产负债表日后非调整事项、关联方关系及其交易等需要说明的事项

（八）有助于财务报告使用者评价企业管理资本的目标、政策及程序的信息

✱ **本节学习导读分析**：财务报表附注是构成财务报表必不可少的部分，附注应当披露财务报表的编制基础，相关信息也应当与"四表"中列示的项目相互参照。

本章导读分析

学完本章，江月微可以尝试编制"家庭财务报表"（见表 8-6、表 8-7）。

表 8-6　家庭"资产负债表"

编制单位：江月微家庭　　　　2020 年 12 月 31 日　　　　　　　　　　（单位：元）

项目	年末余额	项目	年末余额
流动资产：		长期借款	300 000
货币资金	20 000	负债合计	300 000
非流动资产：		实收资本	420 000
固定资产	700 000	所有者权益合计	420 000
资产合计	720 000	负债及所有者权益合计	720 000

表 8-7　家庭"利润表"

编制单位：江月微家庭　　　　2020 年 12 月　　　　　　　　　　　　（单位：元）

项目	年末余额	项目	年末余额
收入总计	12 000	净利润	6 000
支出总计	6 000		

家庭尚且需要反映家庭财务状况及经营成果，企业更应该在会计期间结束后编制财务报表，以反映本期企业的财务状况、经营成果和现金流量等。一个会计期间结束后，企业一般要及时编制资产负债表（反映财务状况）、利润表（反映经营成果）和现金流量表（反映现金流量），一年结束后还需要编制当年的所有者权益变动表。这四张报表是对企业经营情况的总结，篇幅有限，有些报表项目需要说明和补充的，便统一放到了报表附注。这就是财务报表的"四表一注"。它们的编制有专门的方法和程序。财务报表加上其他企业需要批露的信息，便构成了财务报告。财务报告经专业注册会计师审核后便可以连同审计报告一起对外报出。

实 务 案 例

2019 年 1 月 15 日，K 复合材料集团股份有限公司（以下简称 K 公司）在上海清算所发出公告称，截至当日，由于流动资金紧张的关系，K 公司 2018 年第一期 10 亿超短期融资券未能按期偿还，已构成实质性违约；同时，应于 2019 年 1 月 21 日偿还的 2018 年第二期 5 亿超短期融资券是否能兑付本息也存在不确定性。然而，令人感到震惊的是，K 公司所披露的 2018 年度公司三季报显示，截至 2018 年 9 月 30 日，K 公司货币资金的账面余额有 150.14 亿元，为何会无力偿还 15 亿债券呢？

同样，深交所也对这个问题提出了质疑。深交所中小板公司管理部要求 K 公司解释两期超短期融资券无力兑付的原因，并对是否存在财务造假行为及货币资金相关内控措施的执行情况进行自查。

2019 年 4 月 29 日，K 公司披露 2018 年年报和 2019 年季报，报告显示，公司账面货币资金余额为 153.16 亿元，其中有 122.1 亿元为北京银行西单支行银行存款金额。公司独立董事对其资金的真实性提出质疑，深交所也发来关注函并要求 K 公司自证 122.1 亿元资金的真实性。5 月 7 日，K 公司回复深交所关注函，其中提到北京银行西单支行回应称，K 公司及下属公司在该行存款账户余额为 0 元，122.1 亿元早已不翼而飞。经过几个月的调查，2019 年 7 月 5 日证监会对 K 公司做出处罚及禁入告知。

已查明，K 公司涉嫌多项违法行为，财务舞弊持续时间长达四年之久，2015 年至 2018 年，K 公司编造虚假合同及单据虚增收入等，累计虚增利润 115 亿元，严重违反了市场经济秩序，因此，证监会决定向涉案当事人送达行政处罚及市场禁入事先告知书，在此基础上拟对 K 公司及相关管理人员进行相应行政处罚并采取证券市场禁入措施。

本案是典型的财务报表造假，而且造假金额巨大，造假东窗事发后严重损害了企业形象。会计人员不能为达到某种目的而对财务报表进行粉饰，粉饰财务报表是不会通过各项监督程序的，一旦事发，还会给自身带来极大的负面影响和损失。

思维导图

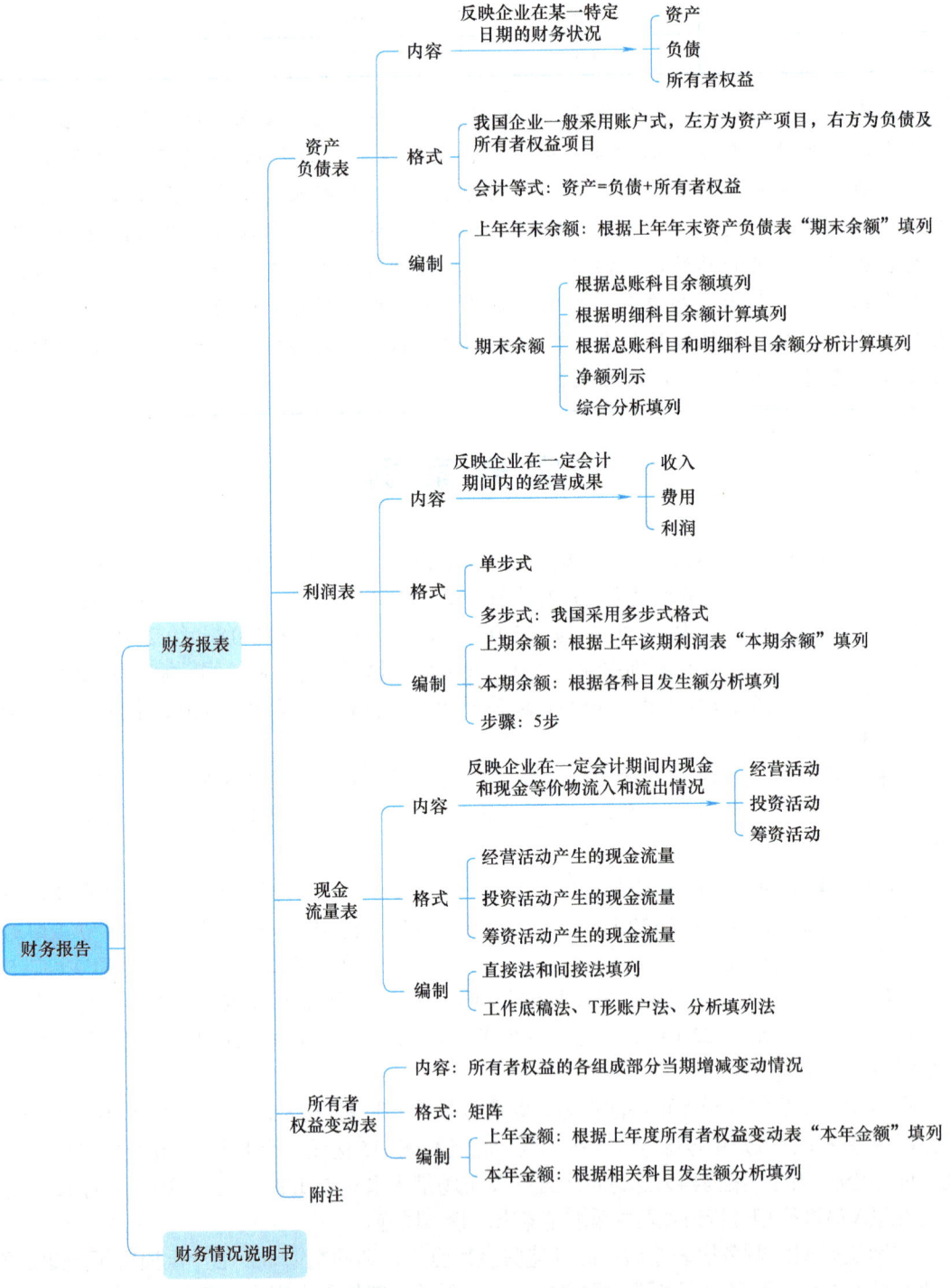

复习思考题

一、单项选择题

1. 如果企业月末资产负债表中,"固定资产"为100万元,"累计折旧"为40万元,则企业固定资产净值数应为( )。
   A. 100万元　　　B. 60万元　　　C. 140万元　　　D. 160万元

2. 编制资产负债表主要是根据( )。
   A. 资产负债及所有者权益类各账户的本期发生额
   B. 各损益类账户的本期发生额
   C. 各损益类账户的期末余额
   D. 资产负债及所有者权益类各账户的期末余额

3. 按照我国《企业会计准则第31号——现金流量表》中对现金流量分类和项目归属的规定,"分配股利、利润或偿付利息所支付的现金"项目所属的类别是( )。
   A. 经营活动　　　B. 投资活动　　　C. 筹资活动　　　D. 生产活动

4. 在利润表中,从利润总额中减去( ),为企业的净利润。
   A. 提取任意盈余公积金　　　B. 股利分配数
   C. 提取法定盈余公积数　　　D. 所得税费用

5. 依照我国会计准则的要求,利润表所采用的格式为( )。
   A. 单步式　　　B. 多步式　　　C. 账户式　　　D. 混合式

6. 资产负债表是反映企业( )财务状况的会计报表。
   A. 某一特定日期　　　B. 一定时期内
   C. 某一年份内　　　D. 某一月份内

7. 企业一定期间的净利润是指( )。
   A. 营业利润加投资收益
   B. 营业利润加公允价值变动损益
   C. 营业利润加营业外收支净额
   D. 营业利润加营业外收支净额减所得税费用

8. 总括企业在一定会计期间内利润实际形成情况的会计报表,称为( )。
   A. 资产负债表　　　B. 利润表
   C. 利润分配表　　　D. 现金流量表

9. 下列资产负债表项目中,需要对有关账簿记录进行分析、调整和重新计算后填列的是( )。
   A. 无形资产　　　B. 长期待摊费用
   C. 短期借款　　　D. 长期借款

10. 下列资产负债表项目中,应根据明细账户的金额分析填列的是( )。
    A. 应付账款　　　B. 无形资产　　　C. 银行存款　　　D. 坏账准备

二、多项选择题

1. 企业的下列报表中,属于对外会计报表的有( )。
   A. 资产负债表　　　B. 利润表　　　C. 所有者权益变动表

D．制造成本表　　　　　E．现金流量表

2．下列各科目余额中，包括在资产负债表"存货"项目中的有（　　）。

A．工程物资　　　　B．委托代销商品　　　C．分期收款发出商品

D．生产成本　　　　E．发出商品

3．所有者权益变动表"本年金额"栏内各项数字一般应根据哪些科目的发生额分析填列（　　）。

A．实收资本（或股本）　　B．盈余公积　　　C．资本公积

D．利润分配　　　　E．其他综合收益

4．资产负债表的"期末余额"栏内各项数字，其填列方法有（　　）。

A．根据总账科目余额填列

B．根据明细账科目余额计算填列

C．根据总账科目和明细账科目余额分析计算填列

D．根据有关科目余额减去其备抵科目余额后的净额填列

E．综合运用上述填列方法分析填列

5．根据总账科目和明细账科目余额分析计算填列的项目有（　　）。

A．长期借款　　　　B．其他非流动资产　　　C．应收账款

D．其他非流动负债　　E．库存现金

三、判断题

1．企业的财务会计报告分为年度、半年度、季度、月度的财务会计报告。（　　）

2．资产负债表编制依据是"资产＝负债＋所有者权益"。（　　）

3．资产负债表中的"流动资产"各项目是按照资产的流动性由弱到强排列的。（　　）

4．资产负债表中"应收账款"项目是根据总账余额直接填列的。（　　）

5．企业实现的营业利润减去所得税费用后即为净利润，它是企业的净收益。（　　）

6．资产负债表中"长期借款"项目是根据总账余额直接填列的。（　　）

7．资产包括固定资产和流动资产两部分。（　　）

8．资产负债表是一种动态报表，而利润表是静态报表。（　　）

9．企业一定期间内的利润总额是指营业利润加营业外收支净额。（　　）

10．财务报告包括财务报表和其他应当在财务报告中披露的相关信息和资料。财务报表是财务报告的核心内容。（　　）

四、计算题

1．某公司2020年年末部分账户余额如表8-8所示。

表8-8　部分账户余额

（单位：元）

账户名称	余额方向	余额
库存现金	借方	8 000
银行存款	借方	20 000
应收票据	借方	6 000

(续)

账户名称	余额方向	余额
在途物资	借方	4 000
原材料	借方	9 000
生产成本	借方	9 000
库存商品	借方	11 000
固定资产	借方	16 000
累计折旧	贷方	9 000
长期待摊费用	借方	6 000
长期借款	贷方	86 000（到期日为 2022 年 6 月 30 日）

请根据以上数据计算资产负债表中的以下项目数据：

1）货币资金。

2）存货。

3）固定资产。

4）长期借款。

2．某公司 2020 年度有关损益类科目本年累计发生净额如表 8-9 所示。

表 8-9　某公司 2020 年度有关损益类科目累计发生净额

（单位：元）

科目名称	借方发生额	贷方发生额
主营业务收入		1 250 000
主营业务成本	750 000	
税金及附加	2 000	
销售费用	20 000	
管理费用	157 100	
财务费用	41 500	
资产减值损失	30 900	
投资收益		31 500
营业外收入		50 000
营业外支出	19 700	
所得税费用	85 300	

要求：编制该公司 2020 年利润表。

五、思考题

1．什么是财务报表？一套完整的财务报表是由哪些部分构成的？

2．资产负债表的基本构成是什么？

3．利润表的基本构成是什么？

4．现金流量表的基本构成是什么？

5．资产负债表的填列方法有哪些？

参 考 文 献

[1] 中华人民共和国财政部. 企业会计准则：合订本 [M]. 北京：经济科学出版社，2020.

[2] 史玉凤，董小平，赵宪敏. 会计学原理 [M]. 2版. 长沙：中南大学出版社，2020.

[3] 孙凤琴，谢新安. 会计学基础 [M]. 5版. 北京：中国人民大学出版社，2020.

[4] 靳利军，张东萌，汤小莉. 康得新、康美药业财务造假行为特征与风险防范 [J]. 商业会计，2020（24）：51-53.

[5] 中国注册会计师协会. 会计 [M]. 北京：中国财政经济出版社，2020.

[6] 张婕，刘英明. 基础会计 [M]. 6版. 北京：中国人民大学出版社，2019.

[7] 吴国萍. 基础会计学 [M]. 5版. 上海：上海财经大学出版社，2019.

[8] 朱小平，周华，秦玉熙. 初级会计学 [M]. 10版. 北京：中国人民大学出版社，2019.

[9] 陈国辉，迟旭升. 基础会计 [M]. 6版. 大连：东北财经大学出版社，2018.

[10] 刘永泽，陈文铭. 会计学 [M]. 6版. 大连：东北财经大学出版社，2018.

[11] 王振武，刘媛媛. 会计信息系统 [M]. 3版. 大连：东北财经大学出版社，2014.

[12] 葛家澍. 关于财务会计基本假设的重新思考 [J]. 会计研究，2002（1）：5-10，64.